經理人 06
Manager

人生執行力

徐桂生　著

臺灣商務印書館　發行

目錄

關注實踐平凡事

法國作家紀德曾說：「能夠以平凡之心，做平凡之事，就是非凡。」

二十多年前，我回到台灣服務，當時即認識了在媒體界服務的徐桂生先生，這當中，我們共同經歷了從自動化服務團、生產力運動、品質運動……等，桂生兄則成了台灣這二、三十年來，經濟發展最深入的見證者與觀察者。

現在桂生兄在退休之後，將自己的精采閱歷，還有心靈感受，編撰成《人生執行力》這本書與讀者們分享，而我個人則榮幸的受邀為本書作推薦序。

閱讀過本書之後，我的感受相當深刻，這讓我回憶起跟桂生兄相識的過往，桂生兄除了在媒體領域非常專業以外，他在做人做事上的認真與執著，也令我感到敬佩。這就正如他在本書的結語上，以「平平凡凡的我」來自我形容，但我卻要說，桂生兄的人生正是印證了「平凡中的不凡」。

因為每一個人都想追求成功，希望自己成為不凡的人，但是成功與不凡的背後，其實就是平凡，也唯有能夠細心體察小事與平凡事，並認真、虛心的去實踐別人不願意做的事，才能成就不

凡。

　　我常說：「人的一生有三個重要的機遇，分別是父母、老師、老闆。」而桂生兄就是一個懂得珍惜機遇的人，所以他在職場的三十五年間，堅持在一個跑道上，但在這個跑道上，是不是就代表一帆風順呢？當然不是，人生不會都處於順境之中，每當遇到逆境時，他則是做自我心靈上的要求，以知足、感恩的心去面對，成為一個懂得享受人生真意的人。

　　故想與眾不同，創造非凡的讀者們，請預備一顆單純願意去實踐的用心，來享受閱讀一個豐富生命的心靈洗禮。最後，我非常榮幸也很樂意推薦本書，希望閱讀過本書的讀者，都能夠關注平凡事，去做別人不願意做的事，即時的把握生命中短暫的光陰，以開拓與創造達到「自我滿意」的不凡生命。

全球華人競爭力基金會董事長

推薦序（二）

「知行合一，付諸行動」的智慧

　　在社會上廣爲人知的「徐則林」，居然也到六十歲屆齡退休了。實在說來，退休的，只是一位筆名叫「徐則林」的徐桂生本人；在讀者心目中，「徐則林」和他的言論、思想、創作是不會退休的。

　　目前他在邁進人生另一階段之際，回顧過去一甲子的生涯，經歷了，也擺脫了戰爭、艱難、貧困和各種危機，對一般人而言，在這時候總是免不了會有說不盡的感慨和唏噓。但是正如同我們印象中的「徐則林」一樣，他所要和我們分享的，卻是他正面的，積極的和健康的經驗和智慧。

　　這種經驗和智慧來自連續三十五年在同一機構工作的累積，也來自這一服務單位所給他廣泛的接觸和視野，當然，最爲重要的，乃是他的堅持，用心和自我要求，使得如他自謙爲一位「平凡人」卻有許多對於人生不平凡的見識、洞察和體悟，值得我們細細品嘗其中三昧。

　　拜讀全書，連同代序及結語，共計六十九則。表面上每則各有所見，獨立成文，但整體而言，似乎環繞於五個主題上，此即：「感恩」、「知足」、「學習」、「自在」和「實踐」。再以本文之五篇而言，首篇〈心境心靈〉，屬於「內在修養」，第二篇

〈成敗得失〉，屬於「外在表現」；同樣地，第三篇〈學習成長〉和第四篇〈職場實踐〉也是告訴我們在人做事上「內修外用」的道理。不過，畢竟作者是一輩子做事的人，因此所有這些道理，最後都歸於他所說的：「作爲一個『人』最基本的存活之道，就是『知行合一，付諸行動』這句話上」，怪不得他將這本書命名爲《人生執行力》。當今企業經營都在強調「執行力」之際，作爲一個人，又何嘗不然呢？

在本書作者主持《經濟日報》〈企管副刊〉一段時間，個人有幸承邀在這園地上寫作專欄，多所接觸請益，現欣見本書問世，使廣大讀者得以分享作者長期結晶累積之智慧，除對作者敬致賀意外，也要爲廣大讀者有此福緣而慶幸。

元智大學遠東管理講座教授兼
中華民國管理科學學會理事長

知・行・愛・恆眞釋然

　　《經濟日報》副刊主任徐桂生兄於聯合報系《經濟日報》工作三十五年（任經濟副刊組主任二十年）後，出版文情並茂、事理分明、禪意十足的作品《人生執行力》，令我十分感佩他的「讀萬卷書，行萬里路，惜萬縷情」的「三萬」心得。一個人一生三十五年能在同一個機構發揮才能，實在太難得，也太有福氣。

　　我與《經濟日報》結緣超過三十年，和徐桂生主任的認識也超過三十年。想當年 1979 年，我初擔任台灣大學商學系及商學研究所（即現在台大管理學院改制之前身）的系所主任時，爲了提升台灣工商界的現代管理意識，以及台大商學系所遠落後於政大、淡江、成大、交大等管理研究所的名聲，想出和《聯合報》、《經濟日報》合辦二年二大系列性週末「學者、業者、政府官員聯合演講會」（第一年二十場，第二年三十場），就和〈經濟副刊〉結了大善緣，因每次聽者雖多達千人以上，但演講後的全文還須登載於隔日星期天之副刊全版，供未能前來聽講之全國工商人士及學校師生剪裁之用。當時的工商界名人王永慶、辜振甫、吳舜文、張國安……，政界人士趙耀東、王章清、陳樹曦、李模……等等皆爲主講者，風雲人物聚集一堂，蔚爲盛況，徐桂

生兒的副刊作用最大。

徐桂生兄寫《人生執行力》，從〈心境心靈〉自修起，經〈成敗得失〉的領悟，〈學習成長〉的考驗，〈職場實踐〉的體會，到〈人生執行〉的精煉，渾然形成一連串的智慧寶珠。世界上的宗教大師釋迦牟尼、耶穌基督、穆罕默德、老子、孔子等等，終生致力於渡化眾生、從善去惡、離苦得樂，歸於西方天堂等，都從知識、智慧、實踐、力行、慈悲、喜捨、以及堅忍弘毅著手。《人生執行力》一書就是最好的一個印證。

我個人出生於貧窮的鄉間，從生就被「下放」。母親生我時，父親已行離世，三十四歲的寡母要撫育十個兒女（包括遺腹子的我在內），其困苦情況非言語可以描述，但是偉大的母親憑其私塾漢學的知識以及傳統的婦德、毅力，竟然也渡過重重難關，把我們兄弟帶大成人，沒有轉讓給別人。我看我的母親（她在1987年八十三歲去世）就是靠人生執行力熬過來的人，所以我對這本書深有好感。

1968年4月至10月，我在聯合國UNDP獎學金支持下到澳大利亞（Australia）研習，同學們常帶我去天主教堂禮拜。1969年到1973年我到美國密西根大學（University of Michigan）修讀企管博士時，也常參加基督教講經班及教堂活動，我很欽佩這些人的心靈修練及執行毅力。

自1987年起，我從紐約CP（USA）公司到香港正大卜蜂集團，參加對中國大陸的150個項目投資經營，常常當天往返香港北京，香港上海，香港曼谷，但幾乎每天晚上都儘量到香港中半山，禪宗大師及國學大師南懷瑾先生的聚會處，聽他隨意拈來講經說道，縱橫上下五千年，往來諸子百家言。尤其對南先生三

十幾本釋、儒、道，古經今講的著作，當作博士論文研讀，自感收穫豐碩，初嚐中國文化寶藏之津液。今再讀徐桂生兄之《人生執行力》大作，觸動我對佛門四大菩薩：文殊、普賢、觀音、地藏的新觀念新運用。

一般人以爲釋迦文佛座前文殊菩薩、普賢菩薩、觀音菩薩及地藏菩薩是四尊神仙，尤其觀音菩薩可以化身爲慈眉善目之女士，最受閩、粵、台灣人民的崇拜。天主教、基督徒信徒則以爲他們是四個偶像，不住天堂。我則認爲他們是人類做人做事成功的四大努力觀念及條件。無論從事實體謀生行業或是從事教化渡人的靈修工作，若沒有知識、知慧（即文殊菩薩化身），沒有身體力行（即普賢菩薩化身），沒有大慈（愛好人）大悲（愛壞人）之大愛（即觀音菩薩化身），也沒有堅持毅力及有恆不折（即地藏菩薩化身）的觀念及條件，都不會成功。

這四尊看來莊嚴萬分，又令人喜愛的「菩薩」其實代表「知、行、愛、恆」四個重要觀念及成功條件。「菩薩」指「菩提薩埵」。梵文「菩提」是領悟之意，梵文「薩埵」意指有情有義之眾生，「菩薩」合稱爲領悟人生意義之有情有義之眾生。他們不是偶像，他們也不是神仙，他們只是觀念的化身。「知、行、愛、恆」四個觀念連貫一起，意義非凡。四個觀念分離，威力大減。

「知識」的日日使用，又有心得就成爲「智慧」。若人無知識、無智慧，則與動物無異，甚至因體力輸於大動物，必被大動物所奴隸或吞食。人若有知識、智慧，則可爲「萬物之靈」，甚至可以「人定勝天」，所以知識、智慧威力無窮。

文殊菩薩就是代表知識、智慧的化身，其座騎爲猛獅，獅爲

知・行・愛・恆眞釋然

獸中之王，威風十足，萬獸望風披靡。有智謀可以打敗魯莽之力，所謂「鬥智不鬥力」，「將在謀不在勇」。尤其在知識經濟的新世紀，創新的知識比土地、苦力、金錢、廠房、機器、原料等生產資源還重要。

求知有「三萬」，即「讀萬卷書，行萬里路，交萬好友」，與徐桂生兄之另一個「三萬」相映生輝。讀萬卷書（包括看報、看電視、聽廣播、看網路），可以使「秀才不出門，能知天下事」。但是耳聞不如眼見，耳聞有被欺騙之可能，眼見才能爲憑，所以要「行萬里路」，增廣見識。但讀萬卷書、行萬里路都是很花時間及金錢的事，若再能「交萬好友」更好，因此位好友已是讀萬卷書、行萬里路者，與他一席談或一夕談，則「勝讀三年書」。想看看，文殊菩薩所代表的「知」有多大的威風及美妙。

可是只有「知」而沒有「行」，「知」的好處也只是空中樓閣，畫餅充飢而已，所以有「知」必須再能「行」。世事多「知易行難」，坐而清談、辯論、推理一百個，都不如起而做一個，所以文殊菩薩代表大「智」之後必須有普賢菩薩。普賢亦稱普行，代表大「行」，即身體力行，手腳實踐。普賢菩薩的座騎是大象，大象是陸地最大的動物，生性溫順，但紮紮實實一步一腳印。大象過河以鼻先試獨木橋的耐力，鼻子能過，龐大的身軀就能過。人能「知行合一」，才能成功，就應學習文殊的猛獅知識和普賢的大象力行。

人能知行合一，就可確保求學有成、事業發達、富貴財祿。但是富貴財祿若只用於個人享受，又有何眞快樂可言。世間樂事莫大於「與眾樂樂」，所以「助人最樂」、「助人爲快樂之本」。個人快樂只是「獨善其身」，屬於「小乘」之樂。若能慈悲爲

懷，普施眾生，「兼善天下」，則為「大乘」之樂，所以在文殊菩薩及普賢菩薩之後，還要有觀音菩薩存在。觀音菩薩坐在蓮花座上，蓮花出於淤泥而不染，根、莖、葉、果都有用，觀音手持甘露瓶普施甘露水，代表大「愛」。愛好人稱為「慈」，幫助及超渡壞人稱為「悲」。慈悲為懷，不分好人或壞人，都設法化身與之為伍超渡之，才是「兼善天下」的「大愛」，也是人生離苦得樂的「大愛」。

可是大愛助人不能一曝十寒，必須持續為之，如同地藏菩薩，在地獄超渡無邊無盡之受難者，發誓不渡盡眾生，誓不為「佛」（指離苦得樂之境界），表現最高級的「毅力恆心」。我們努力學習知識（文殊），身體力行（普賢），應用知識、得到好處，應將所得好處以無差別之愛心，救助分享眾生（觀音），並且終生終世持之有恆（地藏），才是真正為人之道，不枉來此一生，這也就是我寫此文〈知‧行‧愛‧恆真釋然〉的含義，用來呼應徐桂生兄《人生執行力》一書的深遠思想。

淡江大學管理科學研究所教授兼管理科學院院長

陳定國

推薦序（四）

管好自己，執行力自然提升

　　人生的樂趣，其實俯拾皆是。但是生於平凡的時代，卻安於做一個平凡的人，那才是眞正的樂趣。請看不平凡時代，不平凡的人是多麼的坎坷艱辛，若非爲了偉大的使命，誰願意如此？

　　本書作者桂生兄，顧名思義，出生在山水甲天下的桂林。由於成長在台灣，而且堅持誠信仁義，所以自號「則林」。一方面表示不忘本，一方面掌握原則，要呈現出有規則的森林般茂實而有條不紊。

　　桂生兄眞的做到了，身爲文化大學第一屆新聞系高材生，就爲了《經濟日報》創刊初期，一篇〈張美倫在義大利的演唱生涯〉，受到王惕吾發行人的賞識，邀約服役後前來幫忙，便自發地終身奉獻，在《經濟日報》工作三十五年。

　　這種忠誠與毅力，相信大家都有一種不平凡的感覺。可見不平凡的時代，人人都有不平凡的表現，只不過方式不一樣而已。桂生兄所展現的，是一種不平凡的人生執行力，現在親身說法，寫成這一本書，當然非同凡響，值得細細品嚐。

　　本書作者主持《經濟日報》副刊二十年，在嚴格把關之餘，將各方面匯集而來的知識，用心轉化成爲智慧，悟出知足感恩的眞諦，因而主動積極，快樂地回報知遇之恩。並且體會到知足感

恩原來是一件知易行難的大事，要確實執行，必須依序從心境、心態、心靈做起。

因此本書第一篇，便以〈心境心靈〉為主題。首先培養樂觀開朗的心境，主動自尋快樂，戒瞋恨而多慈愛，保持心平氣和，即使有點缺陷，也覺得很好，自然能夠隨遇而安。在不平凡的時代，安於平凡，就很不平凡。

第二篇揭示〈成敗得失〉的奧秘，在於有與無的因果關係。惟有明白「失即是得，得即是失」的道理，才能品味失敗，也不盲目追求成功，為了虛幻的目標而不擇手段。因為得捨之間，往往失之東隅，卻收之桑榆。雖然說有投入必有產出，仍然有待於順理成章看得失，才體會得失的關鍵在於管理。

具備正常心態，看懂成敗得失，當然能夠順利地學習與成長。本書第三篇，從不同的角度來促進〈學習成長〉。其中盡其在己，成事在天，要有正確方法與觀念，善用逆向思考，都是寶貴的提示。

第四篇〈職場實踐〉，便是在職場中提升自我的法則。最要緊在動腦，時時動腦筋，才夠靈活。多想還要加上力行，所以能做的馬上辦，不能做的想辦法去做。只要全心專注，踏實付出，不必計較，始終如一，具體的成效就會決定個人價值。

一個人在職場中，應該幹什麼是什麼，做什麼像什麼。不但要讓別人瞭解，而且要經常反省，同仁之間相互讚賞，互相支持。有困難要勇敢面對，就算失業也不能喪志。慎選老闆，自己也該當好部屬。有時間細讀內容，忙碌時翻閱書本看看標題，必能提醒自己，做好人，也做好事。

把〈人生執行〉當作尾篇，和〈心境心靈〉相呼應。有好心

管好自己　執行力自然提升

境不過是自得其樂，能執行人生才能夠作好修己安人的大事。從知己、修身出發，持續進貨以求終身學習，這樣的人生，當然可以永續經營。

桂生兄六旬壯年即告退休，且廣發英雄帖，要邁進人生另一階段。朋友們力勸把寶貴經驗公諸於世，讓大家有所借鏡。在千催萬促之下，這本《人生執行力》終於誕生，有幸先讀為快，特別樂於推薦。

執行力優先，是在職場中修煉的最佳法則。特別是中華民族，計劃力堪稱世界第一；做計劃，定制度，寫規章，簡直無人可比，歷來的問題，幾乎都出在執行上面，不是五分鐘熱度，便是虎頭蛇尾，無疾而終。

我們為什麼這樣，並不是民族性使然，而是不知己也不修身，有以致之。若能知己，明白自己的族性，順應著去發揚；又能夠修身，人人自覺、自律，先管好自己，執行力自然提高。

我們什麼道理都知道，只是不求甚解。又神氣的不得了，常常自以為是，說什麼過分謙虛便是虛偽。如果藉由這本《人生執行力》，能夠產生提升效果，那就功德無量了。

前興國管理學院校長／交通大學教授

曾任強

作者簡介

徐桂生，號則林，江蘇轂貽堂徐氏族譜排行「學」字輩，正名毅學，民國 32 年出生在「山水甲天下」的桂林，成長在臺灣；中國文化大學新聞系第一屆畢業，聯合報系《經濟日報》始終如一工作三十五年，任職經濟副刊組主任二十年迄至退休。

以「讀萬卷書，行萬里路，惜萬縷情」為志趣，逾一甲子卻始知不易。寄望退休後，以浮生餘年為所欲該為；做些想做的事而已。

《一條拉鏈拉出來的故事》、《美國名廠產銷管理案例》、《航在古運河上》、《酒鄉行——細說中國美酒·佳餚·名勝》、《吃魚·觀蟹·山水情》、《擁抱香格里拉》是已出版的書；《人生執行力》是這本新書；快完成的有：《寵愛一生》、《戀戀楓情》、《世界真好玩》（歐美篇）；籌備中的：《畫說禪詩》、《讀史談管理》、《紅岩谷遊俠》、《年年有餘》等。

個人興趣：讀書、旅行，攝影、繪畫，酒、茶、咖啡與美食，收集紀念章、紅葉與石子，並為文與眾人分享；收養處理流浪動物也是三十年如一日的閒事。

處世心態：知足感恩，積極達觀，誠信仁義。

作者 e-mail：shiu1118@ms6.hinet.net
（圖：吳舜文新聞獎漫畫類得主鄭福源繪）

代序

知足感恩最樂

職場社會有九成以上是平凡人，我就是其中之一；可是我這已過去的六十年，卻是個非常不平凡的時代，二次世界大戰結束，國家歷經了那麼多的災難變遷，台灣光復，走出貧困，度過斷交、能源危機，創造了經濟奇蹟；距均富雖遠，而中產階級成了主流，我有幸是見證人、觀察者，也是參與者。

到專業的《經濟日報》編、採、業等單位工作三十五年，尤其是最後主持「經副」這二十年，特殊經歷更多，不但是終身學習的豐收年代，而且結識了無數成敗經營者，這些人無論經營事業或個人，都有很好的表現，對我而言，是難得的奇遇，更是值得所有人學習借鏡的例證。

2003 年 7 月已六十歲屆齡退休，邁進人生另一階段，回首已成過去的一甲子歲月，檢討在學與從業得失，細品見證、觀察與參與所得；特殊的成長環境與職業，帶給我無盡的平凡而奇特的際遇；希望這些平凡的經驗，對佔社會絕大多數的平凡人有些幫助。這也是我寫《人生執行力》的主要原因。

民國 57 年 9 月，進入全球第一大中文報系，也是台灣第一份經濟專業報紙之後，只在報系內作短暫的調兼工作；並沒有換過工作，也算三十五年始終如一的異類了。

可是那時候，最好的企業文化是：「終身雇用制」；企業對員工從職前訓練、在職教育、職中輔導，到對員工個人與家庭的照顧，一直到退休、故去；相對的，員工對企業也能以忠誠的終身奉獻為回報。

這是雇主與受顧者之間，較高的理想，即使那個年代，維持這種因果關係，也是人人稱羨的少數，而我做到了；相信在現今與未來世界，對多數人仍有用。

三十五年工作生涯，在一生中，扣除青少年成長學習期，年老退休歲月，也算是一輩子了。一輩子在一個機構工作，那可需要不少的機緣、不少的堅持、不少的勇氣、不少的實力，以及更多的知足感恩之心。

記得民國57年6、7月間，由軍中退伍之初，就業的可能機會有三個，即當時名為《徵信新聞》的《中國時報》、《民族晚報》，以及創刊不久的《經濟日報》。

去《徵信新聞》是因為大三在那實習，跑社會新聞表現不錯，時任採訪主任的謝家孝先生有過：「以後回來」的一句話；進《民族晚報》是大學老師鄭貞銘先生的推薦。

而進《經濟日報》則是大學畢業，等待當兵期間，適逢《經濟日報》創刊，我為經報副刊「大都會」版寫了不少稿，其中有篇〈張美倫在義大利的演唱生涯〉，很受當時《聯合報》兼《經濟日報》發行人王惕吾先生欣賞，約見我，並要我安心去服兵役，退伍後到《經濟日報》工作。

退伍時，剛巧王發行人不在國內，眼見同學紛紛就業，內心真有些慌亂，《徵信新聞》又有意要我跑我實在有點反感的社會新聞，就退而求其次的去《民族晚報》跑文教體育新聞。

　　我很幸運能學以致用的立即就業，但也爲有「知遇之恩」的惕吾發行人不在國內，不能回《經濟日報》有點失望。

　　因爲我對回經報「大都會」版寫報導文學類稿，或跑經濟專業新聞滿有興趣與信心的；最重要的是那份：「高高在上的大報發行人，對一個積欠學費尚未結清，以欠條與畢業證書抵押，才能畢業的窮學生的賞識榮幸與知遇情緣。」

　　在民族晚報跑了近三個月新聞，期間，很受《民族晚報》發行人王永濤先生重視；雖然我在進《民族晚報》之初，就向時任總編輯的黃仰山先生，以及採訪主任唐一民先生報告過「與王惕吾先生的機緣約定」，可是，至今我仍然爲我的離去，辜負了永濤發行人及其他人的提攜而歉疚。

　　當《經濟日報》發行人回國後，時任《聯合報》總編輯，現爲聯合報系副董事長，我大學編輯學教授劉昌平先生，通知我去見《經濟日報》副總編輯吳博全先生，談到《經濟日報》工作的事；這次三個多小時談話，決定了象徵我一生的三十五年職業生涯。

　　這三十五年中，我憑藉應有的知識，主動創新，積極貫徹的執行力，曾有過風起雲湧的表現，作出特殊貢獻，表現帶來別報「重金禮聘」的考驗與掙扎，也面對過意外的鬥爭，但最後還是一切趨於平淡，滿足於現實，樂在工作，然後圓滿退休，悠遊生活。

　　這一切應歸功於從小到大學習到的「知識」轉化成的智慧，讓我懂得「知足感恩」，徹底領悟人生眞諦而知所進退。

　　「知足感恩」是句老掉牙的俗話，但也是歡度一生最受用的智慧結晶、金玉良言。「知足」就沒貪念，不會心浮氣燥，則心

境清明，辨是非，明事理，做人處世條理分明；也不會貪贓枉法，自毀一生。

感恩則圖報。會主動積極努力不懈地做好事、做好人、存好心，以報知遇之恩。恩情債最沉重，最難還，能夠感恩圖報又能夠報償人情債，無債一身輕，比無欲則剛還要理直氣壯，做人任事的「執行力」更是氣勢磅礡，無往不利。當然更心安理得快樂無窮。這是知識昇華較高境界，而較少人執行得很好。

要能「知足感恩」，先要依序從心境、心態、心靈做起。要由想清楚、看透徹人生開始，更要大幅度降低個人欲望標準，相對的卻要擴大你對外來恩緣的感受，所謂「受人點水之恩 當以湧泉相報」。

要經過挫敗、失落，才體會出既有的可貴，這多少也與個人慧根有關：有人終其一生，人在福中不知福；有人為一點貪念，圖一點權勢，眾叛親離，至死也不瞑目；更別說「知足感恩」了。

我很慶幸從小看了許多書，聽了許多老人言，能領悟「空與有」之間的因果道理；將重點放在，如果我能循規蹈矩得到「該有的才算真有」的那「一點點」，我就很「心滿意足」了。

其實，知恩圖報或知足常樂，都要由心做起，也是標準的心靈心境問題。我不是王永慶、張忠謀，他們成功經驗也許太「高不可攀」；我平凡的人生與大多數人卻是一樣，而我的心境心靈、學習成長、成敗得失、職場實踐與執行人生等等各方面平凡的成敗得失經驗，可能最堪眾人參考借鏡。

同時，近十多年來往返中國大陸近百次，接觸到各行各業、各式各樣人無數；近八、九年頻繁又長時間停留美國，接觸的人

事層面深廣；獲得許多新穎而實用的經驗與啓示，也是此書主要
內容之一。

在我三十五年職場生涯的後十多年，面對的是新世紀e時代
新工作與生存環境，個人工作知能，思想、心態都要進補與改
變，不管怎麼變，諸如用智慧而又踏實地去執行你這一生的事
務，仍是「放諸四海皆爲準」的原則與思維。

我這一生絕不是富貴加權勢的人生，但卻快快樂樂，悠遊自
在；看在別人眼裡，還多一點順順暢暢，多采多姿。這與我所定
目標不高，比較容易達成；身心姿態重心低，既不易摔倒，摔倒
了，傷不重，也能原地再起有關。

我之將本文〈知足感恩最樂〉作爲序文，放在本書最前面，
有自我檢討，拉開序幕的意義。趁再檢討一次人生的機會，如能
對更多人有益，那才是最期盼的樂事。

這本書計有石滋宜、高希均、許士軍、陳定國、曾仕強等專
家學者的推薦序和推薦語、〈代序〉、〈心境心靈〉、〈成敗得
失〉、〈學習成長〉、〈職場實踐〉、〈人生執行〉與〈結語〉等
八大篇章，約六十九篇文章組成，不談什麼大道理，舉證的實例
與人物，親近的有如左鄰右舍、親朋好友發生的平常事；只是大
家沒注意到或沒認眞實踐而已，看了這書之後，你一定會將人生
執行的比我更美好。

徐桂生

2004.9

（一）心境心靈篇

1. 樂觀開朗

「樂觀開朗」是人生快樂成功的動力泉源，也是不可或缺的基本心態修養。

不管你是獨處或群聚，樂觀開朗都能凝聚利己的人氣，對你過一個快樂成功的人生很有幫助。

想一想，人見人厭的愁眉苦臉要過一生，人見人愛的歡喜快樂也過一生，為什麼不選後者？

樂觀的人通常充滿希望活力，不太會未做先說難，同樣一件事，樂觀者因為願意面對、試探，並且努力以赴，未到絕望關頭，絕不放棄，所以機會遠比悲觀者多許多。

有個老掉牙的故事說：「鞋廠老闆派兩個推銷員到非洲推廣鞋子業務，其中那位悲觀推銷員說：『開什麼玩笑，全世界的人都知道非洲人打赤腳不穿鞋，到那裡賣鞋子，豈不是死路一條！』可是另外一位推銷員卻很高興，他樂觀地說：『這些沒穿鞋的非洲人，都是我的準客戶，我的未來市場潛力真是不可限量。』」

結果，悲觀者根本去都不去，樂觀者成了現今非洲穿鞋者的供應先驅，既掌握了時機，也有了實績。這是老故事的真實結果。

另有一個新故事說：「有家知名的女用衛生棉廠要到中國大陸設廠，董事會有兩派意見，悲觀派說：『中國十多億人，有十

一、心境心靈篇

億人連衛生紙都用不起，售價高許多的衛生棉誰買得起，更何況衛生棉侷限某一年齡女性使用，市場更是有限，萬萬不能投資。』樂觀派說：『中國大城市高所得女性人口比全美女性總人口還多，一片售價人民幣幾角的衛生棉，當然有市場前景。』」

　　結果如何？看看今天大陸百貨公司專櫃，電視上衛生棉、免洗尿布的廣告，比台灣「SK-II」、「多芬」洗髮精還多，答案不就出來了嗎！

　　人若開朗，心胸就會開闊，心靈也會活潑，形諸於外的言行舉止都較明朗，當然更會因此毅力增強而活力無限；格局足以影響結局，為人處世格局大，有氣魄，拿得起放得下，比較經得起挫折，成敗得失看得開，也就容易反敗為勝，轉憂為喜；不但人緣好人氣足，做事主動積極，成效也高。

　　個性開朗的相對詞是陰沉、鬱卒，個人鬱卒還僅止於讓周邊的人看看臉色，受點不愉快影響而已，但與陰沉的人為伍就相當可怕了。所以人不夠開朗，朋友也少，必定孤獨自閉

　　樂觀與開朗是語義接近的雙胞胎，但樂觀是一種心態，表現的是內在的心理情緒成份居多，通常人們會說是：「樂觀的態度」；開朗則是表示在外的個性言行，所以人們也常說是：「開朗的個性」；其實，都是由內而外的一種親和力的表現，也是作人處世的無限助力。

2. 三位典範師長

　　我有許多樂觀開朗的親朋好友，其中最讓人懷念，又對我啓發最多的有三位，他們都是我師字輩的快樂人，即：史習枚老師、劉紹唐師傅與卜少夫祖師爺。

　　史習枚師是復旦大學新聞系科班出身的新聞學者及編輯人，多才多藝，敏智睿智，編寫、繪圖製表、建築設計、攝影字畫、企劃作業等都極專精。

　　版面「方塊拼方塊精緻編輯法」就是他五十年前的創作，因爲這種版面整體觀感極美，不轉文的方塊文章又清晰易讀，好剪輯整體，更能避免無意義空間的浪費，以現今版面篇幅規格，每天每塊版面可因此多刊出約千字文稿供讀者閱讀，而且這種五十年前創制的編排法，更適用於現今電腦拼版、先進的製版傳送與印刷等等優點，所以迄今仍爲媒體平面版面最佳主流編輯法。

　　我主持副刊的編輯手法就師承習枚師，再作精進光大而已，我凡事計畫在先，以及企劃思維與技能，都是習枚師薪火相傳所得。他與我另一位編輯學教授劉昌平先生，眞正算得上是我「傳道、授業、解惑」的恩師。

　　個性開朗，格局大，視野遼闊都是習枚師成功之處，但也因此人緣佳，朋友多，他民國 5、60 年至民國 57、8 年間，曾數度受朋友之累，甚至因不相識的人寄一件「和談宣言」給時任主編的他，而坐過冤獄；民國 57 年又因熟朋友推薦的一篇作品的

刊出，再度激怒層峰而離開新聞界。

民國 55 年，他就創辦轟動一時的《假日周刊》，也從事過高級組合式預築別墅等創意產業，風光過，也賠過大錢而潦倒一時。但都因為他的樂觀開朗與多才多藝，過得仍十分自我，十足自得，並且永遠令人懷念。

樂觀開朗常能展現風趣幽默的言行魅力，也都能生活在歡樂氣氛中。

前些年才過世的《新聞天地》社長卜少夫先生，因家師《傳記文學》發行人劉紹唐先生的關係認識，我們都尊稱他為祖師爺。

祖師爺絕不是泛泛的尊稱。大約在四十年前，我初唸新聞系時，已為他那本標示「天地間皆是新聞，新聞中另有天地」的《新聞天地》雜誌欽佩不已；也因此閱讀了近四十年。

所以識得「少老」之後，也與師父劉紹唐發行人的文史藝術界諸徒，如姜穆、李錫奇、嚴長庚、嚴長壽兄弟等一樣喊少老「祖師爺」，我且更多一分驚喜與敬仰。

之後，少老每次由香港來台北，或我途經香港，總會見面，十次又有九次喝酒聊天地間新聞。

少老喜歡喝「藍帶」白蘭地或大麴類高粱烈酒，但葡萄酒、啤酒也不挑剔；談的絕對是天地間第一手新聞，譬如六四後，中共同意北京美國使館裡的方勵之可以離境的消息，早在二三個星期前，他就告訴我了；但他的《新聞天地》，因信守職業道德而事前隻字未提。

可是我卻在與少老、劉師父紹老喝酒談笑風生中，學得諸多二老樂觀開朗、治事嚴謹的本事。

有一回，少老與紹老風趣地說：「他們倆是分別主管陰陽兩界名人的」，經解釋，原來《傳記文學》只報導過世名人傳記，而《新聞天地》報導的則是活人世界的新聞。他們笑說，有一天他們離開人世，陽世會因沒《新聞天地》監督而大亂，陰間因多了《新聞天地》與《傳記文學》發行人的就近監督報導，會好得多。民國 89 年（西元 2000 年）卜少老過世，感覺上，世局真是紛擾多了。

　　我對酒很有興趣，而且三十年如一日，這興趣包括研究酒文化與喝酒的藝術，所以累積了許多酒經驗與酒友；少老與紹老真算得上是現代酒中神仙。

　　二老飲酒時，予人舉止談吐誠懇優雅，酒品酒量虛懷若谷，知識見地淵博精湛的印象；與二老聚飲，除了口齒唇舌的味感，還有感性的滿足，智識的豐富，真是受益良多。

　　二老編印發行《新聞天地》與《傳記文學》極其嚴謹，與他們喝酒時談笑風生判若兩人，每每為編輯等工作通宵達旦，為一個根本不算是問題的小疑問，翻箱倒篋，天涯海角追根究柢的審核查證，沒有正確答案，絕不刊出；至於「置入性廣告」之類稿件，更別想見隻字片語。這是身教，對我影響深遠。

　　少老自稱活九十幾年，也喝了九十幾年的酒。他還說：「他樂觀開朗，長壽快活與喝酒有關。」根據無數次與少老喝酒時的觀察，少老這套「喝酒養生觀」，確實對靜心順氣，樂觀開朗，悠然暢寄，長壽快活有幫助的。

　　最難得的是少老與紹老喝酒暢快而又恰到好處，所以飲前飲後一樣清醒，反應更是敏銳，當然更不會誤了正事。

　　記得有次喝了許多烈酒之後，少老約三酒友打牌，我是其中

一、心境心靈篇

之一。當天，剛好拿到我的新書《酒鄉行——細說中國美酒、佳餚、名勝》，就順便帶三本去贈送；打牌時送三牌友三書（三輸）已經不妥，送的還是酒書（久輸）豈不是有點「司馬昭之心路人皆知」，太沒禮貌了。

為此，我特別解釋，這本書大菊8開，35萬字，千餘張圖片，銅版紙彩色印刷，又是精裝本，重約兩公斤，郵寄不方便，今天才出來，就雙手奉上，絕沒有其他意思。

少老欣然接受，然後哈哈大笑說：「大家都知道『唐宋八大家』的『三蘇』吧！即蘇洵、蘇軾與蘇轍呀！。」

他說：「蘇洵是父親，世稱『老蘇』音同『老輸』；大兒子蘇軾，音似『輸死』，俗稱『大蘇』，又如『大輸』；小兒子蘇轍，也叫『小蘇』，唸起來像『小輸』，蘇轍音同『輸徹』（輸得很徹底）；所以，你送我們三人三本書（三人皆輸），但也音同『三蘇』，要知『三蘇』可是唐宋八大家之列的才（財）子，而且送這麼厚重的三財（才），牌桌上送財（才），我們歡迎之至。」

怎麼樣！夠風趣睿智吧！少老就是這麼樣的一位長者。少老與劉師傅都是令人聞得酒香，想起他，接觸新聞時念到他，看到書時也看到他，聽到開朗的笑聲，更想起他的典範長者。

3. 自尋快樂

2004 年 2 月中旬，大兒子欣業從美國加州聖荷西來電，這是他每週例行電話；先問候父母，了解弟弟近況，台北家中貓狗寵物好不好，然後才在我詢問下，說些他的事。

這次他言語中顯得有些懶洋洋的，他說：「前幾天他過去交大電子工程系主任張俊彥出席加州北美交大同學會，要他們回台灣參與建設『矽島台灣』；會後還特別約他安排時間回台灣好好談談。」

他說：他很為難，一則張俊彥是他的主任（現任台灣交大校長），他進史丹福電子電機研究所的推薦信還是張主任寫的，再則他知道主任在台灣並不是那麼如意，「雪中送炭」理應回來支持的；可是那天與會的絕大部份校友，都擔憂台灣政經局勢如果持續不穩定，在台外商紛紛外移，外商外資又都不敢去，「矽島台灣計畫」很難成功的。

他說，最近這幾年，在美國不景氣情況下，美國大企業都在緊縮，可是他們公司老闆還特別重視他這個部門，滿提攜他的，這也是個機會，更是人情。結語是，他很擔心台灣的種種亂象，也滿替他恩師憂心的，所以很不快樂，連他太太都發現他不像以前樂觀開朗了。

我告訴他，快樂要自己去尋找，去創造，去感覺體會，樂觀開朗要由內而外，多想想愉快的事，對於那些你無能為力的事，

你可以關心，但不必憂心。

因為連美國都不能阻止台灣領導人，「那壺不開提那壺」的招惹中共，你能嗎？你更不可能阻擋中共以武力解決台灣獨立，國土分裂問題，你憂心忡忡又有什麼用呢？

不快樂只能短暫的，揮揮手，轉個身，就讓它消失；持續下去，會讓你由內而外都不樂觀開朗，反而會影響到你自己的身心健康、家庭與工作，又怎麼對得起周遭關心你，提攜你的人，對自己也是不負責的。

「想想看，一路走來，從小出生在三代同堂，充滿愛與書香的家庭，成長在有無限希望的台灣經濟奇蹟榮耀中；求學階段，在那麼大升學壓力下，能一天都沒耽誤的唸最好的所謂『明星』初、高中、大學，服兵役考取與所學有關的預官電子官，役期兩年也算沒浪費，旋即獲得史丹福入學許可，順利取得雙 e 碩士學位。」

我說：「美國不景氣，就業機會不多，待遇也未盡優渥；而你未畢業，又已被美國數一數二的電腦公司預約；在那麼競爭的工作環境中，還能受到重視與提拔，企業還出錢讓你隨時可回史丹福在職進修；又娶得志同道合的史丹福同學為妻，組成溫馨家庭，眼看就要為人父了，這些都與你從小以來樂觀開朗走正路，樂在完成每一階段職責，以及默默專心投入的個性有關。」

「又有那一點不快樂的？感念師恩與關心他人是好事，但報恩幫助他人也不必急於求成；別再為自己力不可及的事煩惱，再說，有些事也是一種機緣。」

再看看現今台灣這些學生、父母、上班族。學生除了沉重的書包、無所適從的課本、考試制度、看不懂的試題、課本之外，

還要捨本逐末學些不實用，與國際社會脫節的知識，更要抗拒外界惡質環境諸般迷惑心智的事物；家長為子女、生計，有擔不完的心；上班族更是生活在公司外移、倒閉、轉換老闆、人力精縮、裁員、減薪、失業、支出增加、財富消失等等恐懼症候群中。

台灣大多數人已不再快樂了，甚至於比落後的中國大陸人民心情還要沉悶，可是仍然有些沒權沒勢又沒錢的人，依然樂觀開朗，生活自得；因為他們懂得自尋快樂，能體會人在福中的幸運，絕不自尋煩惱碰觸自己無能為力的事物。

把世事看開一點，將快樂的標準降低一點，也有許多船到橋頭自然直，柳暗花明又一村，天無絕努力人之路的例證就在眼前；凡事逆向退一步想想，再怎麼苦難的今天，總會隨夕陽西下。

尤其在諸般不順暢時，不要悶悶不樂的坐等快樂，何不往回頭看看，重拾一些永遠屬於你的趣憶，或是走出煩城，醉入書鄉，邁向山林，主動的自尋快樂。快樂人能掌握體會許多快樂事物的感覺，這種快樂是不會無由的黏著你，要你主動去營造，去尋找，去感受。

4. 戒瞋恨

　　主持〈經濟副刊〉二十年來，結識不少師長級偉人，他們的言行、思想對我影響深遠；宗教界像慈濟的釋證嚴法師、佛光山的星雲大師、法鼓山的聖嚴法師等等，其他第一流學者專家更是不計其數。

　　大師們都應邀在〈經濟副刊〉闢有專欄，寫一些有關心靈管理，做人處世的文章；例如星雲大師的〈星雲禪語〉、證嚴法師的〈禪說人生〉、聖嚴法師的〈禪證〉，而且不但定期在「經副」上與讀者見面，連載一段時間之後，還結集出書，銷路不錯，受益人口眾多。

　　「戒瞋恨、多慈愛」是證嚴法師〈禪說人生〉常提到的中心思想之一。她認為，人們常為了身外之物的名利、地位而迷失了那個真實的「自我」；有了得失之心，就有了悲歡喜惡，而禪者應該超越悲歡、喜惡、得失，隨緣即是福；一切相對的好惡、有無、貧富等等都是「分別心」。分別的心使外界的一切變成了我們的「桎梏」。

　　心中執行「分別心」，便不能見到真實。所以會產生相對的見解與反應，例如瞋恨即是。都應該揚棄瞋恨的念頭，片刻也不能留在心中，更別說有瞋恨的行為了。

　　瞋恨之心是慈愛的相對心，也是人們不能快樂的本源。當有人問你快樂嗎？絕大多數的人會心存懷疑的問自己：「我快樂

嗎？」，因爲這個社會生病了，人們多數爲名利薰心，因得失、利害、好惡……內心充滿了瞋恨。

釋證嚴說，在中國古籍中，兩位聖哲曾有一段對話：「何物殺安樂，何物殺無憂，何物毒之根，吞滅一切善？」什麼東西破壞了人心的平安快樂？爲什麼人世間有這麼多的憂愁？到底什麼是世間的根源？又是什麼吞滅了人的善性？

對方一針見血的說：「殺瞋即安樂，殺瞋即無憂！」去除瞋恨，就能安樂、無憂。

瞋即愛發脾氣，容易動怒。動不動就怒髮衝冠，血脈賁張；恨是一種心意，深藏內心的，是發脾氣、動怒的根源。所以要無憂無慮、平安快樂，就要先由內心無「恨」做起。

要即刻的將心裡的恨意拿掉，要先讓心境清明，禪境、悟境才會出現，人也才能悟透得失、喜憂、尊卑、來去、窮通、貧富、有無、善惡等的眞諦。

《金剛經》所謂：「應無所往而生其心」：用不拘束的心，沒有預存惡念的心去做一切事。即高興時不爲高興所拘束，悲哀時不爲悲哀所侷限，生氣時不爲生氣所驅使，不染著於物，不爲物所驅使奴役，於是心便解脫了，清明了。

相傳當初佛僧慧能，正是聽了《金剛經》這句話才出家的；更何況是心中的一點恨意與瞋念呢！

心中清明之後，就容易存有愛了，正像一匹白布易染一樣。

慈愛是一切善的動力，是喜樂的根源。人心有愛，凡事皆會祥和，父母之於子女的慈愛，人間百般至情的發生，都是由慈愛而來。父慈子孝、兄弟親愛、夫妻情愛、朋友友愛，也才能夠發展出對社會、對國家，對天地萬物的大慈大愛。

　　當今社會暴力充斥、打開報紙電視，入眼的皆是暴力衝突，不管是當權者，不管是市井小民，也不管是失意得意，面對事務，總是先設防，再攻擊，總是惡言相向，唯恐後動手遭殃。這都是因為人們缺少一顆有愛的心。

　　這是惡性循環，當善良慈愛的人都成了弱勢的一群；惡人的暴力成了有用的主流方法；欺凌弱小的流氓也成了社會國家的棟樑時，這種示範作用有多大啊！又怎麼不會惡性循環、日益嚴重呢？

5. 多慈愛

　　我的朋友日本 YKK 拉鍊的創始企業家，世界拉鍊大王吉田忠雄有一套「善的循環」經營理念。並因為這套經營理念，讓他將 YKK 經營的成為世界第一的 YKK 拉鍊公司。

　　「善的循環」的中心思想就是慈愛，種善因得善果，循環不息。

　　吉田忠雄將公司的員工都視為至寶，待他們以慈愛，而且是發自內心的慈愛；他視員工如子女兄長，不但給他們一個愉快的工作環境，終生照顧他們，還關心與照顧員工及其眷屬的生老病死。

　　他將日本黑部魚津總廠經營成一個大家庭，一切以慈愛為中心，員工相對的也以家庭一份子自居，凝聚對公司的向心力，心中時時刻刻也以公司、以工作為重。

　　自動自發的動腦研發就是一個很明顯的例子，一條小小的拉鍊，多年來員工相關的新型、新式樣、新發明專利就有近萬件，由此可見員工對公司的向心力有多強。

　　黑部總廠佔地超過一百多萬平方公尺，範圍十分廣大，員工數千人，儼然就是一座 YKK 拉鍊城，消費能力非常大，如果再加上員工眷屬則有數萬人需要消費，但是廠裡沒有設餐廳，沒有員工福利社，員工吃的、用的都要去工廠周邊的商店消費。

　　這就是吉田忠雄「善的循環」的道理與實踐，他說：「以工

廠的規模、員工的眾多，公司原可做一些強勢的動作，例如在工廠裡開設餐廳、日用品福利社、理髮廳、美容院……員工可以就近消費，省時省事，公司還可在這方面有收入；可是我們沒有這麼做，我們認為有錢也要給大家賺，也讓別人有生存的空間，愛員工也要愛鄰居，敦親睦鄰也很重要。」也因此，YKK 工廠也相對的有個很好的經營環境，這就是「善的循環」的結果。

日商遍布全世界，也在全世界引起反感而排日；可是 YKK 在全世界的工廠很多，卻普遍很受歡迎，這也是其實踐敦親睦鄰「善的循環」的結果，而追根究柢，也是因為該公司企業文化「善的循環」就是以慈愛為基礎，種愛的因，所以結愛的果。

在《經濟日報》工作三十五年間，接觸過無數成功企業家、經營者與上班族，冷眼觀察，這些人的成功共同點是心中有愛，沒有瞋恨。

瞋恨會讓人凡事產生懷疑，常以「小人之心度君子之腹」，易發脾氣，會令人心浮氣燥，影響思考，也就會作錯誤的判斷，作不正確的決策，而致最終的失敗。

所以人們常說：「要擊敗一個人，先要激怒他。」世界拳王爭霸賽，常見彼此賽前互相羞侮對方，為的就是要激怒對方，而受激的一方，也常是最後躺在地上的那個。

商場與人生的競賽中，豈不如此。橫行霸道，動輒生氣，恨遍全世界的人，是沒幾個會成功的，即便是成功了，也只是一時得逞而已，最後還是失敗的。

相對的，慈愛之人必心平氣和，思想冷靜，冷靜則有條不紊；也會留一條路給別人走，所面對的抗力也不會那麼頑強，自己強而對手弱，當然會成功囉！

心中有愛，已很充實，所求本已不多，懂的知足感恩，所以在人生旅途中，進可攻，退可守。

　　進可攻時，不但你自己可以平靜的運籌帷幄，有條有理的進攻，而且會得到外界意想不到的助力；退可守時，因為你不會為得失動怒，你對既有的已很滿足，你內心也很充實、富有，你雖失敗，但卻有再起的機會。

　　有首勸人們不要生氣的歌，說了許多叫人別動怒的道理，其中最中聽、最直接的是：「你若氣死沒人替」。所以你不如凡事去除瞋恨；而心存慈愛，利己利人，何樂不為呢？

　　去除瞋恨、心存慈愛並不是那麼易為。這要靠個人先天的個性，後天的學識、磨練，以及用智慧對人生事物的頓悟，因人而異，勉強不來的，但是多數與年事漸長有關。

　　以前學校、公司、機關行號都流行徽章。仔細觀察，中小學的徽章大部分是三角形、四角形的，有稜有角，象徵這些證章的所有人也是個性十足；機關行號的證章則以圓形為主，因為進入社會，經過長期磨練，已將稜角磨掉；而風景遊樂區的紀念章，則各種形狀都有，奇形怪狀的表現了大自然多元的一面。

　　一枚小小徽章外形都表現了特有的個性，更何況是複雜的人呢？！瞋恨、慈愛也是個性的本質之一，要想去除或留存並不是那麼簡單，確實要靠後天努力才能達到的。

　　我個人很平凡，很幸運的是我生長在一個充滿慈愛的家庭，父母的身教，兄長的友愛，以及五、六十年前那個還算純樸祥和的社會，都對我能有一顆仁愛的心有幫助。

　　進入社會之後，也曾受過無數挫折，「吃一次虧，上一次當，學一次乖」確實相對的也會產生不同程度的瞋恨，人生觀也

曾修正過，不過我一直沒有條件支持我去瞋恨，頂多讓自己在心裡生生悶氣，恨恨自己；逼迫自己往好的方面想，人在屋簷下，不得不低頭。

最後，為了自己好過一點，厚愛自己一點，也不生悶氣了，也不恨自己了；心中的慈愛壓過了瞋恨，更不恨別人了，也不發脾氣了。

我相信人性本善的，有心的地方就有愛；人心中都有慈愛，只是程度不同，隱性、顯性不同，流露方式不同而已，所以心存慈愛並不難。心中的瞋恨、慈愛是此消彼長的，難就難在消瞋恨而長慈愛。

看透人生萬事百態，勇於面對現實，常念受人慈愛，自然不怨天尤人，而能去除心中瞋恨，瞋恨消，慈愛長。這是平凡人的平凡經驗，足堪世人鑑鏡。

6. 照面不用鏡

鏡子就是用來照人物的，怎麼照面反而不用鏡？！

這裡講的鏡子指的是外物，照面的「面」指的是「眞我」，是「內心」；照面是一種自省的行爲，誠心誠意的自省，要靠發自內心的反省；而不能靠外物的一面鏡子，鏡子也照不到內心或隱藏的過失。

所以照面不用鏡，要自我內心探索、檢討。

一位盲人訪友，臨別時，朋友送他一盞燈籠，盲人說：「我也看不見燈籠照路，要燈籠幹嘛！」朋友說：「讓你帶燈籠，是要別人不要撞到你。」

盲人提著燈籠上路，走著走著，偏偏就與路人撞上了，盲人說：「你怎麼撞上我了，你沒看到我手裡的燈籠呀？」路人說：「眞對不起，你的燈籠早已熄滅了。」

由此可知，想借外物或別人來照亮自己是不行的，至少是次好的方法。

我們每人內心都有一盞明燈，足以由內而外的透視自己；也就是說，別人無法代你自省，自省要自己發自內心的反省。

西諺說：「如果一個人想發出玫瑰花香，那麼他就必須置身玫瑰叢中。」人如要由內而外自省，必先置身內心世界，並要先有承認錯誤的誠意。

人生最大的敵人就是自己，一個人進步最大障礙就是自以爲

「是」；也就是自己騙自己，自己原諒自己，不懂得發自內心誠心誠意的自省。

有99%的人遇到失敗，發生錯誤，遭遇指責，面對責任時，一連串反應就是尋找理由，推卸責任，怪罪他人，保護自己，然後原諒自己；只有1%的人，才會立即面對錯誤，承認失敗，領受事實，開始檢討反省。

而這1%懂得反省的人，也可能是反敗為勝，最後終於成功的人。

發自內心反省改進，雖然是很少人主動去作的動作，但卻是一個人最輕而易舉的行為；只要你有心，不費吹灰之力就能做到；因為「照面不用鏡」，你內心就有一面明鏡，而且是一面透視又反射的顯微鏡。根本不必藉外力外物就能自省。

人有自知之明，只要你虛心檢討，不找理由原諒自己，發自內心的躬身自省，那是方寸之間瞬間思維的事，是天底下最經濟而又最容易執行、獲致成功的行為；當然，反省之後的實踐改正則更關鍵。

反省的時機也很重要，越早反省，越早發現錯誤，越能補救。

假如大原則、方向、心態不對，越努力距離正確越遠，產生的錯誤也越大；越早反省，可以避免積重難返，越陷越深，也越能即時回頭，挽救頹勢。

「人之將死，其言也善」，除非死人，只要有一口氣，有一顆向善的心，都能自省，但也都不能替代別人或由別人代你反省。

我在職場三十五年，見識過工商企業界成敗人物無數，成功者都有一個共同點，那就是問題發生了，他們會面對問題，虛心

檢討，腦海裡第一個出現的是：「我發生了什麼錯失？」而不是誰讓我遭致失敗？誰該負責。

面對問題是自省的原動力，懂得虛心檢討、進而改過更需要勇氣。

一個有一點成就的人，必定是能夠掌握全局的人，「全局」有多大？完全存乎一心，方寸之間而已，掌握並不太難。

如果全部成敗因素你都能掌握，你還有什麼理由推卸責任？唯有誠心誠意，即早自我反省才是正途。

問題的嚴重性是與時俱增的，而且越演變越複雜，到最後，互為因果，糾纏的幾乎找不到真正原因；如同疾病，並不是所有病痛都是一開始就病入膏肓，延誤時效也是併發症的原因之一。

病與病之間，問題與問題之間，是會互為因果，相互影響的；即早檢討反省，發現問題癥結，越能對症下藥，可收事半功倍的功效。

一位商界知名的朋友，有回告訴我一個很通俗，但卻寓意深遠的親身故事。他說：「我前年發現公司總是有些小事不斷發生，在我認為，以企業體質來說，這些小事根本不算什麼，過一陣子就會改善的，傷不了筋骨的。」

「有一天，我由一樓坐電梯上六樓辦公室，電梯到二樓時，我聞到狹小的電梯間裡有奇臭味，當時我想：『憑我游泳潛水體能，憋一口氣，忍一下就到六樓了』，可是意想不到的是三、四、五樓，每層都停，而且四、五樓還有工人搬運東西，我被擠在最裡面，進出不得，結果沒到六樓，我實在憋不住了，只有深呼吸，反而吸進更多的阿摩尼亞臭氣。」

他說：「我如果在二樓就當機立斷的出電梯，怎麼會吸進更

多的臭氣，這是『小不忍則亂大謀』的反觀，但也讓我警覺到公司常發生的一些小事，不能坐視不管，必須要馬上檢討處理，結果我發現不但不是小事，其中我都有過失；員工認為，過錯老闆也有份，知道又都不管，顯然並非錯誤，所以錯失持續擴大，幾乎讓公司倒閉。」

我這位朋友笑說：「急救術中，當人昏迷不醒時，用阿摩尼亞臭氣燻一下，會讓人醒過來，那次電梯裡的臭氣，讓我驚醒過來，也因此救了公司。」

這個故事說明當機立斷的時效，以及自省的重要。

人生在世，不論是經營個人或企業，絕少一帆風順，毫無問題的。而問題又都像滾雪球般越滾越大，最終到了積重難返，病入膏肓不可收拾的地步。早一點虛心反省，會使大事化小，小事化無。

台灣百萬企業、公司行號，97% 由中小微型起步，每天都有新公司開張，由小而大，每天也都有公司行號因小而大的錯誤歇業倒閉。

而錯誤絕不會因你不想犯錯而不發生，造成錯誤的因素隨時會插隊的；所以你要時時刻刻捫心檢討、反省。捫心自問就是「照面不用鏡」，用心。

「錯誤」也有它的弱點，那就是，只要你即時的反省、發現與改進，錯失就不會持續也不可能越滾越大，所以持續反省改過的人，能走更長遠的路。

慈濟的證嚴法師曾說：「萬法唯心造，心能造一切善法，也能造一切惡法，一切只是觀念而已。」

既然事物善惡成敗，每每繫於一念之間，「念」即發自內

心，來自自我，也就操之在我，收發自如；發自內心的反省是「照面不用鏡」的，而你又有一顆隨身攜帶的心鏡，你就時時刻刻凡事反省吧！

這也是人生執行力的問題，全在你去不去實踐而已。

7. 心平氣和

中國現代名作家、語言大師老舍的夫人，國畫家胡絜青女士，2001 年 5 月 21 日因心肺功能衰竭，在中國北京和平醫院逝世，享年九十六歲，她老人家的遺言是：「心平氣和，隨遇而安」八個字。

這八個字說來容易，道理也淺顯易見，但卻是她老人家用了九十六年，大約一世紀歲月才感受出來的。

心平氣和是情緒反應，個性演變的最高境界；隨遇而安則是人生職志極高的目標，都是知易行難，很不容易達到的。

心平氣和要人遇事，冷靜平和；遇到內外打擊、挫折、刺激等等血壓升高，心情激憤時，要以讓心平靜、氣緩和，降低發怒、生氣、直接反射的程度，然後心境平和的去面對，去解決。

人之異於草木，是因為人有喜、怒、哀（憂）、懼、愛、惡（憎）、欲等七情，色、形貌、威儀姿態、言語音聲、細滑、人想等六慾之外，還受色、聲、香、味、觸、法等六塵迷惑影響。

偏偏人又有五官身體去碰觸，去感覺，有思想會思量，遇到任何刺激、感受之後，無論是心理、生理都會自然反應，除非麻木不仁的白癡，或存心不反應；即使是癡呆或植物人，受到刺激也是有反應，只是反應快慢、程度，以及反射方式不同而已。

心平氣和指的是經過心境平和冷靜、慎密透徹的思想、體驗、感覺、剖析等過程之後，將情緒反應控制在「心平氣和」的

情況下。

　　能以思想、體驗、感覺與剖析控制七情六欲，穩定心境情緒，也是人之異於禽獸的地方。

　　凡事心平氣和實在是難得練就的功夫，應該算是修養的最高境界；出家人一世修練也不一定達到六根清淨，四大皆空，老僧入定的功業。

　　既然只是難得修練，也就是說：可以靠修養歷練來改變。確實，這是門活到老，學到老的功課。

　　待人處世「鄉愿」、「逆來順受」、「老奸巨滑」、「薑是老的辣」等等，不是「心平氣和」的同義語，境界與實質內涵也不一樣；前者「鄉愿」、「逆來順受」是無能為力的無奈；老奸與老薑的滑辣是心術問題，而「心平氣和」是心氣平和的心態表徵。

　　但卻都是因人而異，歲月加上歷練，再加上修業的不同結果之一。

　　將自己心性情緒修煉管理到「心平氣和」的境界，是要歷盡人生酸甜苦辣諸般魔障，甚至置之死地而後生；要懂得感受，知曉檢討，誠心自省，記取教訓，知足感恩，禪悟人生等自我修養之外，重要的是能體諒別人。

　　其中最重要的課業是參透人生事理。

　　不能「心平氣和」，絕大部分因為太重名利、太在乎感覺：一個來自外在，一個是發自內心，都與你對人生事理的看法有關。

　　參透人生事理並不是面對是非不分、黑白顛倒、遇人羞辱、被人坑害時，不生氣、不動怒、不反應、一切無動於衷；而是不

那麼怒不可遏、不那麼劇烈、不那麼直接、粗暴，不那麼驚慌失措，而致一發不可收拾。

千萬別像皮球那麼樣彈跳，別說成大事了，於基本的修身齊家都沒幫助。

看透了人間百態，也就沒什麼不能不「心平氣和」的了。時下台灣最大的「名利」是選總統，如果面對千萬選民，被人施了「權謀」之術，落選了，2000年與2004年這兩次，連戰、宋楚瑜的反應，還算是「心平氣和」的。

又如年僅五十歲，表現極其優異的專業經理人，中鋼董事長王鍾渝被阿扁政府撤換，取而代之的過渡董事長，是有專業背景卻也有失敗經營紀錄的六十四歲郭炎土，再而代之的真正董事長，是「挺扁」有經驗，卻毫無專業淵源的扁系人馬林文淵。連世界鋼鐵業界都震驚的大事，王鍾渝的表現也很「心平氣和」。

另外，學有專長，正直廉潔又多有建樹的前財政部長王建煊，只因為是外省籍，李登輝就以財政部稅制有外省部長欺壓台灣人的「民意」，將他撤換，他的表現則更心氣平和。有些人則因此稱許他為「王聖人」。

這些都是真實的例證，也許你知道的比我更多，今後若遇到不順暢的事情，想想這些人的反應，可能對你情緒心境的心平氣和有些幫助。

我個人遇事有所反應時，先求心靜，俗話說：「心靜自然涼」，至少不會急躁，思緒也較有條理，再將事情淡化，然後將一些令人動怒的原因歸咎於自己，人總是比較能原諒自己，既然罪在自己，還有什麼好怨天尤人的！

遇到會生氣的事，先想想值不值得生氣動怒，沒事唸唸坊間

〈莫生氣〉那篇歌謠，淺顯易懂，確實有些道理，常看看，會有消氣去怒，平穩情緒的功能。

用時間去緩和情緒，紓解心結也是好方法。拍打第一下的皮球，彈的必定最高，然後逐漸平靜，立即的反應相對的嚴重，事緩則圓就是這個道理。

三思而後行，有助情緒反射緩和，天塌下來有個高的頂著，船到橋頭自然直，船過的越遠，水越無痕，都是最通俗的處事思維；當一切都沒那麼嚴重時，心境自然平和多了。

是非黑白、善惡曲直的標準當然要維持，但面對時，不必那麼憤世嫉俗，心平氣和同樣能不失標準原則；情緒反應是必然的，但也不必那麼驚濤駭浪，潺潺細流既能達到目的，其實功能更持久美好。

老人家常說：「瓦屋簷前水，滴滴入舊窩」，不都說：「柔弱勝剛強」、「水滴石穿」、「馬尾斷木」、持之以恆的「心平氣和」的平和綿柔，於處世仍夠受用的。

8. 有點缺陷也好

職場上認識的一個朋友對我說：「真遺憾，在過去三十多年工作中，雖然獲得過不少受肯定的殊榮，但就是沒得過與『模範』這兩字有關的獎項。」

據我了解，這位友人生長在一個絕對與「模範」有關的家庭。他父親是模範父親，母親當選過地方縣市、台北院轄市與全國模範母親，妻子得過多次模範婦女、模範教師，甚至退休擔任義工，也當選模範義工；孩子更不用說了也是縣市長獎的模範生。

而他，每次都是與會的鼓掌者，是「模範家庭」的一個例外。

按說，他這個非模範的兒子、丈夫、父親，理應相形見拙地有些難過才對，可是他沒有；除了覺得有點不完美之外，他卻有更多知足的喜悅。我很佩服他這種「有點缺陷也好」的處世觀，也認為人生本當如是。

他說：「有多少人，多少家庭連一個模範成員都沒有，而我們三代同堂的家庭，除了我，其他人都是模範。」他說：「其實，『模範』也是認定問題，雖然我沒有由外面帶一個『模範』回來，我卻相信家人還是認為我很『模範』的。」

確實，「模範」是製器物的型，引申為榜樣的意思；也就是模樣、模仿、示範，以模子範例的意思，有好的示範作用。這就

涉及模型、模樣、模具的界定，以及好的示範的標準，或範例取捨、名稱等問題。

有時候，有的機構對於好的模範取捨標準分為：總體表現、單項表現、工作能力、做人處世、品德操守、團隊配合、潛力發揮、敬業精神與努力程度等等諸多項目去評審。

有的企業機構評鑑項目雖多，只是徒有標準，評審時仍以參與評鑑者的綜合印象評定為準。

有的企業以「績效」、「績優」、「特優」、「特殊貢獻」、「金創意」、「突破」、「超越」、「金頭腦」、「超級藍鑽」等等名稱給獎；因為根本未設「模範獎」，在這些企業機構得不到「模範獎」，那是很正常的。

我有一位新聞同業指出，他工作的媒體有「模範記者」這項殊榮，只是評鑑時，往往以記者、編輯為對象，一般主管並未納入，所以二級以上主管很少得到「模範記者」獎的。

其實，新聞採訪寫作，是新聞從業者終其一生的工作，儘管有人位居社長、總編輯，如果他具名寫一篇特稿，仍然是以「記者＊＊＊」名義發表，也不會標示「模範記者＊＊＊」或「總編輯＊＊＊」字樣。

有時媒體企業會認為，主管也不太採訪寫稿，不會與記者爭這個「模範記者」；如果「模範」、「資深」記者事關薪資提升，二級以上主管薪級原就較「資深、模範記者」為高，根本沒主管會爭取這個頭銜，更何況「模範記者」只是一份連寫文章都不能掛上的榮譽，與薪資結構沒多大關係。

另一位有二十幾年年資的最資深記者，可是他始終沒得過「模範記者」，原因無他，最初那十幾二十年，台灣根本沒有真正

一、心境心靈篇

財經專業記者，大家都是新手，沒什麼「模範」可循，人事部門又沒設計出「模範記者」這名詞，當然也沒有完整而有前瞻性的甄選「模範、資深記者」辦法，「模範、資深記者」又從何產生呢？

這位真夠資深的同業說：像他服務的報社，十幾年前才有「模範記者」、「資深記者」甄選辦法；有許多模範資深記者已因績優資深，兼任了行政主管，在不宜與部屬爭名額，或個人條件不適宜的情況下，「模範、資深記者」已遠離而去。

他又說：前幾年報社又增訂「資深績優記者」、「高級資深績優記者」辦法，可能是為了對一二級主管，或已獲「資深」多年的績優記者的一種補救辦法。但實施下來並不理想，好像真為少數某些人量身訂作似的。

「因為評選委員會是由總編輯、社長、發行人及總管理處高級主管組成，除了總編輯之外，其他人對受評人根本因沒接觸而不了解，又沒有給受評人自我說明的機會，最後，變成由總編輯代為說明，並排出優先次序，其他委員就準此投贊成或不贊成票，實質上就是由總編輯一人決定。」

「公正客觀性就因此讓人置疑，因為，總編輯下轄許多單位，雖說『手心手背都是肉』，但有的是他視為重要的核心單位，與候選人也有親疏好惡之別，總不能提名五位，五人全通過吧！那還勞師動眾評鑑什麼；於是，名次排列就太重要了，甚至平日善於投其所好，氣味相投者，都是保障名額；排在五分之三以後的，不管你貢獻多大、多麼高級資深優秀，永遠是陪榜人。」

我這位同業友人說：「這樣的『高級、模範、資深、績

優』，不要也罷！」我將這個事例講給那位與模範無緣的朋友聽，他也笑逐顏開，釋懷許多，顯然他與大多數人一樣，還是有點在乎。

這也難怪，一個問題、一個結論，有時會引起相關人等各種想法。基本上，這是一個「人比人，氣死人」價值觀扭曲的社會，但偏偏「模範」、「高級」、「資深」、「績優」之類是一種比較的結果，有時還會加進一些莫名其妙的影響因素。

所以我認為，「高級、模範、績優、資深」等等只是個可有可無的虛名，如果你確實如此，只算是錦上添花，如果不是，浪得虛名更是豈有此理。要在乎的是你是否真的很「高級、資深、績優、模範」，如果包括自己在內，絕大多數人認為是，就不要在乎與「模範」無緣了。

這裡所講的「模範」是泛指一種鼓勵，一種外在的肯定；是由人出生到蓋棺論定都會遭遇到的，偏偏許多人短短幾十年人生，似乎就是為此而來。

人可以視鼓勵為一種外來助力，但絕不能因此使你的人生有重大變化，終究它只是身外之物。

每當立法院及社會暴力橫行，我都會有：「什麼樣的選民選出什麼樣的國會議員」、「什麼樣的人民組成什麼樣的社會」的話；每當我看到盜竊猖獗、亂法犯紀現象層出不窮，我就想起老人家說的：「上樑不正，下樑歪」，或是官場語言「上行下效」之類的話。

古云：「吳王好劍客，百姓多創瘢；楚王好細腰，宮中多餓死。」社會風氣源自最高統治者，上有所好，下必甚篤；這已不僅僅是上行下效了。

　　想透了這層因果關係，你就會覺得得到名副其實的榮譽，已經夠知足了，模不模範又有什麼關係呢？

　　在人生的長途賽跑中，跑道上跑的終究還是你自己，看台上的人再怎麼吆喝加油，還是局外人。是否能跑下去，跑的是否盡力，只有你自己知道，也只有靠你自己的體力與毅志力跑完全程。

　　當然，在一個有鼓勵，有掌聲，受肯定的環境中跑步，是跑得出更好的成績，也跑得更愉快；但是現今這個 e 時代的東方台灣大環境裡，樂於給別人掌聲的還是少數；有沒有掌聲都要跑完的人生路，又何必那麼在意外在的掌聲呢！

9. 隨遇而安

中國現代名作家、語言大師老舍的夫人，國畫家胡絜青女士，享年九十六歲，她老人家花了大約一世紀歲月，才感受出來：「心平氣和，隨遇而安」八個說來容易，道理也淺顯易見的字。

「心平氣和」是情緒反應，個性演變的最高境界，前文已談過：「隨遇而安」則是人生職志極高的目標，都是知易行難，很不容易達到的。

隨遇而安就是安於所處的環境；有隨著因緣際遇變化，接受機緣結果，一切心甘情願，甘之如飴的意味。是人生志業最高也最難修得的境界。

如果心平氣和是做人處事的方法，隨遇而安則是人安身立命的心態，兩者之間有互為因果，相互養成的關係；要隨遇而安，先要心平氣和，而心氣平和也才能隨遇而安。

正如一輛行走在崎嶇不平道路上的汽車，好的懸掛系統、避震器、疏震輪胎，都是「心平氣和」，才不致顛簸難行的隨遇而安；假如，事先知道路面崎嶇，有顛簸難免的心理準備，那也就心平氣和得多了。

人要能隨遇而安，先要淡薄名利；凡事不斤斤計較，遭逢不如意要處之泰然，要有避震防彈身心功能。

名利得失都會讓絕大多數人誠惶誠恐，坐立不安。事實上，

人生在世，絕大多數的人，絕大多數的時間精力也都用在汲汲營營於名利。多數人為名利得失不盡如理想，已惶惶不可終日，更何況隨遇而安的境界了。

淡泊名利，釋懷得失，是進入「隨遇而安」境界的先修功課，可是對絕大多數人，人生存活又一定與名利得失脫不了干係，通常擁有名利，必定也能擁抱較優勢的生活生存條件，反之，則必然要過得清淡艱苦一些。

所以要人脫俗的視名利得失為身外之物，將清淡艱苦日子當作恬靜悠雅生活過，是有點困難的。有時候，心平氣和好修煉，隨遇而安則難成就。

讓自己容易知足，將滿足標準降低，不要求力所不及的物質生活，取而代之的以精神生活滿足替代；精神心靈方面的滿足，獲得與標準比較與物質、名利無關，可以說完全存乎一心，只要你要求的不那麼超越現實，起碼的恬靜淡雅是有點隨心所欲的。

物欲與名利，不知足與貪得無厭，都是肇致不能隨遇而安原因的四胞胎。

適當的與七情六欲保持距離，凡事正面思想，常念如意事，也是讓你能隨遇而安的可行方法之一。

這絕不是教你不知進取，很阿Q的自欺欺人，而是要你不要將目標訂的那麼不切實際，要求的也不要那麼遙不可及，淡薄名利，過恬靜生活並不是窮途末路的選擇，太多日進斗金，名利雙收的人，最終不也是驅於平淡嗎？

你可以很努力去追求，去營造一個舒適的人生，但不必將名利得失的枷鎖硬往自己頸項套，這可是一輩子脫不下來的痛苦；何必一定要與擁有名利的人比個高下，也許更多的名利中人還更

羨慕你。

你認爲王永慶、陳水扁、李登輝比你快樂嗎？也不盡然。

王永慶企業王國有那麼多員工要靠他吃飯，他有那麼多關係國計民生的計畫，受制於外力而不能實踐；他能快樂嗎？

大權在握，連中共都招惹，美國、歐日等世界八國聯軍都不甩的阿扁，從 2000 年 3 月 18 日當選那天起，就擔心 2004 年的連任問題，又從 2004 年 319 槍聲響起那天起，時時刻刻都得面對佔半數人的存疑，言行舉止都憂心忡忡的恐怕有不利影響；他有你快樂嗎？

幹了十二年總統，有好多別墅、存款，與好多秘密帳戶有關，「阿一」鮑魚等山珍海味吃到擔心有礙健康的李登輝，還不是爲許多他夢裡都在想的事不能實現，爲他的心臟能不能去日本就醫，或是日本醫生能不能技壓台灣群醫的爲他持刀而憂心，他會比少憂慮又健康，但物質生活不如他的你快樂舒適嗎？

記住，假如你一定要比較，就想想古人勸人知足常樂的那句俚語：「前人騎馬，我騎驢，回頭看看，還有一群人走路」。

小時候成績單拿回家，父母如果說：「怎麼這次降到第三名了？」大部份孩子都會說：「某某某這次還退到三十多名了」，這時父母就會說：「你怎麼不跟升到一、二名的比呀？」

想想看，你如此比較，每次不也過關了，時至今日不也滿好的。

真的，將要求標準降低一些，對自己努力以赴創造的現況，多滿意一些；時時刻刻將「人生不如意十常八九」、「比上不足，比下有餘」、「不幸中大幸」、「逆來要能順受」等等老掉牙的話，放在心裡。就比較能心滿意足，隨遇而安了。

陶淵明「採菊東籬下，悠然見南山」一樣能心想事成的過〈桃花源記〉般的生活；李白「人生在世不稱意」仍舊「明朝散髮弄扁舟」，窮困到要用自己馬與衣物換酒喝的地步，也讓杜甫在〈飲中八仙歌〉中還留下：「李白斗酒詩百篇，長安市上酒家眠。天子呼來不上船，自稱本是酒中仙」的瀟灑佳話。

台積電董事長張忠謀在台灣企業界，以觀念新，善經營管理著名。有篇文章說他也擅書畫，熟朋友有時會向他求字畫。這篇文章大意是說：「有次他朋友登門求字，張忠謀寫了『常想一二』、『不思八九』，橫批『如意』相贈。」

並解釋：「人生不如意事十常八九，生命裡面不如意的事，也常佔大部份，因此，活著是痛苦的；但扣除八九成的不如意，至少還有一二成是如意的，是快樂欣慰的事。我們若要過快樂如意人生，就要常想那一二成好事，這樣就會感覺到幸運、快樂，如又懂得珍惜，就不致被八九成的不如意打倒了。」

過了幾個月，張忠謀再婚消息披露，引起許多離奇的傳言，張忠謀十分困擾。他說，他的朋友打電話來說：「想不出什麼話來安慰你，唸你自己寫的字給你聽：『常想一二，不思八九，事事如意。』」

張忠謀聽了很感動，他感慨：「喜慶時，錦上添花容易，在別人困境中雪中送炭難，那種比例大約也是八九與一二之比。」

他說：「不能雪中送炭的不是真朋友，當然更甭說那些落井下石的人了。不過人過四十，在生活中大多練成寵辱不驚的本事，也不在乎錦上添花，雪中送炭或落井下石了。」

他認為：「那是因為我們已經歷經生命的痛苦與挫折，也經歷了許多感情的相逢與離散，慢慢尋找出生命中積極的、快樂

的、正向的觀想，乃在重重烏雲中尋覓一絲黎明的曙光，乃是在瀕臨窒息時，做一次深長的呼吸。生命已夠苦了，如果我們將幾十年的不如意事總和起來，一定使我們舉步維艱；生活、心情與感情都陷入苦境，那就是自討苦吃，苦上加苦。」

人人都知道今天的張忠謀事業、感情都很順利成功，這篇文章強調的是：「他曾經波濤洶湧的人生海上航行，才學會面對苦境。」他總是想：「從前萬般折磨我都能苦中作樂，眼下的些許苦難自然能逆來順受了。」

逆來順受雖不盡然心平氣和，但若能看透人生事理，就比較能隨遇而安了。

也許有人會說：「張忠謀什麼都有了，當然能『常想一二』、『不思八九』、『事事如意』，其實不管是一二或八九，如意或不如意，他都經歷、品嚐、比較過，他是過來人，說的是活鮮的感觸經驗談，不是風馬牛不相干的風涼話。」

「更何況，吃得苦中苦，方為人上人；歷經艱辛才如意的如意人，越經不起不如意，對苦難的感受越深刻，不如意的磨難不但會常八九，也八九承受不起。」

台灣這些年失業與自殺人口大增，真是慘不忍睹。這些人若能對窮富、好壞、法理、得失看透一些，隨遇而安一點，也許不會走上絕路。

有一家庭，先生因販賣盜版光碟入獄，太太刷卡批貨擺地攤，累積20萬貨款沒錢還，走投無路，就與三個孩子一塊自殺身亡，真是家破人亡人間悲劇。

假如他們都想開一點，先生為一家生活賣盜版光碟犯法，乖乖的入獄坐牢也算是負責任了，總比那些居高位，權勢結合，知

法犯法又逍遙法外，甚至步步高陞的要好太多了。

那位太太，為窮困還不起錢而自殺，為什麼不想想，「三級貧戶」的阿扁都能只花幾年功夫，就擺脫貧窮，成為億萬家財的總統；為什麼卻要帶著同樣是「台灣之子」的孩子自殺，一點機會都不給自己與孩子？

今天的台灣不會餓死人的，錢還不起，先欠著再說，台灣今年因身有債務限制出境的人比去年多十倍，台灣人誰不負債？

凡是想不開要自殺的人，你連死都不怕了，還在乎再多想想嗎！還怕再試試，再闖一闖嗎？非洲年年餓死無數人，大陸邊窮地區與世界許多窮困國家，許多人民年所得不到美金 30 元（新台幣 1020 元），五十幾年前的台灣，大家還不是一窮二白，連蕃薯稀飯都三餐不繼，還不是活過來了。

所以當你在不順暢時，一切想開一點，目標降低一些，名利真不是好東西，享受只有短暫的感覺，實質上，對你的生命並不利，到頭來都是一場空，生不帶來，死不帶去，到最後管你是富貴，是貧窮，都是一堆灰燼。

反倒是粗茶淡飯，不強求、不豪取、不貪贓枉法，活得心安理得，快快活活。

這篇文章說：「張忠謀能面對又超越苦難，就是因為他面對苦難時能保持正面思考，能堅持、樂觀與勇氣；他將苦難化作生命中最肥沃的肥料。」

「他認為，決定生命品質的不是八九，而是一二」。想透了這些，張忠謀等人都能逆來順受，你為什麼不能隨遇而安？

（二）成敗得失篇

1. 有與無

從科學觀點看，有就是有，無就是無，沒什麼好爭辯的；但由人世間許多事物看，「有」時卻似「無」，「無」時卻又似「有」，若要由禪宗哲理，佛道教義，儒家思想來看，當達到某種境界時，有即為無，無即是有。

一般皆認為佛道儒，儒家較實際，其實儒者講求的心性、仁道、理想等，都是滿超越具體形象的。有無神鬼？這麼明顯的事，連不贊同怪力亂神的孔聖人，都敬神如神在，這就是無中有，有中無。

集天下十分文采七分於一身，創作〈洛神賦〉的曹植，心目中最佳歸宿之地竟然是，山東黃河邊上的一個叫「東阿」的小村落，因為那裡「沒有」政爭，沒人逼迫他七步成詩，感慨「煮豆燃豆萁，豆在釜中泣。本是同根生，相煎何太急？」

淡薄名利，採菊東籬下，悠然見南山的陶淵明，追尋的「香格里拉」理想家園，是虛無飄渺的理想境界桃花源；唐宋八大家之一的蘇軾作畫屬抽象派，追求內在的真美；宋徽宗屬寫實派，寫實表象，論畫以形似，但也意在筆先，以意作畫。國畫之美，就在意著於畫，集英氣之神靈於一畫。「畫」是具體的「有」，意念、心靈則是虛幻的「無」。

我個人對有、無之間的因果循環看法是隨年齡在變。以我的「知識人生」來分，大致為四階段，即幼少年有點怪力亂神的神

怪期，唸初高中以後的科學立論期，就業以後的面對現實期，以及見識年齡漸增之後的樂觀知足期。一般正常人大致也可如此分法。

　　幼少年期，一切觀念、知識均來自長輩耳濡目染，言教身教，又以忠孝節義，神怪傳說爲主，歸納起來，總與「善惡終有報」、「做好人做好事能成神成仙」、「做壞事下十八層地獄」、「放下屠刀立地成佛」的聽天由命之說有關，根本難分辨有與無之間的關係。

　　如果有，那也是國王的新衣式的眞實的、直覺的反應；國王身上穿衣服了？或根本沒穿衣服？有無之間觀感上是強烈的，觀念上差異也滿大的。

　　唸書後，就算是小學初中，因爲在家識字教學功效卓越，識得的字比一般同學多得多，所以能看許多課外讀物，例如：《封神榜》、《聊齋》、《薛仁貴征東》、《西遊記》、《鏡花緣》、《七俠五義》類的書，來者不拒，有時還重複閱讀，並向同學作二手說書轉播。

　　這些書多數以因果報應，忠孝節義爲主軸，其中也有形而上的哲理，但學生能體會多少呢？頂多覺得滿炫的，常常掛在嘴邊，讓自己感覺滿優越的；尤其高中時期，更會抓住一點「玄機」，擺出幾分參透人生的模樣，其實，根本就不是那麼一回事。

　　唸大學時，因爲在圖書館工讀，接觸很多思想哲學類書籍，受益不少；再加上工讀艱苦歷練，感覺上是成熟一些，但若要因此而談出一套人生大道理，卻實在很難，更別說悟出「有、無」之間的道理了。

不過總的來說，唸書期間比較信書，學校教育基本上是教導我成為一個有稜有角，明是非曲直，辨黑白有無的人，也比較單純而又俱科學觀，有就是有，無就是無；也許因涉世未深，對許多事物均無深一層體驗，當然看法也較直接，較容易被蒙騙。

　　進入社會工作的這三十五年，是學習與磨練期，要接受新知識、新經驗，更要接受教訓與挫折；許多現實問題，確實能逼迫出一些超現實的想法。所謂：「江湖越老，膽子越小」，活到老，學到老，終身學習也越學越有智慧，對事物看得也透徹，處世也越圓融如太極八卦般無稜無角。

　　時至今日，三十五年職場的努力奮鬥與際遇，也累積了一點點世俗與我認為的「有」，尤其是心靈方面的「有」；但也看似一無所有，這是「有」？還是「無」？可能與個人標準，知足程序有關吧！

　　強出頭的釘子，會被鐵鎚敲，接受挫折足以磨光個性的稜角；到頭來，「有」未嘗不是「無」，「無」原本就是「有」；黑的不盡然就不是白，白光的「無」色，透過稜鏡起色散現「象」時，所生之圖像，豈又不是紅、橙、黃、綠、青、藍、紫七色譜成，這「圖樣、七色」就是「有」。佛家的「四大——地、水、火、風」明明是實物，為何能「四大皆空」呢？

2. 觀影原非有，觀身亦是無

事實上，近幾十年來，年事長了，書讀多了，路走遠了，人事見識廣了，得失印象深了，是非曲直分得很清楚，但有無之間差異也越來越小。

父親八、九十歲時，就常引用古聖人的話：「子不語怪力亂神」、「敬神如神在」，每回祭祀祖先神明時，他老人家總是像祖先神明就在眼前般虔誠，簡直到了人神交會的境界，這時，有無之間已無差距。

他老人家還常說：「若問人世間可有鬼神，上等人常見鬼，中等人不見鬼，下等人活見鬼。同樣的，見不見得到神，也因人而異。」

他的意思是，上等人見多識廣，充滿智慧，人世間到處皆有披著人皮的牛頭馬面妖魔鬼怪，他們的慧眼既識英雄，睿智也看得見鬼魅；中等人智慧平平，缺乏識人之能，雖魑魅就在眼前，他們也分辨不出，所以不見鬼；下等人愚昧無知，甚至自己就是小鬼一個，神智不清的眼前皆是鬼，就活見鬼了。

你說這人世間是有鬼神或無鬼神呢？許多事物是有或是無呢？

詩僧王夢天有首詩──「觀影原非有，觀身一（亦）是空。如採水底月，似捉樹頭風。攬之不可見，尋之不可窮。眾生隨業轉，恰似夢寐中！」

這是一首禪詩，意思是，影子、身體、水底月、樹頭風，像身業、口業、意業都是夢寐中空的、虛無的，根本是攬之不可見，尋之不可窮的。也就是連實實在在的血肉之軀都是空的。

眾所周知影子、水底月、樹頭風是虛無的，難道賴以生影的身體怎麼也是空的呢？佛家認為：血肉之軀最終是塵歸塵、土歸土，生不帶來，死不帶去，終極是化為烏有。

佛家認為，人是由「四大──地、水、火、風」與「五蘊──色、受、想、行、識」構成；因而所謂有生死的「我」的實體並不真正存在，這稱之為「無我」。《四十二章經》二十謂：「佛言：當念身中四大，各自有名，都無我者。」

《圓覺經》說得更透徹：「我今此身四大和合，所謂髮毛爪齒皮肉筋骨，髓腦垢色，皆歸於『地』；唾涕濃血津液涎沫痰淚精氣大小便，皆歸於『水』；卵暖氣歸於『火』；動轉歸於『風』，今者妄身當在何處！」四大皆空，身體也就虛無了。

詩人范成大更有趣，說：「窗外塵塵事，窗中夢夢身。既知身是夢，一任事如塵。」他不但對事物看得開，也看得透。

我之將「有與無」相關的兩篇文章放在〈成敗得失篇〉的第一、二篇，就是因為這是知識人生必須修習的重要課業之一。

我也是最近這二十年，才將有無看得明白些。所謂「眾生隨業轉，恰似夢寐中」人生就是一場夢，梵語說的：「業」──行動、語言、思想，這三者的身業、口業、意業都是虛幻不實的；但又著實影響到人的一生，當然又是事實存在著的。

人生是一場夢，往世更是虛無的；但往往是「日有所思 夜有所夢」，多少也有一點根據；有時候，當我們見一個新朋友，做一件事，去一個地方，看到一些新事物，偶而會有「似曾相識」

的感覺，這是記憶的重現，往世今生的顯現。

虛無的記憶，不知有沒有的往世今生，都能再見到，更何況有血有肉的今世今生呢！有無之間還是在你怎麼解讀，怎麼運用！

因此，我的有無定義是積極的；有雖是無，但無也是有；視纏擾的厭惡事物，有即是無；遇到努力以赴而不可得的好事，無也就是有；人生若眞是一場夢，那也要是一場美夢。

夢想是可以無止無休的，順境逆境，窮人富人都有夢想的權利；窮途末路依然可以美夢連連，平常沒有的東西，可以夢寐以求；相對的，諸事不遂，也可以視爲惡夢一場，而且夢醒時，一切都成過去，快樂的重新站起來，有信心地再出發。

若是如此界定有與無，有無之間仍然沒有什麼距離，人生卻美滿快樂多了。

在中國大陸河北有座「成語之城」、「黃粱夢鄉」邯鄲市，一座古寺門上有幅對聯，其中有句是：「若說到百年事，不分老少皆古人」。既然終將爲古人，萬般皆空，而人生短短幾十年，皆有作古的時候，生時，又何必太計較有無呢！

有一年到法國白蘭地酒鄉干邑（COGNAC），參觀軒尼詩XO白蘭地酒廠的百年酒窖。當面對一排排口小肚大的「胖奴奴」玻璃瓶罐，盛裝著的百年陳釀白蘭地原酒時，軒尼詩總裁吉爾・軒尼詩感慨地說：「這些酒的釀造者早已作古，今天進窖等待陳釀的新酒，再百年後，我們這些人是喝不到了。」

又有一次，我到大陸四川南邊山城瀘州老窖酒廠參觀四百年明代古窖，也讓人感觸良多。其他如登臨泰山、入孔廟、進黃陵、踏蜀道、走絲路、觀碑林、讀古文、看歷史，果眞是「若論

百年事，不分老少皆古人」，有與無又有什麼差異呢！

　　若論百年事，重要的是要掌握當下，做一個好的論者及被論者；要正面解讀有無，讓有與無均成你的助力、快樂的泉源。

3. 品味失敗

　　失敗是一種非常不好的經驗，一般人避之惟恐不及，更何況回過頭去細細品嚐呢！

　　是凡一件事情，絕大多數都可以分出成功或失敗兩種結果，所以，做不好，就難逃失敗的命運。懂得回味失敗的人，才是真正會成功的人。

　　這也是「失敗為成功之母」的由來。人總是希望獲得成功，而又遠離失敗。人更期盼第一次就把事情做好、做對、做成功，這是「品管」最高原則。人生也要管理，但也常常事與願違的，總是失敗在前開道。

　　品嚐失敗的滋味並不好受，澀辛苦辣酸五味雜陳，但結果多數卻是美好的；關鍵就在你品嚐後，是自艾自怨，一蹶不起，或是刻骨銘心永不忘懷，記取教訓再出發。

　　懂得記取教訓經驗，不重複犯同樣的錯，失敗就是成功之母。這說起來容易，實踐起來卻大大不易，所以聖人孔老夫子也推崇「顏回不貳過」。

　　我高中化學老師是出身北京清華大學的高人。他教化學很重視實驗課程，並且要求學生一定要自己動手做。

　　有一次，教硫酸稀釋課程時，他非常慎重其事地一再告誡同學，只能以極少量的硫酸，一點一滴的往大量的水裡滴，絕不可以將少量的水往大量的硫酸裡倒，那樣會引起爆炸的。

老師還舉例說：「家庭主婦都知道一鍋熱油裡，不能倒進去一湯匙水，那會炸得很厲害的，反之，則不會。」

一位同學不知道是沒注意聽老師講解，或是根本不在意事情嚴重性。他剛好相反的將少量水往多量的硫酸裡倒，結果引起爆炸，玻璃試管碎片四濺，那位同學與同桌的其他人都被炸傷。

實驗因此停止。化學老師非常生氣，但並沒有多嚴厲的處罰那位同學。他說：這是一次活生生的教訓，大家要記取這次經驗，如果同學們因記取此次教訓而不再犯錯，受傷同學也算值得。

一個星期過去了，中斷的硫酸稀釋實驗繼續。突然，聽到老師大聲叫道：「某某某，不要動！」然後很生氣的從講台上衝向一個實驗台。

原來上週那個引發爆炸同學，又拿少量水往多量的硫酸中倒；顯然沒記取上次教訓，或是被炸成失憶症了。

我們這位化學老師，頭大，面貌並不可親，天生鑼鍋駝背，平日教學嚴格，給分又苛，一班總有五分之三不及格，像我這樣全年級排前三名，物理化學特強的化學科成績也不過80分上下，所以他的學生緣極差，同學都叫他「鐘樓怪人」。

他很生氣的將那個臉上還帶傷疤的同學拉上台，他說：「才一個星期就忘了，又將水往硫酸裡倒，簡直連老鼠都不如；老鼠還懂得記取教訓，只要捉到過一次老鼠的籠子，那籠子就永遠沒有老鼠往裡鑽了；因為老鼠會記得那隻犧牲者的教訓，籠中再美味的餌，也沒用。」

自那以後，所有同學也牢記「少量水倒進多量硫酸會爆炸」的教訓，「不如鼠」更是永生難忘。

　　不過古今中外懂得記取教訓的人很多，但確實能「不重複」犯錯的並不多，這是「知」是一回事，「行」又是一回事，實踐力、執行力的問題。

　　人人都知道過去二次世界大戰教訓夠慘痛的，然而勝利者多數會認爲，記取教訓是失敗者的事，所以美國的韓戰、越戰、中南美強權政策、兩次進軍伊拉克；兩伊、以巴戰爭、蘇聯的阿富汗等絕滅族群的戰略，美蘇核武競賽；甚至發動侵略且戰敗的日本軍國主義都在復辟中，還談什麼記取教訓。

　　在這方面，德國人、中國人的記憶就比較強多了。成功者、勝利者其實更需要記取教訓，不但要將失敗者種種當作一面鏡子，更要知道，多少的失敗者，過去不也是赫赫有名的成功者嗎？美國911就是最悲慘例子。

　　這或許與人們習慣的認爲失敗才產生教訓、經驗，其實，沒有「永久的成功」，先「成功」得意忘形，而後「失敗」的事例更多，其成功時的種種導致失敗的事例，難道不是教訓與經驗，不值得記取嘛！

　　不過，極大多數人都將失敗原因歸咎於別人，所以不懂得品嚐失敗，記取教訓，從不想由自己改進；而想改變別人，改變外界的一切因素，所以失敗永遠如影隨形，這是任誰也幫不了忙的要命的關鍵。

　　記取教訓是品嚐失敗的目的之一。這要先有自知之明，也要有勇氣與智慧，至少要先承認失敗。

　　陶醉於成功是一享受，樂趣無窮，但也是極大的危機。貪戀成功，爲面子或造假自欺欺人，許多人也常因「雖敗猶榮」等似是而非的理由，不承認已經失敗而錯失再起良機。

品嚐成功也可以避免失敗，那要由爲什麼能成功，爲什麼不致失敗，以及記取成因敗果爲主，而不是因此迷失了方向。

　　中國有些人自古受「成者爲王，敗者爲寇」的影響，除非絕對明顯的失敗，否則都是遮遮掩掩不願承認失敗。其實，人生數十寒暑，成敗比率中，失敗次數往往遠較成功高，例如許多人渾沌一生就是一種失敗，而人又只有一生。

　　品嚐失敗如人寒天飲冰水，點滴在心頭，冷暖自知；瞎子吃湯圓，心裡有數，只是羞於啓齒而已。包容失敗確實需要肚量，更何況去品嚐；但失敗了還眞需要一再咀嚼，才能體會出失敗的原因，加深印象，記取教訓，避免重蹈覆轍。

　　成敗互爲因果如梅雪關係，成功有如多梅的清香潔淨令人喜愛，失敗冷酷又有如冰雪讓人畏懼；但是沒有經過寒風徹骨的二月雪，那有勝於冰雪香潔的枝頭梅。

　　北宋詩人林和靖遊蘇州鄭尉山賞梅雪，就曾留下：「雪梅爭春未肯降，詩人擱筆費評章。梅需遜雪三分白，雪卻輸梅一段香。」讚梅賞雪的詩文。

　　我在《經濟日報》前八年專任採訪記者，以及後二十七年兼任主管核閱稿過程中，我看過寫過太多成功的個人與事業經營管理者，也核過約七千萬字經營成功的稿件，更閱讀無數成功者傳記；但自認失敗或接受失敗事實，而又能自述或接受記者訪寫者，萬不及一。

　　記得「天鵝牌服裝」失敗故事，就是鳳毛麟角的珍奇事例之一，也算是新聞媒體不把企業失敗倒閉當社會新聞報導，從正面談經營管理得失的開始。

　　訪寫天鵝牌老闆經營失敗故事，我也頗經周折才說服老闆現

身說原由，將寒天飲冰水的經過、感受、失敗原因一五一十的提供企業界讀者參考。也許是「物以稀為貴」，也許是三十年前「創始」的新鮮感，讀者反應非常好，包括對天鵝牌老闆的讚賞、鼓勵與請益；為我這篇專訪喝采的也不少，傳播業耆宿，現今廣告聯廣公司董事長賴東明先生，即其中之一。

我認為，品嚐失敗的第一要件，是要有輸得起的心態。

由果找因，反過來思考，不遷怒他人，不將一切委過外在因素，更不能輕易原諒自己。一條條寫下自己失敗原因，想得越細密越好，再逐條站在假如你是第三者立場分析；這是很不容易的事，像吃苦瓜、黃蓮般，總得先吃得苦中苦。

你會發現，失敗原因雖與人、地、事、物、時等等有關，但萬變不離其本，那就是「自己」；事在人為，人的因素絕對最大、最靈活、最有變化，而這些人之中，「自己」居然那麼重要，那麼不可原諒。

你已經失敗了，不管想不想東山再起，也許已一無所有了，就不必遮遮掩掩地為自己找藉口；已經跌落地面的人，也沒有搬樓梯下台的必要，最後你會發現問題何其多，癥結又全與你有關，自己竟然成了罪魁禍首。

假如你有這種發現，又不健忘地痛心疾首對自己徹頭徹尾檢驗改進，你或許有再站起來的機會。

成敗之最大差異在，成功者懂得虛心品嚐失敗，不重複犯同樣的錯；失敗者通常不會經由失敗記取教訓而改進，結果他也是一個重複失敗者。

4. 得捨之間

得失隨緣，心無增減，萬法皆在一個緣字。

獲得是得到，割捨是失去，是完成相反的兩件事。但是我已過去的六十年生命中，卻真實地，深深的感覺：得即是捨，捨也是得；獲得與割捨相去並不遙遠，有時甚至不是那麼相對。

三十五年在職生涯，涉世較深，由自己與別人歷經無數成敗得失的結論，反而體會出得捨之間存在著密不可分的關係。

舉例說，如果有人急需別人捐贈心臟救命，得到了，也移植成功了，這是得還是失？是捨還是得呢？表面上是得到一顆新移植的心，但豈不是又同時失去一顆原有的心，這心是獲得，還是割捨呢？

當你等待要一顆心的時候，你是否希望新心來得越快越好，越快會使你更快痊癒；但是你是否想過，越快有一顆新心，表示另外有一人要越快結束生命；有一位好心人越快失去生命。這「生命」，這「心」，是捨？是得？

天下那有這種受人布施，還發願要施者快快死去的事，事實上，就是這種獲得與割捨的關係。

我曾看過一部叫「溫暖的十一月」的電影，講的是一個癌症末期的女孩，結識了一個從事廣告企劃而頗有成就的單身男士，她瞞著得了癌症的病情，兩人相約從十一月一日起同居一個月，這十一月是他們倆的月份。

二、成敗得失篇

一個月很快過去，他倆深深相愛，男主角也因為女孩的許多症狀，知道女孩癌症末期活不了幾天的慘酷事實，男孩堅持就算是一天，也與她結婚。某個寒冷的早晨，女孩離男孩而去，留張紙條說：留個屬於我們美好的十一月吧！

這女孩、男孩是得？是失？我認為，若按劇情發展，他們倆最後除了悲痛，都是失去一切的一場空；而他倆都共同擁有充實、情愛與溫馨的十一月，那是得呀！

企業家杜俊元捐了價值 26 億的土地與股票給慈濟；新台幣 26 億是個什麼樣的數字？具體說，大約是 100 位中階受薪人員一輩子薪資總和；一人一輩子工作時間以三十五年計，也是一個中階上班族工作三千五百年的總收入。

這三千五百年還不能有戰爭、不能失業、不能通貨膨脹、不能被資遣或提早退休。這麼樣的捐捨夠大了吧！他是得？是失呢？

也許這位企業家根本沒想過獲得與割捨的問題，那是不望回報的捐捨，我相信他因此獲得的應該更多，至少他達到了想捨就捨的心願；這可不是普遍人能悟得透的因果玄機，也不是一般人能完成的功業。

大多數人二十幾年讀書歲月是「捨」，然後進入社會，經由用心力時間工作的「捨」，換「得」薪酬；也因為這三十多年的消失，而換「得」另外二、三十年尚堪退休養老的生命儲備。這就是標準的人生「捨與得」。

電影奧斯卡金像獎得主李安導演，帶回奧斯卡金像獎小金人，他誠摯地說：「要與國人分享這份殊榮，這份喜悅。」

奧斯卡金像獎是世界電影從業者畢生追求的最高榮譽，象徵

著電影藝術最高成就，也是「得」的最具體表徵。如今他獲得了，卻願意與別人分享，這份「捨得」是令人欽佩的。

李安從影生涯中，曾經潦倒過，他失業在家，洗碗打雜，對一個電影導演，一個上班族的男人來說，應該是失去一切，走入谷底了吧！

可是那段日子，相信他有家庭親情與友情的支持。台灣台南的大家族，美國小家庭的支持；他在另一方面獲得的，應該比失去的多得多。

這段日子，他最大的獲「得」是他沒失去理想，沒失去家庭，沒失去朋友，以及因一無所有而悟得的心靈境界昇華的「得」，最後，他以充分表現禪悟與空靈的「臥虎藏龍」，得到奧斯卡金像獎；對演藝人員而言，沒有比這更崇高、更豐碩的了。

報載他拍攝「臥虎藏龍」時，全心的投入，卻賠上身體健康，這也是另一種形態的「捨」與「得」。當李安回到台灣台南老家，記者問李安的父親（已於日前過世，遺囑：將骨灰灑進海洋），今年李安得了奧斯卡金像獎，明年還有什麼心願時，老人家說：「只要孩子健康平安就好」。

奧斯卡金像獎對李安的親人來說，是「得」？是「捨」？我想當金像獎與親人健康作取捨時，李安父母親真心要的是「健康平安」更甚於奧斯卡小金人吧！這也是天下父母的得捨之心。

在過去的六十年中，我與所有人一樣活在「捨與得」之間，一切都在不停的循環著；工作的三十五年，閱歷越多，才漸漸更能體會「捨得」是什麼回事。

俗話說得好，捨得、捨得，沒有「捨」，怎麼有「得」，「得而不知捨」又如何怡然自得呢！今日回首過往，三十五年在職生

二、成敗得失篇

涯的前十多年，還茫然不知「得捨」之間「得中有捨，捨中有得」的關係，後二十年才略有所悟，至少感覺出冥冥之中「捨得捨，才有得」。

當你看薄得失，捨去想盡辦法鑽營攀附名利之後，你就再也不會生活在無止休的企盼中，你確實可能會捨棄許多榮華富貴，但也必能得到許多平靜安逸，甚至該你的，仍舊屬於你的「得」。

最近這二十年，我遠離了名利、權勢，即使有一點點，也設法敬而遠之，淡而薄之，以經營〈經濟副刊〉來說，讀者與作者對副刊組的記者知之甚詳，卻絕大多數不知副刊經營者是誰，是我刻意捨棄任何「揚名立萬」的機會。

「經濟副刊──企業管理版」是一塊幾乎與《經濟日報》一樣「歷久彌新」的版面，也是一塊深獲讀者喜愛的版面，三十七年來，絕大多數讀者是由這塊版面進入「知識經濟」領域，成為《經濟日報》讀者；累計刊出逾一億字的相關文字，投撰稿作者數以百計，而且都是當時第一線主流學者專家，經由「經副」塑造的知名學者專家更是無以數計。

如果我藉二十年主持機會與累積的知能，去營造個人關係與利益，讀取個企管碩、博士、EMBA，開一家企管叢書出版公司（很少有副刊主編沒有自己出版社的），將好又叫座的書自己出版，再同時兼幾個管理顧問，凡企管顧問公司，出版公司新書書評、書介稿，導讀會、演講會邀約，來者不拒，名利雙收都是舉手之勞，易如反掌的事。

可是，我主持「經副」這二十年，一介不取，甚至連作者付錢的一杯咖啡都沒喝過；明知許多事「大有可為」而不為，與我

知「捨」的徹悟有關，與我的家教、性向有關；當然也與我當年進《經濟日報》之始，以及二十年前調接「經副」，肩負的革新、整頓使命有關。

尤其最近這二十年一路「捨」來，為公事捨盡了腦力、精力與時間，也將個人名利得失「捨」得乾乾淨淨，根本沒有任何壓力，也就生活的快快樂樂、健康舒坦。這二十年來，我確實擁有許多「可以」……。

可以好好地看一本書，作些眉批、寫些札記，用力吸引，深深感受；可以選一部電影，午夜場蹺著二郎腿，融入電影，隨劇情起舞。

可以到一家陋巷咖啡屋，喝杯拿鐵，沉思一個下午；可以到報上推薦的小餐廳，點一客他們洋洋得意的菜餚，吃一頓毫無目的的晚餐；或約幾個朋友，吃個消夜，天南地北的聊聊天。

可以隨心所欲的去竹林欣賞風舞竹林的影聲，到郊外看遠山含笑，聽潺流私語；可以拾遍世上彩葉、石子；可以隨意旅遊，看盡寰宇奇觀，嚐遍天下佳餚，喝光五洲美酒。

更重要的是，我可以三代同堂與家人團聚，與知己好友促膝談心，擁有親情、愛情、友情；可以割捨想要的，做我要做的……這一切的一切，都因為我捨得「捨」，成了一個沒有任何個人負擔的我自己，所以我「得」到許多「可以」，可以隨興活出一個我自己。

莊子認為，懂得調養自己心性的人，什麼哀樂也不能改變自己的心境，因為他知道順應命運的人，安之若命。

古人得志，不是高官厚祿，而是自己覺得心安理得的快樂；官祿名利都是身外之物，來時難以抗拒，去時也無法挽留，所以

不必爲顯達而得意，也不必爲窮困而趨炎附勢。對待軒冕與窮約要一樣樂觀，不要爲追求外物患得患失，葬送了自我；沒有得失之心，就能超越一世的悲歡愛惡，更何況一時的得捨。

5. 失之東隅，收之桑榆

在幾乎佔人生一半的職場生涯中，任何人都曾有過面臨得失、取捨的困擾。

我在三十五年在職生涯中，曾經失去過許多，但也因此得到更多，回首過往，細想從前，我相信微妙的「失之東隅，收之桑榆」這句話。

我從事的算是文字工作，學新聞，又能學以致用進入報社，而且一做就是三十五年，直到屆齡退休為止，這當然與個人知足感恩有關。

期間，曾有多次「被挖角」的機緣，二十年前的那一次，僅僅薪酬就比當時自己薪水高一倍有餘，獨當一面主持關係那家企業命脈的兩個部門，禮遇有加之外，最重要的是有很大的發揮空間，我也有信心與能力達到預期的目標，但是我沒有去。

對於包括我在內的許多人來說，不去，絕對是「失之東隅」。

當時我年僅三十九歲，知己知彼的優勢之外，是企圖心、經驗、衝勁、體力與任事能力最強的年紀，而面對的又是一個綁手綁腳近似冷凍的工作環境，我有一萬個理由另起爐灶，可是我卻因為一個理由沒去──「老闆對我有知遇之恩，總不能為一個道不同又容不下我的部門主管，去幫助競爭對手轉敗為勝，超越自己原本東家。」

二、成敗得失篇

　　我不但沒去，而且我以退居第二線，選擇較靜態而又能展現能力的「副刊」，以明不爭權奪利，感恩圖報的心志；同時也是對新的那位有知遇之恩的老闆，表達謝意，希望取得最後不去的諒解。

　　這就是我為人處世之道──知足感恩，人負我比我負人好，吃虧也就是佔便宜。結果讓我卻往往意外的「失之東隅，收之桑榆」。

　　在漫長的三十五年任職生涯中，大致可分前半段曲折離奇、變幻多端的十五年，以及後面趨於平淡的二十年，但也不離「失之東隅，收之桑榆」的因果輪迴。

　　在前十五年中，我擔任採記者八年，然後副主任、主任、跨報兼主任、兼副理，工作性質也由單純的個人管理的編務採訪寫作，到支援業務單位主持制度訂定、企劃擬訂推動、培訓人力、改善記者採訪寫作能力、提升職員工績效素質……改版規劃。

　　甚至當年規劃版面上的小欄、制訂的制度、計畫，迄今仍然沿用。

　　相關單位也因有了制度、規範、計畫，獎懲有據、進取有方，而且讓所有成員知道在先，凡事有得依循，人人皆知為何而戰、如何戰勝；遇有待突破瓶頸，也能迅速有計畫逐一突破；下一個月業績，這個月已知七、八分；有了競爭對手，也能知己知彼依計行事。

　　一切有計畫，事事研討、督導、追蹤，絕不打蒙著眼睛的仗，編業兩部門尊重合作，善用社會資源，業績當然持續兩二位數成長，三、五年就翻一翻。

　　相對的，主持企畫與執行者，也必需全心全力的奉獻。

所謂：「一分耕耘，一分收穫」、「要怎麼收穫，先要怎麼栽」，那段日以繼夜「沒日沒眠」的日子，除精疲力竭回家睡覺之外，就是勞心勞力全力以赴的在報社打拼。立竿見影的績效，既報了老闆知遇之恩，職責與薪酬水漲船高，也算是「收之桑榆」；但根本沒有一點自己時間與心力，卻也是「失之東隅」。

　　從小我愛看書，幾乎無書不看，我深信開卷有益，也相信「書中自有黃金屋，書中自有顏如玉」更屢屢體會「書到用時方恨少」的痛苦。這「書」就是來自讀書的知識、智慧與技能。

　　尤其是課外讀物，高小初中已看完《七俠五義》、《水滸傳》、《西遊記》、《紅樓夢》、《鏡花緣》、《儒林外史》、《北宋楊家將》、《聊齋誌異》、《包公案》、《唐人傳奇小說》等等章回小說；《鶴驚崑崙》、《荒江女俠》、《諸葛四郎》、《廖添丁》等武俠小說與電影，以及《小城之春》、《傳統》、《邊城》……文學著作。

　　初三高中期間對中國文史、地理、詩詞、名人傳記特別有興趣，小小的高雄縣立鳳山圖書館、南投中興新村圖書館有限的相關書籍，幾幾乎被我看完了，也就是那段日子，看了許多諸如《飄》、《傲慢與偏見》、《咆哮山莊》等等翻譯的世界名著；根本不像一個初中考高中、高三考大學的學生。

　　「收之桑榆」課外書是讀了許多，但「失之東隅」也因此進了華岡私立中國文化學院（大學）。大學因為在圖書館工讀機緣，涉獵較廣，藝術、思想方面書籍成了新愛，看了更多中外文史哲書籍；平均一個星期可以細看兩本，也就是那時立志執行「讀萬卷書，行萬里路」的，這也是「收之桑榆」。

　　總的來說，這是用生命時間純投入、學習、累積、蘊釀知能

的日子。

　　在前十五年任職生涯中，因爲受企業的賞識任用，以及自己總希望百尺竿頭更進一步，以卓越表現報知遇之恩，投入的時間心力似乎沒有上限；以致除了當記者採訪前後作功課的書籍，作企劃案時要閱讀相關的書籍之外，一個月根本看不了幾本心愛的書，更別說作眉批札記、寫心得感想。

　　可是回首這段由民國57年到72年的十五年間，也不盡然全是「失之東隅」，譬如，雖沒時間隨心所欲看心愛的書，但也因爲要成爲一位專業記者，以及一個具有專業知識核稿人、企劃人等工作需要，強迫自己看了許多財經、管理、企劃與電子電機、五金機械、石化紡織、工業設計等等相關書籍，也結交了不少學者專家，這些意外的收穫，當然是「收之桑榆」。

6. 順理成章看得失

接任《經濟日報》副刊組，主編經營管理版這趨於平淡的二十年，是我學習豐收期，既完成「讀萬卷書，行萬里路」心志，又學到管理自己兼善他人的技能，似乎一切均在計畫之中。

我覺得：是否懂得管理自己，是一切的關鍵。

「經營管理版」是一塊對外開放投稿，以經營管理企業及個人的知識、技能為主要內容的版面，所以有很多機會深一層接觸財經稅法、經營管理、行銷企劃等方面專家學者、以及知識資訊、書籍刊物，這些都是很好的學習與成長機會。

為了要推薦最新最好的管理資訊給讀者，第一流學者專家吸收消化有關資訊後，針對台灣及兩岸經營環境與經營者需要，所撰寫的第一手稿件之外，閱讀相關書籍是很好的途徑，而幫讀者省時省事讀好而實用的書，則是相當好的方法。

為了知所取捨文稿，為了選好書請專人或自己寫書評、書薦、導讀、助讀之類文章，平均每週我要很仔細的看兩本新好書，僅此部分，二十年就看了兩千多本；每週核閱二、三篇學者專家執筆的書評、書介稿，也幫我簡捷的讀了更多的好書。

又因現代科技讓資訊獲得容易，其他報章雜誌書刊與網路資訊閱讀的更是無法統計，這二十年讀的「書」，大約與過去四十年一樣多，而且是有用的好書。

我始終相信，一本經過層層編審後出版的書，一位學者專家

寫給選稿嚴謹的「經副」稿件，必定是其最好的作品，多少有其可取之處，所以，我絕不會只看二、三段就決定取捨，即使要大動手腳改寫，或是去蕪存菁刪用一點點，我也願意花心力讓其見報；也因此，二十年來被迫累積細看與管理有關稿件約九千萬字，書籍數千本，聆聽演講幾百場，這可是任何人無法獲得的「收之桑榆」呀！

如此長期持之以恆的全心投入，「失之東隅」的是健康，滿頭華髮、視力老花加近視、偏頭痛、神經衰弱、血壓偏高、坐骨神經痛、憋尿憋到攝護腺肥大到要開刀。以及退居二線，與升官發財絕緣。

但「收之桑榆」的更多，譬如，較少的鬥爭，獨當一面實現理想，將位於報屁股的「副刊」經營成讀者閱讀率、受歡迎度長期名列前茅的版面；藉由辦活動、徵文、用心企劃、以社會廣大人力資源培育出滿足社會多元需求的副刊；將副刊「經營管理版」經營成光鮮實用，屬於社會大眾的版面，有千千萬萬讀者受益，甚至可說是創造「台灣經濟奇蹟」推手的助手。

也有許多讀者由「經副」入門，為了「經營管理版」而訂報；因閱報懂得經營管理受益而成長壯大，也因感激而以供給更好的相關新聞訊息，以及用訂報、廣告業務以回饋。

然而這二十年來，歷經繁榮與不景氣與政局不安，企業也面臨史無前例的競爭壓力，而必須採行諸如企業改造、勤儉辦報、精緻人力、降低成本、精實內容等措施，以增加競爭力。

當順風船駛慣之後，一切突如逆水行舟，企業主艱苦，單位執行者更辛苦。人力越來越少，非常任務越來越多；主管還要面臨政策性裁減工作夥伴，以及許多期盼「又要馬兒好，又要馬兒

不吃草」的壓力。

　　所幸我專長之一是逆向操作，單以降低成本，外稿也納入計畫作業一項為例，當支薪的記者人數減到最低，內稿比例降為20％左右時，另八成外稿則以與權威而有信譽的學術、研究、學協會、企業，以及第一等的學者專家，採取合作供稿方式取得，以達到「好馬不吃草」，免費有好稿的目的。

　　逆水行舟作重大興革，完成許多過去視為不可能任務，主其事者倍加辛勞是必然的「小我」犧牲；而我則思索出一套以社會人力物力滿足社會需求的經營管理辦法，能將主編的相關版面經營得很成功；卻因此有太多「大我」的「收之桑榆」。

　　結論是：收或失的結果不是絕對的，想出好方法還是可以改變結果。

　　至於完成老闆的期望，成功的結果也證明我的信心與能力，這完全操之在我；所以，若能獲得操之在企業制度規定的「規律作息」工作環境中，有較多時間給家人，讓自己的時間與夢想也納入計畫管理，則尤其是更大的收穫。

　　主持副刊這作息規律的二十年，是我孩子變化最大，最重要的受教育成長期，如果還是像前十五年那般忙碌，對孩子的管教就要疏忽多了。

　　過去初入報社那十五年，最讓我錐心痛苦的「失之東隅」是：晨昏顛倒、工作量奇大，壓力更大，真的沒時間照顧家人；和年邁的父母與妻兒，難得醒來時見上一面、說幾句話或吃一頓飯；不但天天擔心「子欲養而親不待」的悔恨日子來臨，而且教養孩子沉重擔子竟要落在本當反哺報恩的父母，以及同是職業婦女的妻子身上。

二、成敗得失篇

　　對我而言，個人與家人都在穩定規律中學習成長，則是最大的「收之桑榆」。盡力投入，也必有相對成績產出，作息更算規律，這也是一項很有意義的「收之桑榆」。

　　這關鍵的二十年，我給孩子的是一個規律作息的爸爸，就算再忙，也忙得有時間管他們的事，決定他們的大事。

　　再加上內人督導執行，孩子爺爺、奶奶的言行教誨，我的兩個孩子才能從幼稚園一路模範生到中學及大學；然後兄弟倆分別取得美國史丹佛大學電子電機、安娜堡密西根大學營建管理碩士學位，順利在美國與台灣就業成家。

　　大文豪大仲馬曾對他的兒子小仲馬說：「我的兒，我一生最好的作品就是你！」我一生最滿意的作品，確實就是我的兩個兒子；相信天下父母心皆如此。

　　這也是我全力以赴投入職場三十五年，最堪「知足常樂」的「收之桑榆」。

　　此外，逾半世紀以來「讀萬卷書，行萬里路」，讀書五十多年，幾乎有一半以上是在近二十年看的，而且因為懂得選書、看書、用書，從這些書中受益也最多。

　　至於兼行萬里路，因為規律作息，有制度、上軌道，最近這二十多年也行了七、八成，遊遍五洲四海數十國、兩岸三地數百城鎮；也因為懂得時間管理、旅遊計畫，以及以大自然為師，讓我學習到更多知識，產生無盡的感覺，體驗出虛幻哲理，啟動無窮潛能，孕育了為人處世的智慧。

7. 得失關鍵在管理

有道是：「難得偷得浮生半日閒」，我像眾人擁有一樣少的時間，而我卻能將遊、學做得像工作一樣好，得力於懂得管理時間、會動腦筋想出好方法、能凡事計畫並依計行事，做事專心積極，卻又知足循理；而這些都是進入職場三十五年，又主持「經營管理版」二十年學到的管理智能。

以時間管理來說，正因為公務忙碌，用掉所有時間，遭受沒有個人時間之苦，才悟得管理時間之道，也因此反而得到更多時間。得失關鍵全在管理。

這可是我一輩子受用不盡的「收之桑榆」。

又如個人財務管理，也是大多數上班族人最缺乏的知能。我因悟得一些心靈上與世俗對財富管理之道，確實讓我明白「失之東隅」，實際卻「收之桑榆」，尤其是心靈上無盡的富裕。

單以絕不涉足股市為例，當別人以不同方式大發利市時，總有人認為我太知足循理，近乎是有點愚蠢，「失之東隅」也活該；時至今日，正因為不進股市，也沒虧損一分錢，一進一出「收之桑榆」的資源，就足以讓我過最起碼的隨心所欲的退休生活了。

這是全民投入股市風起雲湧之際，參與者要謹記在心的得失、收放原則。

我喜愛寫作，將經驗、感受與收穫與人分享；那是因為從小

我看書報、電影電視、聽廣播演講、上學校受教，都是分享別人的智慧成果。凡事我也喜歡留下記錄，那是因爲我曾經從別人記錄中受益非淺。

人生短短數十寒暑是有限的，但記錄經驗又傳承下去是永恆的。而以文章或書籍記錄傳承，是讓更多人，更長久受益的方法之一。

在職三十五年，除了新聞採訪寫作稿之外，總計寫了大約300萬字自己興趣所在的文稿。前十五年，只集結出版一本記載日本拉鍊大王 YKK 傳奇的：《一條拉鏈拉出來的故事》，後二十年則寫了《美國名廠產銷實例》、《航在古運河上》、《酒鄉行——細說中國美酒、佳餚、名勝》、《吃魚、觀蟹、山水情》、《擁抱香格里拉》等五本。這都是最具體而又利己利人的「收之桑榆」。

其中，《航在古運河上》、《酒鄉行》既是該領域獨一無二的專業書籍，更是足堪收藏留存的出版物；對我個人而言，勉強也算與「立言」沾了一點邊了。

三十五年的付出，也累積一些退休生活資源，讓我退休後，除了有能力實踐 5（每年在台灣月數）－3（在美國）－2（在大陸）－2（在世界各地）計畫之外，還能將儲備了的經驗出版寫了這本《人生執行力》；其他如：《戀戀楓情》、《紅谷遊俠》、《寵愛一生》、《詩畫禪義》、《王朝》等等新書寫作已有不同程度的進度。也算是對過去「前人種樹，我乘涼」的回報。

回首過往，我耗費二十五年成長歲月、三十五年職場精華寒暑，兢兢業業用掉六十年一甲子生命；三十五年職場有驚濤駭浪的高潮，有陷落冰谷的無奈，有太多「失之東隅」的結果，也有

不少「收之桑榆」的意外。但總的來說，我覺得：「得比失多」。

人生短短數十寒暑，偏偏不如意者又常十之八九，得失也不能由階段表面結果認定，結果又是一種因人地事物時標準不同而異的認定問題。

是「失之東隅」？或是「收之桑榆」？全在你一念之間，也看你如何走下去。事實上，人生就是在捨得、收失之間輪替、交換。絕對沒有永遠的得失。

學生時代，尤其是華人世界的學生，有升學、聯考、留學深造壓力，絕大部份學生失去了歌唱、遊戲、休閒、看課外書籍，以及做自己喜歡的事的機會；德、智、體、群、才藝等五育，只拼智育，失去了學生時代原應有的純真、活潑、快樂，但也得到了升學機會，也被迫灌輸了許多基礎知識。

近些年來，沒有明天的家長，不管是補償作用、移情作用，總把希望寄託在下一代。補習聯考學科之外，琴棋書畫、雕刻泥塑、剪紙壓花、園藝結繩、柔道搏擊……還要學習「母語」；第一、第二外國語，學童確實被「灌輸」許多，但失去的也更多。

即使你是富商的第二、三代，有餘蔭庇護，遇上有憂患意識的父母、祖父母，惟恐「富不過三代」成真，反而會因為有錢，為孩子買來許多不必要的學習成長壓力。

進入社會之後，競爭壓力更大，除非沒長進心、不求聞達、不怕失業，或是有祖蔭依仗，絕大多數人都要「一分耕耘，才有一分收穫」，更有許多人是無限投入，有限產出的。

這些社會人，失去了休閒旅遊、讀書求知、運動健身……以及照顧親長子女、社交友誼、戀愛成家的時間與機會，甚至過勞

死：得到的只是保住工作，養家活口，這就是得失之間的交換。

放眼天下，從世界霸主美國布希總統、世界首富比爾蓋茲；以及台灣的王永慶、張忠謀，誰不是在得得失失、失失得得之中走下去，更何況你我？

所以人生走一回，就要悟透得失的無常、無奈。當你用對方法，走對方向，盡心盡力仍舊失比得多的多的時候，你不如想想這句有點阿 Q 的「失之東隅，收之桑榆」，你會發現你並不是一無所得；患得患失之心就平衡多了，日子也好過多了，只要用心持續走下去，你總有一定收穫的。

8. 成功前九法則

　　成功確實是一個很令人期盼的結果，但卻因人、地、事、物、時的不同，常擦身而過。

　　人們常感嘆成功為什麼總是與某些人有約，為什麼總是錦上添花；讓成功的人越成功。

　　成功是一個結果，天地萬物皆有成敗不同的結果，但成功的法則卻是大同小異的，也有一定的脈絡可循的，這也是成功總是與成功的人站在一起的原因；因為成功的人都有他們一套成功法則，所以他們屢屢成功。

　　真誠是成功之本，就是真實誠信。做人處事要實在熱誠，不自欺，也不欺人，待別人固然要真誠，律己也要合乎誠信原則。

　　誠信能得到對等的信賴，也能得到別人的助力；言出必行才能加強實踐力，不但能贏得信心，也會提高產能的質與量。真誠能遠離爾虞我詐、免除鬥爭，才能凝聚力量；水泥加砂石、加鋼筋仍然是一盤散沙，要加水才能成堅強的混凝土結構，而真誠就是那不可缺的水。

　　腳踏實地，不投機取巧，重實踐，則是成功另一法則。

　　成功是沒有捷徑的，精準確實，苦幹實幹必然會更接近成功，俗話說，「一分耕耘，一分收穫」、「要怎麼收成，先要怎麼栽」就是這個道理；而且這樣的成功才是長久的、結實的。

　　腳踏實地也就是穩定中實實在在的求進取，不草率冒進，不

打沒有把握的仗,所以,效果與結果可以預期,不會「偷雞不著蝕把米」;雖然成功不那麼破石驚天,雖然有一點保守,但也有一定的成功勝算。僅止於思想也只是空談幻想而已,實踐則是執行力的具體表現,就是「知行合一」。

凡事有計劃,也是成功法則之一。

計劃就是預先擬定實施的方針、方法,謀後而動。我進入社會工作三十五年,可以說大部份都是依計行事,所以才能計算出一定的結果。在這三十五年中,我也接觸到無數產、官、學成功人士,他們也大多是計劃人生的。

要想成功,必先要確定方向,研訂策略,這是大原則;大原則正確,結果就八、九不離十了。人生如同賽跑,方向錯了,跑得越快,偏失越大,又怎麼能成功的到達目的地呢?

實施計劃的方法與過程也是成敗關鍵,懂得用正確方法,可以收事半功倍的效果,也就成功了一半;走上一步才看下一步,心存「船到橋頭自然直」心態的處事方式,根本談不上方法,更何況計劃。

事先沒有計劃,就像大海裡的船隻,沒有航線、沒有停泊港。她要航向那裡呢!也就沒有結果,更別說是成功的結果了。

盡力而為是邁向成功的要訣之一。

凡事盡心盡力的人,雖不成功,但也會有一定的績效。盡心盡力就是一切盡其在己,作最大的努力,然後才成敗在天。即使失敗,也雖敗猶榮,不會一敗塗地。

盡心盡力也是一種奮鬥精神的實踐,能激發個人潛能至最高點,能發揮群體力量到極致。

遇事處事絕對要戰到最後一兵一卒,竭盡心力的投入,不會

不戰而屈於人；做人則是仁盡義至，毫不保留的坦誠對人。如此則能自助而又人助，離成功也不遠了。

要能成功，知己知彼也很重要。知己就是有自知之明，自己的優缺點，自己的優勢是什麼；知彼就是了解對手，了解自己之外的全盤情勢；外在條件、利弊得失等等。

套一句現代商場的話，就是在新產品、新計劃、新行動展開之前，要先作市場調查，否則就會像矇著眼走路，前面坑坑洞洞全不知道，怎麼會不跌倒呢？又如與人下棋，敵暗我明，又怎麼能穩操勝算呢？

追求永恆，有恆心毅力，能堅持到最後，也是成功法則。

為山九仞，常常功虧一簣之土，就是不能堅持到最後。我發現，執行力能與時俱增，與時間競走，而又能走到最終點的人，往往都是成功的人。

像奧斯卡終身貢獻獎得主的條件很多，但最主要一點是要能追求永恆，堅持到底，而這些人至少也要長壽才行；也就是長時間的貫徹。

開始難，結尾更難，過程中有成有敗，但最重要的是結果的成功。

記取教訓，活用經驗的人，也較能成功。

教訓與經驗是要花費成本的，甚至是心血生命換來的；如果你能記取教訓與活用經驗，你就不會走重複的失敗路，省卻了重來一次，跌倒再爬起來的時間、以及精力與成本；對於那些再也沒本錢與機會東山再起的人，不因犯同樣的錯而倒下，是很重要的。

做人處事（即廣義的處世）時時刻刻讓人感動，讓人能感覺

出你的善意，也有助於你的成功。懂得替人設想，隨時隨地事不分大小的能爲他人設身處境的考量，最能讓人受用。

　　人或多或少都有些本位，也有點自以爲是，如果別人對自己言行、觀念、方法、目標、尊重，甚至進一步的肯定與支持，即使是一件小事，豈有不被感動的；感動之餘也會自然相對的給予對方助力，助力總比阻力有益成功吧！

9. 成功後九法則

　　察納雅言，不恥下問，指的是上對下意見的接納，不管是君臣、父子、兄弟、朋友、夫妻或同事之間，通常都是下聽上的，弱聽強的。

　　如果反過來，上聽下的，或聽取對等一方的意見，並且認真的思量、真誠的接納；這是將別人聰明才智據為己用的最好方法，成本最低，績效最大，當然易於成功。

　　個人的成功是集體因素創造出來的成果。個人才智有限，即使是小成功，個人單打獨鬥也難成就，更何況是大功大業。自古至今，由帝王到企業家、經營者，本身無能沒有關係，能察納雅言，不恥下問，採用廣大的社會人力腦力，才是最大的才能。

　　美麗而富感情的詞彙可以組成好文章，集腋可以成裘，集思可以廣益，小成功可累積成大成功，積少成多，積小也可以成大，不要因小或因少而不為，分秒的成功運用，累積就是一天、一年的成功。

　　而由小處著手更易成功，不要好高騖遠，不要好大喜功，不要貪多貪大，許多事不是一蹴可幾的；你的希望也不是一網可以打盡的，一部鉅著是由第一個字寫起的，一幅名畫是由第一筆畫起的，一棟美侖美奐的大樓，也是由地面基礎起造。所以懂得由小處著手、重視基礎、慎始慎終的人，離成功必然不遠。

　　人生成敗多少有點運氣，運在天，是天時；氣則在人，可以

創造，而且氣可以導運，氣順則必然運好。氣是人氣、氣勢，與天時、地利與人的「人和」有關。集眾人之氣當然比一人的氣盛，這「氣盛」不是盛氣凌人的那種氣。眾人的氣是眾人的人氣、才氣、財力、物力的總合，「人和」則眾人之氣可以為己用。

個人的氣更操之在己，是可以創造的，財大固然可以氣粗，但浩然正氣就是因人而異創造出來的。

人氣的創造也是要有條件的，才氣要有才，理直氣壯要有理，所以要培養人氣，先要充實自己。要有積極進取，勇往直前的氣勢，旺盛的企圖心，盡心盡力的努力，這些都能形成一股氣勢。

有氣的導引與推動，運也就流暢多了；順勢而為，成功的人才能恆成功，也才有一鼓作氣銳不可當的可能，所以運氣可以決定成敗，也可以由人掌控的。

做事有正確方向，做人先確定人生觀，是比較會成功的。

事不分大小，先確定方向很重要，方向也是一種目標、願景。台灣自 2000 年起經濟奇蹟消失、經濟成長衰退、股房市直直落、人民資產縮水、失業率上升、人心惶惶……都是因為政府施政沒法則，讓人民失去了大方向；不知道政府會帶領人民走向那裡的結果。

一些經營成功的大企業，絕大多數的經營者都會讓員工了解企業經營策略與目標；也會在大方向確定後，將對員工的要求，希望員工如何去配合支持，都溝通的明明白白；員工有方向感，目標又清清楚楚，當然有助於去執行配合，其結果就更容易成功了。

個人人生觀的確定，就是人生方向的確定。

許多人畢生辛勞，盡心盡力的打拼，這也做做，那也做做，每天忙忙碌碌，但卻一事無成；這就與他的人生觀不夠正確有關，一會東，一會西，結果又回到原地，徒勞而無功，又怎麼會成功呢？

所以方向確定很重要，確定之後就可以集畢生的精力往前衝。當然，這方向的確定，是要靠智慧、經驗，甚至挫敗教訓的累積運用而後獲得的。方向不分大小，只有正確與否之分。

「先下手為強，後下手遭殃」、「制敵機先」……都是過去人強調掌握時機與速度的說詞，現在是一個十倍速的時代，生產線、ｅ化、機器人、電腦等等都是在追求速度的加快。掌握時機，也是一種速度的表現，又貴在如何「掌握」。

以賽跑來說，如果能允許先跑，當然勝算較大。當槍聲響起時，如果你能在被允許的最佳時機躍起飛奔，總比在起跑點猶豫一下的跑者領先機會大吧！商場也是如此，商機若能掌握，已有了好的開始，好的開始就是成功的先決條件之一。

企業與個人面對著這個速度時代，面對一閃即逝的時機，精確而即時的掌握就很重要了。

成功的另一法則是個人 EQ 、 IQ 的修為。

成功不是一個人關在一個密閉空間，或是獨居一個無人荒島，自己界定的成功，而是要被公認成功。既然是公認，就要透過與社會大眾接觸、互動與表現，而產生差異結果，並比較出成功與否。

通常情緒不穩，容易生氣，遇刺激立即反彈的人，思想都不夠縝密，判斷也常發生錯誤，既然種下錯誤的因，怎麼會有成功

的果呢？

　　暴燥如秦始皇者，他權傾一時，可以焚書坑儒，可以一統六國，可以統一文字，可以濫殺大臣，可以虐待百姓黎民，就是不能創立千秋萬世功業，最後落得暴君罵名；毛澤東殺人如麻，三反、五反、大躍進、文化大革命等等幾陷中國於萬劫不復的地步，但他卻是靠個人 EQ 修為贏得整肅勝利的。

　　心平氣和，禮貌謙恭，遇事三思而行，講理而不動氣，是做人處事情緒修為的理想目標，也是邁向成功最高原則，如果你能有好的情緒修為，即使是你才資平平，你也會小有成就。

　　IQ 則是智慧，這裡指的是後天經過教育、學習、歷練而熟化的智慧；這種智慧還要能運用於實踐執行上，才真正可為己用；當然，天生高智商者，經過後天的歷練，較易孕育為智者。

　　問題就在其是否聰明反被聰明誤，僅止於擁有小聰明而失去實踐的大智慧；小聰明是成不了大成就的，這也是為什麼許多在學校並不太聰明的學生，進入社會卻頗有成就的原因之一。

　　成功的法則很多，往往還因人而異，這是我進入職場三十五年，來到這世界迄今六十年的體驗。什麼眼光遠大、理想宏觀、目標規矩、思維開朗、方法多元、氣度非凡、學習永續等等，都沒有什麼深奧的道理，也不是某些人的專利，大家都可以體會，也可以借鏡，而結果絕對對你邁向成功有幫助的。

10. 記取成敗經驗

　　成功與失敗之間，其實分際不大，且定義往往因人、事、物、時而異；經常又是成中有敗，敗中有成。

　　一個人蓋棺論定時，人們說他：「這一生很成功」，就表示他一生從未失敗過？當然不是；就表示他一生做人處世都成功？也絕對不是。

　　一個失敗的投資計畫，即使是到最後宣布失敗了，中止了，也不等於全盤失敗，其中或有許多可取之處。相對的，一見人人公認的成功計畫，也是由大大小小成敗過程與結果累積而成。這是比較的問題，是階段性問題，不是絕對的問題，也只是僅從結果泛論成敗──成者為王，敗者為寇式的論斷。

　　我個人倒認為：將成、敗視為高低潮，看作海浪起伏更有意義，也不致因階段性成敗而樂極生悲。

　　一個完整的海浪，是由浪峰與浪谷組成，缺一就不能成為「海浪」。一波海潮，一堆海濤，以至一片海洋，又是由無以數計的海浪組成，人生雖然短促，不也是由無數成功的浪峰與失敗的浪谷串聯而成。

　　海浪潮起潮落看似一成不變，誠如人生總是離不了生、老、病、死，也都被分為如意與不如意，成功與失敗；又總是與投入、產出，做人處「事」有關。

　　其實，即使是朝九晚五做同樣的事，走同樣的路，也有成

敗、得失、順逆、高低潮之分，而且沒辦法一分為二，或絕對可以選擇預期的結果。所以不要太在意已成事實的失敗或成功結果，也不必凡事強行區分成敗得失；它們之間是連體嬰，是互為因果的關係。假如成功的浪潮沒有失敗的浪谷做基礎，也不可能推波助瀾形成成功的浪峰高潮，更不可能匯聚成那麼浩瀚的人生海洋。

想想看，許多對的事，成功的結果，不都是由不對的、失敗的經驗修正之後得到的。你可以淡化失敗印象，別讓失敗挫傷你再起的心力，但也不能「傷口結了疤，就忘了痛」，更不能忘了肇致失敗的前因後果，以及過程中的關鍵重點。我認為：這才是失敗與成功之間的因果關係，也是有些人越挫越勇，終極成功的原因。

包括我在內，多數人在做人處世、成家立業過程中，挫折永遠如影隨形，以我為例，求學、就業、感情與家庭生活都挫敗過，總結是：失敗、一般與順利各佔三分之一。幸運而重要的是：關鍵過程與重大結果是要如預期的，也就是掌握在計畫中。

一生也好，一件事也好，如果這三分之一的比例次序相反，也就是：順利、一般、失敗，那就有些悲慘了，因為最後是失敗的。

而通常任何事都因為開始時的新鮮、易為、全心投入、有計畫、能看到短程問題、易因應初期變數、發現表面疏失癥結等等因素，多半順順利利。偏偏有人倡言：「好的開始就是成功的一半」，這句似是而非激勵人的「名言」，真不知讓多少人就在享受成功的滋味時，莫名其妙的一敗塗地。

順利成功就會讓人鬆懈，不專注，未能盡心全力以赴，漠視

或根本看不到人地事物時等環境因素的變化，結果當然問題百出，挫敗連連。所以，凡事要以全力以赴的結果論成敗；未盡全功就是沒有結果，也就是還沒有成功或失敗的結果，這也是成敗之間的微妙關係。

當然，開始就做對了，是比較接近成功，就算失敗了，也容易找到原因，亡羊補牢；更恰當地說：「只是開始的比較順利，並不表示接下來保證也一定順利」；而且順利與成功還是有差別的。

所以我一直認為：「開頭難，反而好些。」這或許正是那句名言：「好的開始就是成功的一半」深一層意義吧！

古聖先賢說：「萬事起頭難」，而更難的是：「既知起頭難，不但不要被困難、挫折打敗，還要利用起頭的所有優勢與經驗，繼續跑下去，直到終點勝出。」兵家也說：「一鼓作氣，再而衰，三而竭。」強調的就是慎始與全程一貫努力以赴一樣的重要。

「成不驕，敗不餒」雖然是一句說得比唱得還美的俗諺，道理淺顯，但卻對世人皆有助益。這兩句話正是人們面對成、敗時，最基本的心態，也是成敗之間另一層因果關係。

11. 從「孫式管理」談危機管理

　　從小對名人傳記、歷史小說就很有興趣，看過的這類書籍已無法統計，就以閱覽過的中外人物來說，文學家、藝術家、政治家、帝王、總統、英雄梟雄等也極周全。其中，「台灣財經科技之父」李國鼎先生、前行政院長孫運璿就是足堪典範者之一。

　　在諸多我長期接觸的好樣人物中，之所以以孫運璿先生為例，在本書〈成敗得失篇〉中介紹他的「孫氏危機管理」，是因為任何人一生都會出現危機，都需要經由管理渡過，而運璿先生這套危機管理觀念與實踐方式，治國有用，修身齊家、任事也有用。

　　運璿先生比中華民國小兩歲，今年高壽九十一歲，他生於憂患重重的民國初年，又受到危機密佈的上一代影響，而他就在這種憂患、危機中，由從前走到現在。處處顯現憂患意識與他俱存，也孕育了孫氏的危機管理之道。

　　民國 53 年我由法文系轉新聞系，讀報是功課之一，自那時起，即知道運璿先生是台灣經濟建設電力能源供應的主導人物。57 年 9 月我進入專業的《經濟日報》，三十五年來有幸一路為台灣由廢墟中起步，經濟飛揚，創造經濟奇蹟「搖旗吶喊」；其中接觸到的最關鍵的靈魂人物之一就是孫運璿先生。

　　《孫運璿傳》（天下雜誌出版）我細看過，不止眉批，也寫過〈從「孫式管理」談危機管理〉書評，以期與更多讀者分享。

眞是予人一種沉痛的感覺，但也帶給我們更多的慶幸；在那風雨飄搖的近百年裡，海角天涯無處不有人傑在支撐著，在奮鬥著，孫運璿只是眾多鬥士中的一員而已。

　　在修身、齊家、治國的每一階段裡，孫氏對憂患意識都充分地認知與運用；而憂患意識帶來的未雨綢繆、洞悉機先，再加上他平實、堅毅、認眞的實踐原則，就形成了孫氏危機管理的基本模式。

　　從小，身爲長子的孫運璿，就因爲父親的職業是唸書，家庭沒有收入，不但會被親戚欺負，日子也過得很苦；一年四季，不論是風雨濘泥或冰天雪地，五、六歲的他，就要起早睡晚分工農事；他起早不爲別的，竟然是爲了撿拾更多的糞便作肥田之用。

　　因此，從小他就有濃烈的刻苦圖存意識。現今的企業經理人不就常告誡員工，早起的鳥兒有蟲吃嗎！孫氏自小就有這種不但早起才能吃到蟲，而且要吃更多，建立更高績效的意識存在。

　　到他開始懂事入學，他的父母與幾位熱心師長，對他的影響更是他一生受用不盡的。較明顯的諸如憂患意識與忠孝節義的灌輸、體認與實踐，以及不斷吸收新知，是發現與解決危機問題的基本要件等皆是。他傳記中有不少篇幅解說他在忠孝節義的實踐與新知的吸引等方面努力的成果，讓人發現孫氏危機管理，基本上還是由「患失」、「患無」開始。

　　有更多章節在印證他事母至孝；「孝」是一種感恩圖報，孝的擴大就是對國家「忠」，對同儕「誠」，對事待物持「節」，而做人講「義」。這「忠孝節義」當然也適用於人與企業經營管理方面，日本的終身僱用制，人事低流動率等就是具體範例。對人與企業忠誠感恩者，也必能盡己克己的投入與付出。

孫運璿也曾由隴海鐵路局、連雲電廠、南京、湖南、昆明、青海、甘肅、四川等電力機構，以及台灣電力公司、美國田納西實習、奈及利亞電力公司等企業機構任內，培養出經營管理能力。更巧的是，他參與的這些企業都面臨不同程度危機，所以孫氏危機管理能力範疇雖擴大到國家，但其心得卻是來自他個人由小而大的經驗。

憂患意識並不是悲觀思想，也與杞人憂天完全不同，當然更與「唱衰」之類加冠抹黑用語無關。由個人、家庭，到企業、國家，不可能沒有危機挫折的。有，雖是一種危機；有，若能預知或克服，反而是一種轉機，這也是孫氏危機管理所表現的危機管理真義之一。

也就是說，危機意識不該停留在靜止思慮階段，認清危機，避免對社會國家人民可能的傷害，是大仁；知道危機存在並能想出克服之道，是大智；勇於面對危機，化危機為轉機、生機，是大勇。換句話說，孫氏從小培養出來憂患管理，則是勇於面對問題，用智慧思想，尋求合理方法，避免傷害，著重計畫的那種兼具大仁、大智、大勇的危機管理方式。

像他由一個俄文不識，進入俄文教學的哈爾濱工業大學後的優異表現；將幾十噸電廠設備，用騾車人力拉過「蜀道難，難於上青天」的秦嶺，抵達四川；為青海蓋電廠，以及來台灣從廢墟中重建電力系統，恢復供電等等，都是他危機管理法則中，平實堅毅，慎思力行，智仁勇兼具的具體事例。

民國60年我國退出聯合國，孫氏在經濟部長任上，他所表現的冷靜達觀，已非當年搬運機器，甚至讓台灣緊急復電等所能比擬。即至67年接任行政院長，中美斷交，孫氏所表現對危機

管理的意境與能力，就更上一層樓了。

這包括將台灣與世界數千萬憤怒失望中國人適當的導向平靜、賦予信心。他曾在他的記事本上寫出應對危機的管理之道──「緊張，著急，但不能慌亂」、「要注意大問題，容忍中保持警覺 忙亂中保持冷靜」。

緊張、著急、保持警覺，表示他已發現並對問題了解；冷靜、不慌亂、注意大問題，容忍中保持警覺，則是他處理危機的方法。這就是「莊敬自強，處變不驚」。

他不但適當地樹立「先天下之憂而憂」的典範，更由於他深思熟慮後的有計畫措施，不但將暗潮洶湧，全民沸騰的局面穩住；並以很實際的方法維持中美經貿關係，進而另創新局，對於中共乘機打擊，主動作有力反擊，以及兩次渡過石油危機。

這些全得力於他對危機的了解，勇於面對，而能用智慧的方法去解決。

如果回憶一下，在台灣經濟奇蹟四十年裡，由排除萬難創設工研院到建設台灣成科技島，由研究發展積體電路到締造今日精緻工業成果；由預見中美協防條約的廢除，到自行發展飛彈、戰機、快艇、戰車、巨炮等自有國防工業；以及洞悉台灣今後唯有以外貿才足以生存的先機，以「十大建設」建設台灣為貿易島，在在都表現出他能提早跨出的那一步，證明他不但有處理危機的智慧與能力，也是兩蔣時代貫徹政策的最佳執行長之一。

孫氏也深知在管理領域，人是一切主宰，他體會「人和」可以排除萬難，也了解管理最大危機在：無人可用或不知人善用。他本人善於被用，也善於知人、用人與容人，他每到一新任所，絕少帶班底同行。他認為班底再大也有限，有班底、用自己人，

就是排斥更多可用之人，是最大的危機。所以他不要有限的班底，而是用不分彼此的無限的人力。

細品他用人哲學無他，只是「知人善用，寬容無私」，所以他能用更多的人，去解決更多的問題。運璿先生一生經歷了我國最動亂前四十年，台灣最艱辛又關鍵的十五年，進步最快的三十年，以及李扁當家最近這衰而退，危機重重的十多年，而這九十多年又都存在著不同的危機，也算是一部中華民國成長史實。

相信很多人面對近十多年來的國政衰敗，沒有明天的景象，都會有：「如果經國先生健在，有孫運璿閣揆及閣員佐國，該多好」的感懷。這也是企業或個人的成敗得失相當重要的用人觀，我見過無數知人善用，又能容忍被用者表現超越自己的成功者；也見過既不知用人，且擔心「功高震主，超越自己」的老闆與主管，而這些人最終也都是失敗者。

我個人擔任主管及主持〈經濟副刊〉這二十七年，之所以能以最少的編制內既有人力，產生最高質量的生產力，就是在人力物力近乎一無所有情況下，懂得無私地運用無限的優越社會人力物力所致。

這篇〈從「孫式管理」談危機管理〉一文，曾在民國78年5月17日「經副企管版」刊出，5月28日即接到孫院長手箋，對拙作以專業手筆剖析深入，表示「敬佩感謝」之意。其實，這才是貴為閣揆，又剛中風病後的孫院長最值得敬佩的地方，對於一篇他認為正確報導的一件小事，就親自以顫抖的手，立即表達他的心意，更何況是國家大事。

（三）學習成長篇

1. 讀萬卷書

　　明儒楊繼業關於求知學經驗，探詢民意的態度是：「遇事虛懷觀一事 與人和氣察群言」，他認為，虛心體察、察納雅言，從群言中吸取智慧，得到益處最多，也最容易。博覽群書，參與演講、座談會、研討會，聊天……是從群言中察納雅言最好的機會。

　　書籍是「『群言』與『一事』的文字化、具體化」；更重要的是要「虛懷觀一事」、「和氣察群言」。虛懷表現你胸襟大若山谷，公正客觀，未預設立場；和氣則表示你心平氣和，樂於接納，這都有助觀察學習、吸收轉化為作人處世的智慧。

　　宋文信國公絕筆詩曰：「孔曰：『成仁』，孟曰：『取義』，唯其義盡，所以仁至。讀聖賢書所為何事？」我們讀萬卷書，沒有正氣浩然的文天祥那麼偉大，但也在求知明理，懂得作人處世講求仁義而已。

　　一個人一生讀萬卷有用又可用的書，不是件簡單的事，尤其對那些半路出家才開始讀書的人，更是一件難事；如將天地萬物皆視為書去讀，那「讀萬卷書」就容易多了。

　　古人讀萬卷書讀的是竹簡或版刻書卷，字體、行距都大，一卷書的內容字數，比現代版本要少得多，所以心無二用，以讀書為職志的勤奮讀書人，一輩子讀萬卷書倒也不難，難就可能難在書源有限，交流不便。

相對的，現代人求知管道極多，只要你肯讀，卻也方便得多。關鍵在求知讀書是為自己，為聯考升學，只能強迫一時，不能強制一生一世。尤其現代人人生多樣化，分時分心因素多，知識氾濫成災，若不知取捨、不積極主動、不真正好學不倦，讀萬卷有用的好書，也還真不容易。

「讀萬卷書」從字面上看，是讀一萬本書。以市面書籍現用字體計，一本 300 頁的書，每頁排 550 字左右；平均一本書約 14 萬字，一萬本大約 14 億字，平均每三天細看一本書的速度，如此不停的看，一萬本也要三萬天，大約八十二年；如果職業讀者或閱讀能力特強的人，每天看一本，也要二十七年。

如果人由六歲入學到六十歲退休，這五十四年中，以一半歲月二十七年全在看書，這是多麼難的任務；所以「讀萬卷書」的「萬」與「書」的意思，應該解釋為：要不斷的求得很多的，有用的知識。

事實上，如果連同報章雜誌、小說刊物、電影電視、旅遊見聞、電腦網路等等廣泛的書在內，再加上終身學習，現代人「讀萬卷書」也並不是件難事。無論如何，要踏實做到，必須要認知的正確、起步早、持之以恆、有興趣、用方法之外；還要從中真正吸收、學習成長、轉化為智能，學以致用，那才算真正讀了「一本書」。

我覺得讀書的興趣很重要，正如與人對話，話不投機半句多。興趣指兩點，一是很有興趣讀書，另一是讀一本有趣的書，這裡講的是前者，但兩者之間也有一些因果關係。

有興趣讀書，讀書有興趣，才不致讀書讀得索然無味，更能持之以恆。許多人看武俠小說，看的不眠不休、廢寢忘食，就是

興趣使然。但讀武俠小說有如行雲流水，瀏覽過了就忘了；讀一般有用的書可不能像看武俠小說，要能開卷有益的由書中吸收知識，是一種學習。

興趣能讓人持之以恆，樂於看書。這興趣一是對讀書就是有興趣，是書皆看；一是對書中內容有興趣。例如，對歷史有興趣，所以喜歡讀歷史有關的書；對哲學有興趣，則偏愛思想哲學類的論著。要讀萬卷書，則既要對讀書有興趣，也要有廣泛的個人興趣。

為讀萬卷書而讀萬卷書，是一件苦差事，為受人情之託寫書評，看書成了一項工作，那也不盡快樂；當然，如果個人有興趣，也想讀那本書而寫點心得、書評類的文章，就另當別論了。

讀書的興趣多少有點與天生性向有關，但也可以培養；例如學生時代，在升學壓力，無形的讀書風氣薰陶下，也會因先讀書而後生興趣，同樣，上班族人，也會因工作需要的壓迫而進入書香世界。

樂趣確實可以培養，樂趣自在書中；讀書像吸煙、喝酒、品茗，會上癮的。開始看一般書時，要由好看的著手，我個人就是從武俠、歷史、旅遊、歌賦、故事類的如：《鶴驚崑崙》、《三國誌》、《聊齋》、《三劍客》、《基度山恩仇記》、《七俠五義》、《西遊記》、《紅樓夢》、《鏡花緣》、《徐霞客遊記》等等看起。而後是喜歡的、工作需要的、能充實自己的，逐步漸進到無所不看，抬頭舉目，天地間到處皆是可讀取的書，個人也像長江大海般有隨心所欲吸納的本事。

看書也要講究方法，方法對了，常能事半功倍；書看得很順暢，又看出趣味來，當然更能吸收，開卷有益。

讀一本書要由封面、封底讀起，因為出版者會將精華重點凸顯在外包裝上，封底有時還有幾位知名學者專家，各用幾十到百餘字推薦這本書，這些人既是職業讀者，懂得如何讀一本書，也是某個領域的專業者，不但具有分辨好壞的能力，也因負一定的推薦責任，所以可以助你正確選購，以及閱讀時掌握重點。

序文，不管是作者自序或別人的序作，都有助於讀者對該書著作背景、主要內容概略了解；尤其是與該書所涉內容相關學者專家的序，簡直就是本書的濃縮版。就像看電影之前，若能先看到那部電影「本事」（電影劇情簡介）一樣有用。

專家學者有關那本書的「書評」，也是讀這本書之前要看的東西。這是指一篇負責的書評，好的書評書介，等於幫助你省時省事速讀一本好書，管理大師級學者許士軍教授，就將多年來的書評、導讀文章集結出版一本：《許士軍幫你讀管理好書》（天下遠見出版），其暢銷程度證明書評類文章的重要。

書的章節目錄也要細看。目錄是每個章節主題的標示，具有提綱挈領、畫龍點睛的功用。仔細看目錄，可以概略了解每一章節重點，進而知道這本書的內容，有時，由目錄頁碼，也可以知道某一主題所佔全書的重點比例。

如果你時間有限，也可從目錄中選你最想看、最需要的章節先看。

一本書像一桌酒席，由各式各樣佳餚組成，目錄就像菜單，好的目錄還似附圖說的食譜，可以幫助你了解個中變化與奧妙之所在，至少可以據以了解有那些菜，你能吃到什麼？要先吃什麼？

除了一本書一本書看完為止，再看另一本書之外，不同地方

看不同書，交叉看不同的書，或集中看相類似的書，也都是很好的讀書方法之一。

我的床頭、書房、客廳、起居室、辦公室、車上或廁所放的書都不一樣。例如廁所放一些短篇小說、雜誌、報刊類的書刊；書房放的是比較正式，需要作札記、查閱資料，及工具書類等書籍；而床頭則是一些重量較輕、開本小、不需要眉批、註釋，且可以躺臥著看的書。可是不管是那裡，我都會準備紙筆，以備不時之需。

某些彼此之間沒什麼關係的書，是可以交叉著看的，什麼時段看什麼樣的書，相互間沒影響；別人看書時身心反應如何我不知道，我則十分投入，心情感受會隨著書的內容起舞；交叉看各種書時，能調劑舒緩心情，不致過於緊繃。就如同坐辦公桌幾個小時，起身活動一下的功能一樣。

集中看相關類似的書，有點研究、評比、對照、博覽的作用。這「集中看」指的是，集中在一定時段看，或集中幾本類似、相關的書一起看。例如看 A 公司出版的《知識經濟時代》，不妨找 B、C 公司出版的《知識經濟戰爭》、《如何管理知識經濟》等等書籍看看；又像假如你將《中國近代史》、《細說清史》、《民國大事紀》與《目擊中國 100 年》等一塊研讀，既能了解全盤，也有助明白片段，絕對很有幫助的。

2. 有效健康看好書

參加讀書會，研討會或閱讀學者專家讀書會記錄、導讀文章，是集中數人看一本書的方法。所獲讀書心得也是深入而多元的，省時省事又快樂，能壓縮在一定時間內讀完一本書，受益多於一個人獨讀，真是「獨樂樂，不如眾樂樂」。

我主持《經濟日報》副刊企管版二十年間，就常與中華民國企業經理協進會、中華民國管理科學會、台北市企業經理協進會，北中南知名大學、學術團體，甚至於協助大中小企業、同業公會，定期辦讀書會，研討會、導讀會，大家一起看好書。

並且將讀書會心得記錄精緻後，以半個副刊版面刊出，讓更多讀者受益。如果是《經濟日報》長期讀者，經由經濟副刊讀書會、導讀會或研讀會等讀到的好書，應該超過千本，而且相信比個別閱讀功能要好得多。

不管你是否被邀約為一本新書寫書評、書介類導讀文稿，只要有時間，除了在書上眉批、加註之外，為你看過的書寫點心得感想類的東西，對你透徹地讀這本書也滿有幫助的。

假如有地方發表，不但讓更多人分享，且因你要對讀者負責，更加仔細之外，還會多看幾本相關的書，加入更多個人專業觀感，也是利人利己的好事。參加演講會、研討會，其實也是讀別人精華的書，只是這本書用聲音，言語表現而已，靈活、充實、多元化，效果常常比自己讀一本書更好。

讀書難免有看不懂的地方，可以向懂的人請教；老師、朋友，「三人行必有我師」，圖書館鄰座的讀者、鄰居、辭典、百科全書、……都可釋疑。如果你都不想這麼做，沒關係，古人讀古書，初始也不求甚解，是一遍又一遍唸，先求背誦，而後就能理解。現代書白話文較古文易懂，必要時上下連貫解讀也是好法子之一；比較困難的是新知類翻譯書，有時新名詞、外來語，常因譯者不同而有差異，但也可以請教高明、對照原文版本，上網或查字典解決。

　　利用現代科技與工具讀書，也是很好的方法之一。

　　例如書的紙質、貼紙、彩筆、電腦等等，就有助於讀書時作眉批、札記、標示重點，以及查尋資料、記憶儲存與讀取、目錄索引建立與運用；有時，人腦與電腦結合運用效果更佳。

　　此外，筆記精要則有助於記憶與吸收。我讀書，尤其是那些需要細讀的書；我總是會準備筆記本（紙張會散失，就必須夾在書中），將精彩的字句段落抄錄下來。

　　歐洲有位知名的德國管理專家尤爾根‧許勒（Jurgen Holler）說他讀書是：「三到」——眼到、心到、手到。這眼到是看書；心到是體會、思想、舉一反三；手到則是用紙筆作標誌，記心得。所以他也是一位深受「書中自有黃金屋」之益的富豪級勵志管理專家。

　　因為人腦靈活，但長久記憶與整理功能等不如電腦，所以抄錄之後，最好能轉存電腦，並將之分門別類編輯整理，就可以永為己用了。

　　我朋友中，有位叫黃宜儀的小學同學讀書速度極快，別人細看要三天的一本書，她一半天就能看完，而且可以接受測驗。書

的內容重點既可以侃侃而談，細說讀書心得，更是頭頭是道，足見她不是隨便瀏覽翻閱一下而已。

大家都很羨慕她那「一目十行」、「過目不忘」的本領。可是每每有人問到怎麼如此神奇時，她總是謙虛地說：「用眼之外，還用心、用思想去看書而已。」也就是讀書要專心。古云：「兩耳不聞窗外事，一心全在聖賢書」，要專心。

一般人讀書都是用眼睛去看去讀，我另一朋友也是還用心讀書。他形容自己讀書時，絕對像張白紙，像塊乾海棉，沒有絲毫雜念，不想任何事情，讀書就是讀書。所以他能一行一行的看書，一般人是一個字或幾個字的看，有時還想其他的事，速度當然沒他快，印象也沒他深，吸收的當然更沒他多。

我的經驗是，讀書能「一目十行」、「過目不忘」，千萬人難得一人，所以不必企盼自己有那種奇異神功。能夠看得順暢，記憶深刻，獲益良多就不錯了。而且書也分需要精讀細看，瀏覽掃瞄兩大類：有些書刊雜誌精讀是一種浪費；有些好文章，好著作，讀上一句，就急迫想知道下句，視覺潛能自然啟動，一目至少也能一二行，讀後印象深刻，多少也有點「過目不忘」效果。

相反的，有時讀到一本窮極無聊的壞書，會因心理上急於結束，也可能整段落瀏覽，或選結尾章節看，則閱讀速度當然增快。

現代印刷、網路科技的進步，有助舒適的讀，容易的看，以及讀後效果提升，其他如「有聲書」、「電子書」、「數位書」、「影像書」等等的問世，都能增進人們讀書的便捷、興趣與知識吸收、運用的功能。

健康的讀萬卷書也很重要，我讀書超過半世紀，從一桌人共

用一根昏暗燭光晃動時代，到一間房間只高掛一盞60支光燈泡的年代，進步到今天的日光燈、無炫光燈、書桌專用、電腦螢光幕防輻射偏光設備……的世紀，我讀了無數書，只把2.0的遠視眼看成1.0加老花眼而已。

我的健康看書經驗是：看一、二小時，看遠處三、五分鐘，閉目休息一分鐘；能夠坐著讀，就不要臥著看。隨時隨地把握讀書機會，不要不眠不休，晨昏顛倒的讀書；讀書需要時間，時間則是合理抽調出來的。

燈光一定要夠，光線也要穩定。晃動的燈光最傷眼睛，所以學生、上班族上學通勤時，車輛行駛中避免看書，就算是較穩的捷運、火車、飛機，也會因光線閃動有礙眼睛健康；如果實非得已，學生可以看那種瞄一眼，就閉目背誦的書，上班族則看看報章雜誌的大標題，密密麻麻的小字就不必看了。

書與眼睛保持一定距離也很重要。不要長時間用放大鏡看書報，也避免長時間看電子書，以及密密麻麻或影印與印刷效果不好的書刊。

戴眼鏡看書，度數不對了就馬上要更新，隱形眼鏡的清潔衛生尤其重要。與視覺效果有關的不僅僅是近視、遠視、老花等等而已，其他如散光、偏視、視網膜病變、感染、疲勞等太多原因了；有問題要找醫生診治，書看久了，眼睛疲累或疼痛、發養，不要用手柔觸，更不能隨便買眼藥點用。

我個人是以拇、食指輕柔眉心下方鼻樑附近，或閉眼養神之餘，作轉動眼球運動一分鐘，感覺效果還不錯，我非眼科醫生，只是個人經驗而已。

此外，有人習慣以手指觸沾口水，方便翻閱書頁，這也是非

常不衛生的壞習慣，小心：「病從口入」。現今有不少營養保健專家，發現如含貝他胡蘿蔔素的蔬菜水果、某些類維他命，對眼睛保健有幫助；最近有些眼科醫生建議眼睛開刀或青光眼、白內障患者，吃一種覆盆子（BILBERRY），相信對眼睛保健也有用。

六十年來，我讀了五十多年的書，將近二十年的學校受教階段，看的史地、傳記、科學、財經、文藝、哲學，以及章回、武俠小說等課外讀物，是教科書、參考書數十倍之多。

進入職場這三十五年，看得書就更多更雜了。嚴格說，看書、稿已是我的主要工作之一。除了與工作需要有關的財經、管理書籍之外，其他什麼都看，如果加上報章雜誌，副刊幾千萬字管理相關文稿，以及行萬里路所見所聞的「實體書」、新形態的「影音書」、「電子書」，又何止「讀萬卷書」；這也讓我的「知識人生」變得更充實、更多采多姿，當然走得更平順。

其實，讀萬卷書的目的，不是「這一生我已『讀萬卷書』了」，而是在讀書的樂趣，讀後常識、知識的豐富，智能的提升，「人生」執行力的增強，演出自然因學習成長的精進而順利得多。

退休之後是否連讀書也跟著退休了？當然不是，而且主客觀條件更有利讀書，也可以說「返老還童」，又回到主要工作是讀書的「職業讀者」學童時期。

我有一位滿敬重的老長官——前聯經出版公司發行人劉國瑞先生，多年前兼任《經濟日報》社長退休時說：「退休後要好好的看一些想看的書，做些想做的事。」一直是「聯經出版公司」負責人，坐擁書城逾三十年的劉國瑞先生，退休之後的最大願意

仍然是看書，這才是真正讀書人本質，也是值得敬重的原因。

　　另一位天下遠見出版公司創辦人高希均教授，倡導「讀好書」運動，也是令人欽佩，功德無量的善行。

　　古人說：「不讀書，人生乏味。」就是這個道理，我則認為，雖然最後塵歸塵、土歸土，可是塵埃落定之前，你仍要面對現今「知識經濟時代」的「知識人生」，再怎麼短暫，快樂、充實總是好的；不讀書，何止人生乏味，更是乏善可陳，「知識貧血」的人，注定要虛度「蒼白」的一生了。

3. 兼行萬里路

「讀萬卷書，兼行萬里路」是我人生最大心願，讀萬卷書比較容易，行萬里路就困難多了，但行萬里路收穫勝過讀萬卷書。

「行萬里路」至少要有閒（時間）、起碼的經濟能力（錢）、體力、感覺（閒情逸緻），這是行萬里路的四要件。

通常，年輕人有體力，沒有錢，有一點閒，但不盡有感覺；中年上班族，有點經濟能力與體能，卻不見得有時間與閒情逸緻；等到六十～六十五歲退休，有時間、儲蓄、閒情逸緻，卻多數沒了遊山玩水的體力。

錢與時間，可以儲備，可以斟酌有多少，調整行程；體能與閒情逸緻也可以培養，雖都可以克服，只是比較困難，常常萬事具備，獨欠東風。

所以「行萬里路」不太可能、也不要等四要件齊備再出發，要掌握「當下」，隨時隨地都可以行萬里路；而且是「兼」行萬里路，這「兼」有兼顧，順便，一舉數得兼容並蓄的意思。

從小我行萬里路就注意到「兼行」的意義。忙裡偷閒、工作之餘、紙上旅遊、假期返鄉之便，甚至以「讀史如遊山，唸書似玩水」、「登山如覽書，遊水似吟詩」等方式與心態，讓我由近到遠玩了許多地方。四十年前即騎 50cc 機車環島，進入職場這三十五年，腳踏實地足跡更遍及世界 50 餘國，歐美州、日本就去過十多次，中國大陸近十多年也往返近百趟，總里程也許可以

來回地球月球一、二次的了。

我「行萬里路」分長中短、簡難易。

短程指飛機飛行時間在三小時左右，當地停留一周至十天，如東南亞、日韓與大陸沿海及西南各省；中程飛行六小時左右，旅遊約兩星期，如新加坡以西，大陸新疆、青康藏、東北，及太平洋上較近的島國；長程飛行十小時以上，當地遊憩在一個月上下，例如中東、北中南美、全歐洲、非洲、紐西蘭澳洲等皆是。我三十五年來平均每年總要作：三短、二中、一長之旅。

簡難易則按行程、旅遊點特性、當地衛生、治安、住宿、飲食、交通、天氣與地形等相關條件區分；我的基本原則順序是，因個人體能、時間、經濟與閒情逸緻考量，所以我年輕體力好的時候，都往遠的、長的，當地相關旅遊條件較差的地方跑，而且一人獨行居多。

例如攀登阿爾卑斯山、庇里牛斯山，非洲沙漠及中南美蠻荒，大陸開發後，也是由老少邊窮區的黑龍江、塞外蒙古、西北寧夏、甘肅、新疆、青康藏高原走起，兼行沿海及中原地區。

行萬里路對上班族而言，一切都要事先儲備，包括旅費、時間、體力、閒情逸緻與相關資訊。

不大事購物，也不太要求食宿豪華享受的純旅行，或採自助旅遊，旅費並算不是一種太重的負擔；一般較有信譽的旅行社也會把握訂價分寸，所以只要有計畫儲蓄，量力而為的旅行是不難實踐的。

假日時間也不是問題。依現行勞基法，略有年資者，每年就有25～30天特休假，周休二日後，全年有104天休假日，再加約十天國定假日，如果是新婚、生產，還有一周的婚假、1.5個

月產假，算算看，一年你至少有139～144天假日可用，只要能好好管理、計畫與運用，假日根本用不完。

倒是體力與閒情逸緻，對大多數上班坐辦公桌的人來說，應是滿大的考驗；尤其是事業心很強，個人企圖心很大，社會責任感很重的人，除了有錢，其他似乎都不太夠。

三十幾年前採訪企業家王永慶時，他就感慨：「捨不得休假」。所以能隨心所欲的休假，真是一種福氣。

未退休前，我的「行萬里路計畫」是一年出國以短程2～3次，中長程1～2次為原則。如此大約用掉五十天假日，剩餘的仍以旅遊寶島台灣及周邊地區為主；退休後，則將一年12個月規劃為：根留台灣，所以5個月在台灣，3個月住美國，另外分別去大陸與世界各地各2個月；以這些地方為中心，再由此安排適當的旅遊行程。

俗話說：「在家千日好，出門時時難」，儘管是旅行遊山玩水，也很累人的，而且不只是出外的那十幾二十天的旅途勞頓；旅行前長時間的功課準備，以及回來後更長時間的整理工作，花費的精力時間更多。

否則，將會是一趟「莫名其妙」的旅行，徒勞無功，不會有任何收穫的。

我出門旅行前，從選定目標開始，就下功夫做功課，例如，假如是自助式，路線規劃、食宿、機、車票交通的預定、旅遊點的深入了解等都是。

尤其旅遊點了解，不管是自助或參加旅行團，都是很重要的工作；其中新的或第一次去的旅遊點，事先了解準備更必要。

因為現今旅遊行程安排，都是走馬看花轉一圈了事；尤其是

旅行社組成的旅行團，針對台灣遊客一般心態需要，更是以最短時間，「蜻蜓點水式」多走幾個景點為原則。這真是一種徒勞無功，非常不值得的旅遊方式。

以蘇聯、東歐波蘭、匈牙利、捷克、奧地利、斯洛伐克之旅為例，莫斯科、聖彼德堡、華沙、克拉科夫、維也納、布拉格、布達佩斯等，過去所謂「鐵幕」城市，本來資訊就少，對台灣人在內的華人都是較新的觀光旅遊景點，不事先準備，匆匆來去，根本不知如何遊覽；即使有導遊講解，如果事先完全空白，導遊匆促講解，也形同雞同鴨講不知所云。

老城市如北京、南京、巴黎、雅典、伊斯坦堡、開羅、紐約、倫敦、京都、洛陽……或曾經遊覽過的城市及景點，就不用做功課了？當然不是！別忘了世事會變的。多一分準備，真的多一分收穫，尤其舊地重遊，更是事半功倍。

事先做功課的重點有二：其一是了解每一景點或新增景點，有什麼值得觀賞的，要收集那些相關資訊；其二是進一步的，你這次去，至少要看到些什麼？要如何吃、喝、玩、樂、住、買？以及感覺什麼？或其他任務。

最好準備幾支筆，一本輕巧記事簿，將做功課結果記載在上面，以供到達目的地之後，去對照、印證、感覺、找答案、加深印象、新發現，以及作相關的記載。

像歐洲的古堡、教堂到處都是，其他每一景點建物，也都有其典故，如不預作準備，到那裡再看、再聽與感覺，會入寶山空手而回的。如此可彌補事先一無所知，匆匆來去，對任何景觀「莫名其『妙』」，無從去感覺，去找答案之憾。

到了地頭之後，我是用眼睛觀察萬物，鼻子呼吸氣氛氣息，

耳朵聽風雨、流水、浪濤、鳥語、人車聲、鐘鼓、音樂、……，嘴嚐滋味，手去觸摸，腳踏實地，心靈感受，腦去記憶，用整個人去擁抱；還用第三隻眼的相機去拍照，第二個腦袋的記事簿（或筆記型電腦）去記錄。

　　新聞系出身，三十五年在職訓練，新聞鼻讓我有比別人敏銳的觀察力，比較細膩而能重點掌握；四十年來我寫小說、散文與報導，也讓我有更靈活的思維與無盡的感覺；回台之後，總會寫些東西，留下一點痕跡，這可能是我與眾不同之處。

　　可別忽視腳踏實地站在那裡去對照、印證、感覺與新發現的工作，那絕對不同於面對一張地圖或照片；這可是歲月、時空、人事、生命累積出來的歷史實物，沒有比這更真實的了；你可以感覺出百千年前的人、地、事、物、時，凝聚又重現在你眼前。

4. 悠遊的經驗分享

　　不管記憶多好，趕快用筆記、電腦、錄影機、錄音機、照相機記錄下你的見聞感覺。否則，一轉身，已忘了部份，回台灣不久，你只記得曾經去過而已。

　　通常數位相機要多備幾片「記憶卡」、蓄電裝備，並立即轉存電腦；傳統底片相機，台灣底片便宜，要帶平均每天至少2～3卷36張的底片量與電池等配備；錄影機有動感，但編輯整理與閱讀較麻煩。無論如何，相關的基本技巧要具備。

　　有一個原則是，遇到美好的景物、感覺，就把握時機攝錄或記載下來，因為錯失了剎那的機會，就不知何年何月再見了，也許一生只此一次。記住！立即捕捉剎那，才不會後悔。

　　攝錄影之後，再仔細用肉眼看看方才拍攝的景觀，以感官再欣賞一次，並輸入你的大腦記憶著。這樣有助回家整理工作，當然也算是你親自來了一趟；而不是攝錄影機到此一遊，親自見聞、感覺就是不一樣。

　　有的人這拍一張，那拍一張，拍完就上車離去，台灣旅行團有所謂：「上車睡覺，下車拍照」，指的就是這些；這些人回台之後，照片洗出來，根本不知道去過那裡！匆匆忙忙拍攝的照片，更忘了是那裡的景觀。真好像一切未曾發生過。

　　好的照片或錄影，只要對照旅遊行程表與筆記，就一目了然，編輯整理之後，看起來有一種先後次序的流動感；旁人閱覽

就像親身前往旅遊般過癮。

　　而且若干年後，再翻閱時，會有再次親臨其地，舊地重遊的效果。因爲那條旅遊線、旅遊景點，在你事先做功課時，等於去了一次；眞正去時，腳踏實地又去了一次；拍照時，透過鏡頭再去一次；攝影後，用肉眼欣賞又顯現一次；心靈感受與大腦記憶又玩一次；回台灣整理影照片重又旅遊一次，前前後後你等於去了 6 次，以後每翻閱一次，就再重遊一次，印象那裡會不深刻呢！

　　數位相機「記憶卡」及照片整理方式很多，通常我先將 4 × 6 照片裝冊，配合底片作索引目錄，現今照相館已代作電腦數位編排處理，但說明目錄仍要編寫，以便日後查閱。

　　效果好又有代表性的，則選 30% 的放大爲 6 × 8 照片，並加護貝後裝冊；最好的約 10% 放大爲 8 × 12 加護貝，都作適度的說明與編列目錄，這些照片就成了活資訊了。有些照片可放更大，加畫框後，作室內裝飾或贈送友人用。

　　平日不停地鍛鍊體能，也是事前準備作業之一。中長程旅行沒有好體力，簡直有點像第一次出門的苦行僧。

　　爲儲備體能，我平日快走 3000 公尺，另做健康操一小時，要旅行前三個月，再增加慢走 2000 公尺。也就是你要有每天走 5 公里的體能。

　　因爲外國旅遊景點古蹟爲主，觀光客很多，古城道路狹窄，爲保存古蹟也不允許遊覽車輛進出，遊覽車只能停在距景點 3 ～ 500 公尺外；有時景點與景點之間也有距離，都要靠雙腳走過去，如再加上登山行程，一天總步行距離約 3000 公尺左右。

　　不過，旅遊走路是邊看邊玩，注意力分散，眼前皆是新鮮事

物，3～5千公尺的距離感會縮短許多；但基本體能還是該有的。

「行萬里路」除了賞心悅目遊覽名勝古蹟、山川大澤之外，還可以品嚐當地美食佳餚、瓊漿玉液。所以我每到一地，一定會吃當地珍味餐，傳統飲料點心，好酒、泉水也都嚐試一下，並將感覺、經驗記錄下來；如果有代表性美酒，也會喝不完兜著走，買兩瓶當紀念品，記住，別忘了請酒莊掌櫃的在酒瓶上簽名。

說到買紀念品，也該是「行萬里路」動作之一。

這就與事前準備工作有關了，那個國家產琥珀、輝榴石，那個城市的水晶、木雕、版畫、面具、民俗藝品最有名；壽山石雕、和闐玉、雨花石、墨玉在那可以買得到，好壞等級、價錢怎樣才合理……等等，太多太多都需要事先了解。

我不是購物狂，財力也極有限，雖然鑽石、名錶、高級服飾、珠寶等也是紀念品，但買紀念品錢少有錢少的買法；只重紀念價值，物美價廉是選購時最好的原則之一。

在我看，各地的風景片、遊覽書籍、DVD、紀念章、獨特的藝品如荷蘭木鞋、布拉格的輝榴石、俄羅斯娃娃、波羅的海琥珀、威尼斯玻璃小品、維也納的音樂出版物等等，就比有錢到處都能買到的鑽石、名錶有紀念價值。我覺得，我那來自世界各地的幾百枚紀念章，就是無價的收成。

買紀念品也要逐一註明出處典故，連同文化歷史一起買回來；而且要「一見鍾情」感覺好就行動，因為過了這家店，就可能再也見不到那件東西了！

紀念品也有免費的，例如彩葉、石子、泥土、空氣等等皆是。我幾十年來就拾得台灣、大陸、歐美澳洲、日本楓葉、彩葉

2000 多片，最早的是五十多年前拾自南京棲霞山的，有一片是以名歌曲〈菩提樹〉為代表作的音樂家舒伯特故居，門前井旁邊那棵菩提樹的落葉，意義更是不同。

石子則包括我去過的世界 50 多個國家，單單大陸就有喜馬拉雅山、巴顏喀喇山、賀蘭山、帕米爾高原、吐魯番盆地、長白山、秦嶺，以及中國十二種名石、十大名山、八大河川的石子。其中最早的幾塊是我出生地桂林灘江花橋畔七星岩下，以及啓蒙小學時期，拾得的南京雨花石，也都逾半世紀了。

每一片樹葉，都有一個故事，牽動一些感覺，為那些彩色楓葉，《戀戀楓情》這本書寫了三十多年還沒完成，許多舊地重遊時，當年小樹已更見蒼勁精靈；而每塊石子也都有其歷史文化，石子不但沉重，該寫的也太多，我只寫「共渡長江水 同賞長江石」、「黃河美石見天日」兩篇約萬字文章與讀者分享。

這些都是葉石整理記錄的成果，也都是舉手之勞的小事，但卻是一閃即逝的機緣，要以心思智慧去做，有錢也買不到的。也是「行萬里路」有形與無形的收穫，這樣的「行萬里路」才是屬於自己的，也才有「勝讀萬卷書」的功能。

所謂：「仁者樂山，智者樂水」，「行萬里路」時可以認識一些志同道合的仁智朋友；同船共渡都是三生有緣，更何況十幾二十天同團的食宿行、遊憩樂在一起的緣份。

在我參與旅行團旅遊時，就發現其中許多團員，他們是前幾次才認識的，從此就常常相約同遊。這些人各有各的一套「行旅經」，與他們相處雖然短促，卻快樂又豐收。

與這些人長談，真是勝讀許多旅遊文章，尤其是擅於描述與感覺特多的旅者，比我身臨其境還要深入、更精彩，每一個人都

是很好的嚮導。

古人說「行萬里路，勝讀萬卷書」，勝就勝在旅途天地萬物都是教科書，而且所學到的是包羅萬象，活鮮實用的知識、智慧與方法；一趟旅行，只要你肯學，當然至少勝過讀百卷書。這才是「行萬里路」真正的目的。

我超過五十年「行萬里路」的經驗是：行前、途中與歸來雖同樣重要，但行前與歸來學習時空更大，受益也最大。

因為，例如短短二個多星期的北歐冰島、芬蘭、挪威與瑞典四國之旅，也許是你十年二十年的夢想，假如在這些年裡，你已經開始蒐集相關資訊，開始「紙上作業」，其實你早已比實地短暫旅遊時，旅遊在多無數倍的資訊中了，所獲得的當然更是多得多。

現場，只是印證、感官親自體會，腳踏實地的欣賞、體驗，或是能收集到一些當地專有的影像、特產而已。

豐收歸來，就進入預先準備的與臨場獲得的資訊融合階段，也是某種程度無盡想像與有限真實的會集；在整理工作過程中，更有溫故知新，加深印象，確認真實，擴大學習空間，延長學習時間等功能，而且是超越有生之年的延續與擴散。

我說的知識擴散與延續是指：預先準備的資訊、想像的認知與臨場真實見聞感受融合後，你不但自己擁有相關知識見聞，倍增效果的擴散延續也讓他人受益。

以我為例，就將深刻見聞，烙在心頭的感覺，為文與讀者分享；其中三分之一的約 100 萬字與 2000 張圖片，已集結出版《航在古運河上》、《酒鄉行》、《吃魚·觀蟹·山水情》、《擁抱香格里拉》等等書；正在書寫的有《戀戀楓情》、《紅谷遊俠》、

《畫說禪詩》、《年年有魚》等與旅遊有關的書籍。

所以「行萬里路」是件推己及人，利人利己的好事。

此外，行者也會因經常出門在外，會想念家的可愛，走得再遠，時時都渴望回家；面臨即將消失的歷史陳跡，更懂得珍惜既有的一切；來去大自然間，也不會讓自己迷失在小小的現實環境中。

行萬里路確實要用時間、心力與感覺，要將旅行如認真讀書般的去行走；我曾經在世界各地見過許多認真的行者，真是令人敬佩不已，從他們那也學到一些正確行萬里路的方法。

但是我也為許多走馬看花，船過水不痕，連單純的休閒目的都未達到的觀光客感嘆！這些人一無所知的去，也一無所獲的回，總結是一片空白。

坊間曾有「九了」順口溜形容這些觀光客——「小旗引導，大家齊了；教堂寺廟，匆匆拜了；清溪古橋，來回過了；老虎熊貓，相也照了；風味佳餚，總少不了；特產靈藥，也都買了；上車睡覺，不再倦了；下車尿尿，輕鬆多了；回家最好，一切忘了。」這雖也算玩得輕鬆，「了」無牽掛，只是「行萬里路」徒勞無功而已。

5.「虎娃兒」與林青霞

　　「虎娃兒」是二十年多前一部賣座還不錯的民初動作片，也是我集資拍攝的第一部與最後一部商業劇情電影。林青霞應該算是我因這部影片「留住」的一顆明星。

　　林青霞是十幾二十年前紅極一時的電影演員，電影明星。說她是一位演技精湛的演員，她確實是一位不可多得的演技派演員；說她是一位明星，確也真是人所皆知的大明星。不過對我而言，拍電影！是最大的錯誤。

　　投資拍電影「虎娃兒」，為的是過去看過不少中外名片，尤其是外國製作的某些影片，像早年的「亂世佳人」、「大地」、「錦繡河山」、「小婦人」、「虎豹小霸王」，以及近些年更多的好片子，都讓我有：「國片為什麼不能？有朝一日我可不可能拍部好片子，或發掘幾位為世人欣賞的好演員？」

　　那之前，也跑過幾年影劇新聞，那是李翰祥、嚴俊、張徹、李行、白景瑞與胡金銓等為主流導演的時代。

　　自以為對這行知道不少，也對國片一直沒有幾部代表作，百思不解，總認為自己能將理想實現，那種抱負與二十多年後的李安導演一樣。當然，坦白說，也想拍一部大賣座的影片，理想與利潤雙收。

　　我是很標準的獨立製片執行者，財力有限，但卻一切照規矩來，絕不會賣什麼交情，在與演員、工作人員談合作時打個折，

或要求友情演出之類的；反而受「一分錢一分貨，品質重於一切」的影響，在比價時，常常考慮的不是價錢問題。

那時獨立製片拍一部像「虎娃兒」這樣的影片，沒有什麼千軍萬馬大場面，大約新台幣 200 萬就夠了；而且拍到一半，實際投入資金 100 多萬，就可以開始賣台灣、東南亞、美日等海外版權；用版權訂金就可以繼續拍下去，像賣預售屋一樣，不要再拿錢，就可以殺青、發行，然後名利雙收，理想也得以實現。

這是我當年跑影劇新聞時，膚淺了解的情況，也是當初鼓勵我集資拍一部好片子的人的說詞。可是就是因為我堅持要品質，堅持要我所要的那種水準、那種感覺，自備資金就花了 300 多萬。

那時台北市東區聯合報、國父紀念館附近皆是稻田，一棟建坪 30 多坪的房子只要 30 萬左右，也就是我拍「虎娃兒」的現金至少可以買到這個地區的 10 棟房子，而這 10 棟房子現值至少 1.5 億以上。現今若以新台幣 1.5 億也可以製作一部大製作的好片子了。

關係一部片子成敗關鍵因素很多：好的劇本、導演組、主配角演員，以及全套包括：服裝、化妝、燈光、道具、攝影、劇務、剪輯、配音、音樂等好幾組工作人員通力合作，再經過專業的轉光學、拷貝等等工序，才算完成一部等待觀眾驗證的影片。

因此，又讓我獲得第八藝術：「電影，像一份報紙一樣，是分工合作的集體創作。」的認識。我找好的攝影組、燈光組、主配角演員，比較接受有合作愉快經驗者的推薦，我會仔細看好幾部他們代表作品，只要東西好、有實力，就是可取之才。

雖然台灣這些燈光工人出身大多不高，有的更是地痞流氓，

而我卻認為：只要待之以誠，以禮，是可以感化他們；結果當然是狗改不了吃屎，廁所裡的石頭搬到那裡都是臭的。

我啓用新人的觀念與做法，事後檢討，演員、編導等方面是成功的，燈光、攝影等是失敗的，至少與我的善意與理想相差很大，我想：這還是與人的基本素質有關，人不一定是「性本善」的。

6. 成就了林青霞與陳麗麗

　　我不太迷信明星的知名度與票房有絕對正比關係，我多少總希望能挖掘一些新人，因為我就是從新鮮人中被拉拔出來的；而且我覺得幾位適合劇本的明星級演員，已不夠清純，也太不新鮮了。

　　「虎娃兒」是一部雙生雙旦的影片，所以需要兩位女主角，一位是土匪頭子的女兒，另一位是國劇團的小師妹；我都想請年輕新人擔綱演出。

　　幾經考量之後，我決定請當時在華視只演過一部「保鑣」電視劇的陳麗麗，演認賊作父的土匪頭女兒，另一位則請林青霞演那位巡迴大江南北演出，京劇班當家武旦小師妹。陳麗麗那個角色原本有人建議請影后李菁主演的。

　　林青霞當時在台北市館前路一帶補習英文，準備出國唸書。她曾經拍過一部黑白文藝片「窗外」，演那個師生戀的女學生，可是因為版權問題，影片不得上演，所以她在影壇是百分之百的清純新人。

　　林青霞之成為第一人選，是因為「虎娃兒」編導的專業推薦，導演覺得「虎娃兒」裡的小師妹，簡直就是為林青霞量身訂作的角色，他也非常仔細的看過「窗外」裡林青霞的演技，他認為，林青霞有演技天份，又是有演戲經驗的新人，值得投資用心栽培。

在導演的陪同下，就近約了林青霞在台北館前路中國飯店見面，我們談了許多，除了導演的專業推薦獲得肯定之外，也確定她就要赴美唸書了。

我想，最重要的就是要說服她留下了，說動她接這部戲。

從人生規劃，人生不要匆忙走一回的角度，我們談了二、三個小時，因為我的工作關係，以及我看過許多書，對人生體驗又十分敏銳，而且大家年紀雖相差不多，卻長幾歲，我又有很多的作人處世經驗，所以我的話滿能被她接受的。

她山東人加上年輕人的個性，讓她當下就決定不出國了，要留在台灣發展，要接我的這部創業電影；事實上也等於將她由機場截接回來，確實是她人生的重大改變；也為台灣電影史上創造了一個林青霞。

她接了「虎娃兒」的劇本，也確定接這部戲。當然，更重要的有那種年輕人重然諾的味道，意思到了也就行了。她並將「虎娃兒」的劇本拿回去研讀，準備好好為她真正第一部影片表演一下。

隔了好一陣日子，也許是因為她母親考慮的更周詳，對獨立製片沒信心；尤其是對創業的「一片公司」更沒信心。也許是這部片子的製作人年輕、導演年輕、演員年輕、工作群也年輕；年輕人的公司搞不好會蹧蹋了她女兒林青霞的第一部影片；錯誤的開始，必然有錯誤的結束。

就這樣，開鏡前不久，林青霞說：「她不能接這部片子了」，理由是：「她媽媽要她還是按原計劃出國唸書。」

不過事後她留在台灣從影，而且成就了後來的「林青霞」，可見我的遊說是留住她了；而對她的賞識與肯定是正確的。不知

道從影息影，星光閃亮二十多年的林青霞，還記不記得也算改變她命運的這段往事？

對於林青霞不能為我用，我是有點遺憾，但也不是那麼在意，因為如果她接我的戲而又不能像演那些知名公司、知名編導的戲而脫穎而出；豈不也是我的一種罪過，這是存在著很大壓力的。只能算是一種合作緣份的破滅吧！

因此，「虎娃兒」這部片子，雖有意啟用新人林青霞、陳麗麗，可是只留下林青霞為台灣影壇而用，成為紅極一時的影后明星，也造就了後來影視雙棲的「小王爺」陳麗麗。

後來我們檢討這件事時，就有投資人感嘆說，如果我們是中影、邵氏，甚至好來塢的大製作公司，約訂的片酬（當時相當知名的大明星片酬才二、三十萬）一次付清；二十多年前，對一個新人來說，是相當有吸引力的，而且就算毀約，也會考慮到相對的毀約金的約束力。

雖然我們與林青霞「好聚好散」，根本沒有片面毀約的問題，但我也滿同意我的合夥人的看法。這件活生生的教訓，讓我之後做任何事，都是萬事妥當而後出發，尤其是合約的洽訂、花在刀口上的有關費用，我都是周詳的有點「龜毛」，而又果斷的有點不加思索。其實不經一事，不長一智，之後，記取經驗的這二十多年，讓我創造了不少的成果。

這就是小的、新的獨立製片公司困擾的地方，也是弱勢者競賽中註定吃虧的地方；甚至靠你吃飯的燈光組、道具組、攝影組人員都想法子吃你；因為他們認為你下一部片子，還不知道什麼時候才開拍呢？能撈到的先到手再說。

7. 花大錢學慘痛經驗

我拍「虎娃兒」也算是花錢學習，只是這學費太貴了，而且學到的是一個失敗的例子。這個失敗的例子並不是拍出來的東西不好，也不是不賣座，而且過程與結果感覺不出一點成功的味道。

這個失敗的教訓與經驗，只對所有投資人產生一些前車之鑑效果而已，其實，以後再用到或再出現的機會也不大。

不過，經營人生與事業的投資經驗是相通的，只要能記取失敗的教訓，也還算沒有白投資，只是對我的合夥人，這人情欠的就太大了，雖然投資當然有風險，但對我這主持人、主導人來說，這人情眞是一輩子也還不清的。

說到從「虎娃兒」拍攝學到經驗還眞不少，眞是一言難盡。

例如，大家都說演藝圈從業人員素質很差，盡是一些戲油子，專坑老闆的，是錢坑，確實，你就要相信。什麼邪不勝正、什麼誠信正義、絕對沒有這一套；由古至今，由台灣到香港，由香港到好來塢都是天下烏鴉一般黑。

奧斯卡金像獎大導演李安得獎前，從影以來，直到拍「臥虎藏龍」，一路走來想必也嚐盡個中辛酸苦辣。像他這樣國際大導演、國際製片組合，也有一樣的遭遇，只是程度深淺、傷害大小不同而已。

平心而論，籌拍「虎娃兒」之初，我也風聞影劇圈深不可

測，非常人可涉足，不過那時自己才三十多歲，真以為「天下無難事，只怕有心人」；我想，自己正正派派拍一部電影，雖不一定能改變電影圈，但改正自己這部片子拍攝過程的弊端總行吧！當然不行，他們會將你視作善良好欺，反而得寸進尺，變本加厲的虛報工時、材料，吃老闆。

我深深體會什麼叫「螳臂擋車」、什麼叫「杯水車薪」、什麼叫「無力感」，這些搞燈光的、道具的、劇務的……真是「成事不足，敗事有餘」，能把整個台灣電影產業搞垮，更何況我這個小小的獨立製片公司。台灣第八藝術電影事業走到今天這地步，不是沒有原因的，這真叫自作孽，不可活。

最後我雖正正派派完成了「虎娃兒」，我卻重病一場。我也確認與豺狼為伍是難悻免於難的，最好的方法就是連試都不要試，與他們保持像到火星一樣的距離。

又如，我體會出電影是集體創作，要大家的水準相同，要大家都盡心盡力才行，就像單獨一具賓士或寶馬的引擎不能成為一輛高級轎車一樣，它還要配備同質等的底盤、車殼、甚至電焊點、螺絲釘……，才能成為一件高級成品。

所以更讓我確認「局部不能代表全部」、「成就要靠集體創作」、「好的分工合作，事半而功數十倍」……當然，也讓我更不相信「擎天一柱」這回事。

就以一部經世名著來說，作者個人的創作靈感、能力，與後天的學習、感覺有關，也都來自社會大眾與大環境；所以個人創作也存在著眾人的智慧。

自那以後，我更覺得學習的重要，也很認真的活到老，學到老。有好的創造財富構想，也不會一人獨享，一定尋找一些夥伴

共襄盛舉，一個人的財力、才力、物力、福份、歲月都有限，集聚才能創造大成果、建立超越個人極限的事業。

　　美國首富比爾‧蓋茲的事業與財富，也是靠整個事業群的集體努力創造出來的，魯賓遜漂流到荒島上，如果沒有那條狗，那條沉船上的物品，以及文明世界孕育的智慧，也不一定能存活下去。

8. 盡其在己，成事在天

再如，拍「虎娃兒」也讓我覺得時運與機緣的重要。

林青霞起先答應接「虎娃兒」而留在台灣，是緣，她後來沒拍「虎娃兒」也是緣。「虎娃兒」如果有她擔綱演出，就算當時她不一定因此片竄紅，對賣座影響也不大，後來她大紅大紫，對「虎」片也是有正面作用的。而結果完全不是那麼回事，這也是一個「緣」字才能解釋。

拍「虎娃兒」的原因之一是：趕搭李小龍拳腳功夫片賣座的順風船，所以棄刀劍古裝武俠、時裝愛情而拳腳功夫片。其實那劇本內容有鏢行、戲班、中國針炙、土匪、山寨、還有雙生雙旦的愛情故事；與二十多年後今天的金獎名片「臥虎藏龍」劇情頗有神似之處，如果又由林青霞演出，結果也許比陳麗麗配李潔如要更好些；當然，也許不好，因為沒有發生，所以誰也不知結果會怎樣。

不過有件可以確定的事，李小龍突然過世，民初拳腳功夫片市場馬上衰退，這也影響到發行市場沒有預期的好；真是一夜間黯然失色，市場需求完全變了。我記得有些院線片商為應急，還以黃梅調古裝片墊檔。

這件事雖確實有點時運不濟，但也讓我日後面對市場作投資計劃時，都作超越時空的設計，也將許多意想不到的可能變化因素考量進去。尤其是時機的掌握，絕對超前一步，寧願人跟我，

我絕不會一窩蜂地追在人後頭；當一群人蜂擁而上時，我已另謀發展。

台灣股市一些投資高手也頗能掌握這種：「跑就跑在前面，這樣才能你丟而後面的人撿，如果後面有人模仿急進，就另尋目標，另起爐灶」原則，好像都有些斬獲，即使眼見就要套牢，後面接手人也會一擁而上。

「虎娃兒」在高雄上片時，遇到數十年罕見的傾盆大雨，連戲院都波濤洶湧了，一個檔期就這樣過去了五天，還指望有什麼賣座人潮。這雖然是件未可預期的「天災」，但也使我以後做任何大計劃，都將「天時」因素考慮進去。

譬如為友人作大陸杭州西湖邊與無錫太湖旁的房地產投資規劃時，我會想盡辦法將兩個地方近幾十年來的氣象水文資料調閱參考。所以號稱百年難見的華東大水災，對首當其衝的無錫、杭州兩地的我們那些房屋，沒有造成一點災情。

台灣高科技產業廣達電腦董事長林百里說「海龜故事」時說：「海龜蛋在海邊沙灘孵化後，小海龜會努力向海邊爬去，有很多沒進入浪潮前已死亡，有很多在沙灘上就被海鳥等吃掉，剩下的還要奮力不懈的才能爬進大海裡。牠們的機會是一樣的，最後看是否有奮力一拼的精神以及運氣了。」他覺得他本人算是屬於運氣好的海龜。

我舉這個例子並不是將「虎娃兒」這個失敗例子的責任完全推給時運。失敗就失敗了，是一個事實，但確實與時運有點關係，當努力不懈之後，就是時也！命也！

成功的科技界名人林百里在事實求是、講求科學方法的科技產業界創業都有這種體驗，更何況我在那個完全「事在人為」的

流沙裡掙扎，能夠堅持拍成一部賣座強差人意的影片，已是萬幸了，怎麼不是靠時也！命也！

由「虎娃兒」這個失敗的例子，讓我得到的教訓是：不要自以為能改變一切，當你要想改變別人時，你要先想想別人為什麼要改變；要知天下確有難事，個人的能力實在有限；不要相信邪不勝正，就算最後正義勝利了，可是你也早在聖戰中陣亡。

做任何事，方向正確才是成敗關鍵；當所有小海龜往海邊爬時，你卻反向內陸奮進，爬得越快，死得越快。時也！運也！都有道理，但也不能完全認命，許多人為因素還是能夠造時勢，改命運的，這就是：盡其在己，成事在天。至少努力能讓大敗變小敗，小敗變平手，認真克服困難，設法轉敗為勝，其實也是為人處事的一種責任。

9. 布施不用財

「照面不用鏡」是很富禪機的佛家禪語。相對的另一句話是「布施不用財」。

「布施」與「照面」都是動詞、動作，也有相同的寓意；但卻有點相對的意味；「布施」是對外，對別人，「照面」是對內，對自己。可是，如果「布施」是由心境著手，影響所及也會及於自己。

一般人所認知的「布施」，是指以財物施捨予人，當然與財物有關，為什麼又說：「布施不用財」呢？

據〈大智度論〉三三，布施有兩種，捨財濟人為財施，說法渡人為法施。禪宗理論來源之一的《維摩經》的〈菩薩品〉中，便有「棄財施而談主法施」的記載：

「長者子善德曾設大施會，期滿七日，維摩詰問：『當為法施會，何用是（此）財施會為！……』，『法施』謂以菩提起於慈心，以救眾生起大悲心……。斷一切煩惱，一切障礙，一切不善法。」

這也是說，無論是對外布施，對內照面，都要發乎於心，從「內心」改善起為重；財施不如法施，是指不要以錢財等外物布施，而以心法布施，以救眾生起大悲心、仁心善念。

套一句現代人說的話，就是導引別人作心理建設，如果是以身教感化，從自己作起，又幫助他人從內心默默反省改過；應該

147

比誇張、炫耀或大喊省思，形諸於外，虛晃一招要可貴的多。

法鼓山聖嚴法師就倡導：從自己做起，用悲智與行動來感動人。更呼籲，人要存好心，做好事。都是心法的布施。

「布施」也不是上對下，有對無的施捨；所以施與受施都沒有特定對象，也沒有等級、尊卑區分；尤其以慈悲、善念、心法布施。

人生在世，大部份是受施於人，即便是漂流孤島的魯賓遜，也要靠沉船上的那些物資、那條狗、以及文明世界給他的求生知能，才能「完成」《魯賓遜漂流記》。

想一想，我們從小到大，衣食住行育樂、知識智慧、身心靈感，那一樣不是受施於外，父親兄弟，親朋好友，以及太多根本無緣認識的世人與世物，給了我們生命，與人生的一切。

古聖先賢洞悉人際群我關係就是：「施與受 受與施」，所以要人懂得感恩，還要圖報，提醒人要：「受人點水之恩 要以湧泉相報」、「施人慎勿念 受施慎勿忘」、「飲水思源」，聖嚴法師也說過類似「感恩使我們成長 奉獻不圖回報」的話。

「感恩」源自「飲水思源」、「受施慎勿忘」、「點水之恩 湧泉相報」等的內心感覺，眞正只是人之常情，否則在社會道德規模下，就成「忘恩負義」之徒。

從懂事以來，我發現，無論是學生、上班族、社會人，不分男女老少，凡知感恩的人，絕大多數也是成功者，甚至因「百善孝爲先」，也有「忠臣出孝子」的用人邏輯，盡孝道者也被歸類爲好人，知感恩而圖報的更不用說了。

原因無他，眞正知感恩者必能分辨恩怨情仇、是非曲直，知好歹善惡，「圖報」必定盡心盡力以具體成果報答布施者，至少

不是過河拆橋的健忘症者。

將知道「感恩」必能成長、也必有成就連在一起，是古聖先賢千百年來實驗結果；我個人實踐一甲子後，也認為，在正常情況下是很有道理的，而且「感恩圖報」是作人最起碼的良知，人生不可或缺的義務。

「感恩圖報」施為一點不難，也確實是「布施不用財」；學生感念老師傳道、授業、解惑，只有以認真學習相報，認真學習當然會學到真本事，有好成績；職場上班族，如果時常心存：就業不易，工作學習成長中，還有薪酬可以成家立業養家活口，感激之餘，能不主動積極，加倍努力！「一分耕耘，一分收穫」，當然有好績效。

有這份心意，遭遇困難挫折等不順暢，也不會怨天尤人，只會盡力克服。其實，主動積極做好人生每一階段的事，盡力負責就是最具體的「知恩圖報」。

知恩回報就像「布施不用財」一樣可以報恩情；這真是一件有錢出錢，有力出力，有智慧出智慧，有心意出心意的好事；假如你連心意都沒有，那就真不知道感恩圖報，連禽獸都不如了。

我從教室到職場，時時以勸人：「存好心做好事」、「盡本份」、「知感恩圖報」、「經驗與心得分享」，並由自己踏實的做起。

在職場這三十五年，我藉由寫文章、談話、出書作知識觀念布施之外，又以有限收入中的一小部份，用來收養處理流浪狗貓，最多曾固定收養貓狗 20 多隻，我也鼓勵內人退休後兼任多處義工，例如假日早起掃街，學校花園認養，有需要的學生認輔等等皆是，為的都是盡一點社會責任。

接「經濟副刊企業管理版」這二十年，我很盡力的規劃出讀者最需要的實用知能資訊，經由發行量龐大的報紙版面，呈獻給讀者，幫助讀者吸收學習成長；我研發出雖然個人非常吃力，但對讀者、作者、企業、社會與國家卻很有幫助的一些服務方式，這是以心力布施。

經由這些破天荒的作業，培養幾百位精英作者，產生了可讀性很高的「管理文學」，單僅精緻編輯法，每天能多給讀者高品質的文章一千多字，二十年就是七百多萬字；我用社會人力資源，滿足社會廣大讀者需要，二十年供給讀者五千多萬字最新最需要的實用資訊；讓千萬讀者懂得經營管理，進而使得國家、社會、企業、家庭與個人都經營的不錯。這也是此知識經驗與智慧的布施。

對我來說，只是主動積極，盡心盡力而已；每個人一生，時時刻刻受施於人，舉手投足也都有機會施於人，甚至一人靜坐，心念慈善，能夠自顧自的不成為別人或社會負擔，也是一種施為，一種功業。

感恩也較能知足，知足也必常樂；樂在學習、工作、生活、思想，這人生怎麼會不快樂呢？雖說「施人慎勿念」、「布施不圖報」，但感恩圖報的意念會讓你心安理得，理直氣壯，絕對能增添你正當的氣勢，你不圖報，也會有「好心有好報」的好結果的！

10. 與時競走的方法與觀念

常聽人說，上帝（老天）對人最公平的是，每個人每天只有二十四小時，一年365天。

我相信這是真的，但是，我也千真萬確認識一個人，他一天有三十小時以上的時間可用。

只要他願意，他每天能有三十小時以上時間可用，是因為他懂得用方法與時間競走；而他贏了。幾經探索，他的方法是——

＊時間是壓榨出來的：人們只會感嘆每天有忙不完的事；大大小小的事都要花時間去做，卻很少想到所用的時間是否太寬鬆了一些。

如果每件事能緊迫一些，每件事省下幾分鐘，一天二十四小時1440分鐘，就能搾出幾十分鐘或幾小時的時間。

我三十五年旅遊50多個國家，許多國家還去過很多次，單單去大陸就近百次；很多人問我那有那麼多假日，我算給他聽，平均一年有25～30天特休假，三十五年平均共有962天，每周有1.5～2天周六日假，一年就是78～104天，三十五年平均共有3185天，每年還有10天左右國定假日，三十五年計有350天，總共約有4500天，差不多十二年多，均攤一年之中約有三分之一假日還不夠嗎？

＊時間是規劃出來的：做事雜亂無章必然廢時費事。東摸摸，西摸摸，隨興做事，一個上午，一天就不知不覺過去。

前段文中所說，我有十二年假日，只要你年資深些，也有同樣多的假期，可惜的是大多數人都浪費掉了，而我將時間精心規劃著用，除了旅遊，我還做了很多自己想做的事。

按部就班依計畫時間表行事，規律也是一種壓力，就能省下許多猶豫、思量、試探……的時間；汽車生產線為什麼平均五分半鐘就能生產一輛那麼複雜的車輛，就是按計畫規律裝配；一個龐大如 IBM、奇異、豐田、福特等企業，那麼巨額的營業目標為什麼能在一年之中完成，甚至能預估一、二年後的遠景，依計行事，不走冤枉路，不浪費時間，就能省時省事。

＊時間是忙裡偷閒出來的：你要知道，世上絕對沒有忙得抽不出幾分鐘時間，或是忙中插不進只需要幾分鐘時間的事情。

劉鶚「偷得浮生半日閒」完成了凡 20 章的名著《老殘遊記》，徐霞客也是在行萬里路倥傯中完成鉅著《徐霞客遊記》。

我個人也深深感覺，在忙碌時插進去的事情，反而能快節奏、高效率完成；而悠閒時，懶散的根本快不起步調，又那能挪出多餘時間。

＊時間是化零為整出來的：人們只聽過「化整為零」，其實，化零為整也就是「聚沙成塔」、「集腋成裘」等成語所指的「積少成多」的意思。

一件要花三小時完成的事，在維持同樣品質情況下，只要略微緊縮一點，就能節省出 3～5 分鐘或更多時間，諸多事情就節省出許多三、五分鐘，一天化零為整也有一、二小時，一年 365 天就是 365～700 小時，約 1.5～3 個工作月，又若僅以三十五年在職歲月計，則多出 4.3～8.6 年時間。

＊時間是正確運用出來的：在我們每天生活作業中，一件事

做錯或不正確，需要時間重複再來一次，一生累積浪費的時間就太多了。

第一次就把事情做對做好，是與時間競走而獲勝的重要關鍵之一。例如，往東走是對的，你卻往西走，你雖然努力以赴，但卻越快越錯，越錯越要重來一次，所費的時間越多，甚至當積重難返時，花再多時間也徒勞無功。

事情做錯了，即使一秒鐘也是該省下來的；更何況因錯誤可能用掉人的一生，人類的幾個世紀。

＊**時間是節約出來的**：時間無形，卻可作有形處理的；也就是可以具體避免浪費，可以實質節省出來的。

例如，你從甲地到乙地要一小時，如果你改乘較便捷的交通工具，或加快步伐，就可以節省出許多時間；又如現代辦公室自動化設備，也能讓你一年一生多出許多時間可用。

你可曾想過，台灣每年平均百萬人要經第三地往返大陸，每次往返浪費 5～6 小時， 14.5 年浪費的時間就約九千年，這九十個世紀多好用呀！

時間也是一種資源，德國知名的 Wuppertal 大學「氣候、環境與能源研究中心」主席 Ernst Ulrich Von Weizsacker 等三人合著的《四倍數——資源使用減半，人民福祉加倍》，主張人類的幸福是四倍數與十倍速的結合。

資源節約是可行的方法之一。

＊**時間是東挪西移出來的**：每天的時間是固定的，但用時間的方法是靈活的。用時間的方式作正確的改善，就能東挪西移出許多零頭時間，累積起來可就多了。

例如將幾場類似的會議集中一次開，要求與會者先作功課，

先有共識或腹案，又如將同一類工作交同一人做，熟能生巧，就能省時省事。

＊時間是效率產生出來的：做事有無效率絕對關係到所需時間的長短，有效率則事半功倍，沒效率則事倍功半，其中來去相差極大。

有效率與否，又與是否有能力、肯不肯努力、有沒有依計行事，以及相關條件有關，但全然在「事在人為」。而且有效率的「事半功倍」的「功倍」，指的是：省許多時間、有很好的質量；如果絕大多數事皆能「事半功倍」，一生節省的時間豈不是又多了「一生」。

＊時間是高使用價值創造出來的：別人工作一小時，如果能產生 1 萬元的價值，而你如果產值 1 萬元只要半小時，你就為你多創造了半小時的時間。

一般而論，用智慧創造的價值高，也能創造出時間。這也是為什麼同樣工作或同樣是上班族，為什麼有人薪酬高，有人薪資低；有人游刃有餘，有人忙的焦頭爛額；有人一生做許多事，創造許多價值，換取許多財富，而有的人一事無成，總是感嘆時不予我，就是這個道理。

＊時間是 e 出來的：這是一個電子化時代，事事講求速度，經由電子化硬軟體科技協助，e 時代的速度何止比過去快 10 倍、100 倍。

e 化的結果，五湖四海萬里之遙，已縮小至天涯若比鄰。較早，一張圖表要寄送美國，最快郵件要好幾天，現在分秒間就解決了。

所以，時間也是速度創造出來的，而速度只是 e 化的功效之

一。

＊時間是警覺出來的：許多人懵懵懂懂過一生，分分秒秒、一生歲月都在不知不覺中飛逝，許多上班族的黃金時光也就在所謂：「喝茶（現代是咖啡）、看報（現代是上網）、辦事、領薪……」中消失。

俗話說：「盡信書，不如無書」，但書上說的有關時間過的真快，浪費時間就是浪費生命之類的話，還是要聽的金玉良言。要警惕人生苦短，時間會在不知覺中耗失，分秒都是一去不復返的，人只有一趟人生，經不起浪費。

隨時隨地的警惕，可以讓自己更積極努力以赴，更惜時如金，更講求效率，也就因此警覺出許多可用的時間。

我認識一個職場成功者，他的成功之道竟然是：將每天都當成他的最後一天去珍惜，去善用；仔細想想，人生無常，誰又能不珍惜未知有無的明天？

近三十年前訪問「經營之神」王永慶，他感慨：「真是捨不得休假」，大概也就是警覺到自己擔子重，時間不夠用。

千萬不要太相信「來日方長」、「從長計議」之類的話，也不要成為「希望在明天」、「明天再開始」的明日派信徒；一切都在當下，過去了的時間就消失得無影無蹤，「前世來生」只是一種很玄的說法，由「時光隧道」回到從前也相當不切實際，正如同有誰能讓世界再回到去年般難為。

＊時間是超越自己、發揮潛能、追星趕月營造出來的：人們工作生活較依循習慣，某件事要用多少時間、什麼步驟，大多有慣例可循。可是如果給自己一點壓力，經由經驗的記取，步驟的更合理，潛能發揮，外在助力，是可以因超越自己而營造出許多

三、學習成長篇

時間。

例如，過去寫一本書或研發一種新產品要一年，可是因為市場競爭需要，假如八個月完成，能保有行銷優勢，利於市場佔有，實質利潤也大許多，你會用一年嗎？當然不會！你甚至只要六個月就能推出品質更好的產品。

《哈利波特》、《魔戒》、《雍正王朝》、《成吉思汗》等書出版發行與電影、光碟等攝製發行，對市場佔有就有相互拉拔作用，但時間上也必然有相當相互壓迫性存在，這種擠壓就產生許多餘裕的時間與利潤。

個人在時間管理上也是一樣，適當的壓力有助於潛能發揮，有助於超越自我慣性。如果透過經驗記取、專注投入、潛能起動與外力協助，每天輕而易舉就多營造一、二小時。

例如你若選擇一家上菜快，距公司近，交通不擁擠的餐廳午餐，並改變一邊看報一邊吃飯的習慣，原本需時一個半小時，半小時就能享受一頓美好午餐，豈不省一小時，七十年人生，就省下 8.7 個工作年。

＊時間是用金錢、精力換出來的：俗話說：「一寸光陰一寸金，寸金難買寸光陰」，意思是時間比金錢還珍貴，因此，若能用金錢買時間，任誰都願意。

例如花錢去買一項科技研究成果，遠比自己花時間花錢從頭研發要省時，又如，用醫療科技救命，更是花錢買生命時間。

最簡單的例子，花錢搭乘交通工具，比走路省時，花較多錢坐「協和號」飛越大西洋，比一般飛機更省時。

11. 如何多活十六年

前文十多種省時方法與觀念，都讓你一天一生「延年益壽」，能多出許多時間的。一個人一天大致分三段，即睡眠八小時、工作八小時、生活八小時；這三個八小時都能節約出一些時間，但最能掌管節省時間的是生活的那八小時。

我與許多懂得管理時間的朋友都認為：是凡一個與時間競走的贏家，大部分也是「生活八小時」最佳運用者。

因為這「生活的八小時」是自己最能掌控，外在因素影響最小，我們自己最能計畫運用的八小時；所以要從「生活即休閒的八小時」的觀念上改變。

只要你用心去規劃執行，時時刻刻講求效率，分分秒秒勢在必得，屬於你最能掌管的「生活八小時」，每天至少可省三小時，再加上「睡眠八小時」、「工作八小時」省下的時間，一天至少能多有五小時，一生七十五歲計，可多出 136875 小時，也就是 5703 天（17109 個工作天），或延年益壽十六年（約 46 個工作年），這是多麼好用的時間呀！

這十六年或四十六年是你以一生兢兢業業，分秒必爭，全力以赴創造的效率換取來的，也因此，你原本的收穫就該比別人好，當別人平均七十五歲時，你卻能有意義活到九十一歲，或當別人工作三十五年屆齡退休時，你卻比別人多四十六年去累積工作成果，你當然比一般人的成就好一倍以上。

就爲了如此大的投資報酬率，你還有什麼理由不全力以赴的與時間競走。

別癡心妄想天天都是星期天，三十多年前，連台灣「管理之神」王永慶都說過：「捨不得休假」、「自己沒有假日」之類惜時的名言，更何況你我，要將每一天都當成最後一天去珍惜運用。

連上帝都只能創造萬物去花費時間，別依賴除你之外的別人，你我是時間的消費者，怎麼消費時間全在你一念之間，人生長短也全由你自己決定；節約的時間，也就是自己創造的時間，你比老天還神奇。

慈濟的釋證嚴法師給我說過一個故事，有位醫生的太太來精舍，哭哭啼啼地說，她先生才五十歲就過世了，走的太早，他生前爲人和善，很會照顧病人，自己開業，每天早早起來，打掃環境，作一切準備工作，只要一看診，就廢寢忘食全心投入，甚至常常半夜出診，結果是好人不長命。

證嚴法師就對她說：「妳先生不止活五十歲，想想看，人生的眞正價值就是在工作，他每天善用時間，奉獻自己，認眞工作，他的生命價值比別人多好幾倍，換算起來，他五十歲的身軀，卻做了八十、九十歲壽命的事，他是眞正活了八、九十歲。」

不都說消費者至上嗎！那是因爲消費者有自我決定「怎麼樣消費」的主動權，既然我們是時間的消費者，時間在你手裡，其實很容易掌握，你若能一分鐘做二分鐘的事，或是創造出更高的使用價值，或是能做到前文省時創時十多點要訣，你豈不是比別人多出許多時間。

回想過去，你是否有些步調還不夠快？有些績效還可以提高？現今的成就，其實不用花那麼多時間，過去那幾十年並不盡然全如黃樑一夢，也是一步一步走出來的。

花多少時間走完這條路，你有絕對主管權，只是多數人遲至回頭看來時路時，才發現自己走的不夠快，自己也浪費了許多時間，而過去的時間也已消失。

通常越早發現的人，越可能是人生的豐收者，因為他有比別人更多的時間，更寬闊的迴旋空間，去做好人們已公認的人生工作。

時間是無形的，但有時也相當具體的呈現在你面前，看看那本日曆，一頁代表一日，撕完了，一年也過了；再看看桌上的時鐘，就可發現時間速度並不是快到不可追趕；看那時針、分針幾乎不在移動，只有秒針明顯的表現時間的速度；它那近似脈波的速度，你贏不了它嗎？當然能贏，這完全在你。

當兩架飛機相反方向對飛時，彼此都覺得對方非常快，但並駕齊驅競飛時，窗外的那架飛機就變得很慢，甚至靜止或後退了。與時間競走，就如同兩架同方向飛機競飛，而你我卻是在這兩架飛機裡，「時間飛機」不管飛得如何快，你在機艙內仍可由機尾奔走到機首，時間的飛機是贏不了你的。

日本「經營之神」松下幸之助說過：「若要看一個人會有什麼樣的成就，先要看這個人是否能善用晚上7～10點的時間，如果是，一定有比別人高許多的成就。」晚上7～10點與早晨7～10點比較，大家都認為晚上這段時間是屬於個人生活休閒時間，無關緊要的時間，其實早上7～10時，也是你的生活時間。

可是人生是長程競走，最後勝出關鍵往往不在那段公認競賽時間，而在除那之外的時間；這是你比別人多出來的核心優勢。想想看，如此每天比別人多三小時，以平均壽命七十五歲計，每天工作八小時，你就比別人多二十八個工作年可用；一天二十四小時計，也能比他人多活九年多。

這是用數字告訴你，該如何與時間競走。

如果你能妥善運用每天「生活的八小時」、「睡眠休閒的八小時」中，就至少能省下五小時，你如果活七十五歲，則能多13.69萬個小時，約十六個生命年或四十六個工作年；假如凡事皆能事半功倍，也就是工作與生活績效比一般加倍，你就比原有的「一生」，多活「一輩子」。

不過你千萬要記取的是：不管是多十六年，四十六年或再多過一生，這些時間雖是數字，但絕不是敲電腦＋－×÷統計出來的，而是靠你用好方法、新觀念，在既有的時間中去實踐出來的。

12. 創造免失業價值

　　在本書〈職場實踐篇〉的〈坦然面對失業〉一文中，所談到的種種，都算是相當普遍、無奈，又殘酷的事實。要想不被捲舖蓋炒魷魚，旁門左道不談，正途只有一個——創造自我存在價值。

　　讓你的各級老闆，最好的是捨不得割捨你，其次是不能少了你，再其次是不忍失去或不得不暫時留用你。

　　個人價值很多，因人、地、事、物、時的不同而有不同解讀。在職場，個人存在價值概略分以下四種境界——

　　第一等是出將入相的上上之才，能文能武，智慧與才技超人，看得遠，格局大，思想慎密，凡事計畫周全，本業與相關業務的知識技能瞭若指掌，能舉一反三，不二過，且能創新。

　　有這類個人價值者，若非不知收斂，鋒芒太露，功高遭嫉，只要你有一點自我經營本事，再遇上識人的伯樂，容才的主管或老闆，你不會有失業之虞，是企業爭相禮聘的幸運者。

　　通常這類人也善於經營自己、推銷自己，擁有挑選老闆、薪酬與職權越跳越高的特權；但這類號稱「人中龍鳳」的第一等稀少人種，雖然高來的突然，高去的也不偶然。

　　例如有貝爾實驗室（Bell Lab）、西方電器（Western Electric）為後盾，研發資源強勁，專注持續蓬勃發展的電信設備市場的朗訊科技執行長麥克金；又如全錄禮聘自 IBM 財務長

的執行長托曼（Richard C.Thoman），都是極具才智與魄力的將相之才，但結果都因執行力的問題，績效數字讓他們被辭退。

　　當然，這類案例也許只有在美國企業才會出現，在台灣，績效堪稱第一的中鋼董事長王鍾瑜等人的去職，普羅大眾歸類為：「政治因素重於專業尊重」，而王鍾瑜等直接被害人則有：「被政治迫害」的感慨；則是另類因果關係。

　　其他台灣企業，普遍不存在「企業經營不善，帳從最高層算起」的負責邏輯，反而是大行：「責任由基層負起」之道，因為台灣太過「事在人為」，數字可以製造，違法並不盡然犯法，撤換執行長、「總」字輩最高經理人，都可能成為象徵企業不穩，「牽一髮而動全身」的新聞，是有所顧忌的。

　　而且有些本土企業老闆與總字輩高階「夥伴」有福禍與共、一起吃喝玩樂的革命感情，有的甚至得以掌握企業公私隱密，則突然被撤換，在台灣，尤其是家族企業是不太可能發生的。

　　所以這類人才，在台灣還是滿吃香，又有保障的。

　　第二等是任事主動積極，專業知識、技能精湛，負責盡職，有自顧自的才能之外，也有容人用才，管理部門一群人的能力，既能擔當部屬過失，也能以身作則成為部屬學習對象。

　　從某種角度看，這類人才比第一類還要重要，在企業人事金字塔結構中，算是中上層基礎，人數少，居承上啟下的地位，往往金字塔頂那一塊石塊可換，中上層那幾層石塊卻不能抽換。

　　這類個人價值，由企業投資人到最高專業經理人，到一般部門主管、上班族人等都需擁有，算是基本技能與從業態度，差別則在各人能表現出多少？主動積極度高下，再加上實際境遇、機緣、與大環境的差異，而產生了不同的結果。

有第二等個人存在價值的人，是社會與企業中堅，也是創造台灣經濟奇蹟的推手，不管經濟如何不景氣，企業如何瘦身，擁有這類價值，算是平穩、幸運的一群，也大有向上發展的空間。

　　可是，這種個人價值如果遇上無識人之能的僱主時，也難逃職場公務員命運；表現好與普通的下場都一樣，保住維持溫飽的工作不難，求進一步提升就不太可能了。

　　有時遇到擔心被超越的主管，如果你不能收斂，不懂得「智者若愚」的處世藝術，反而會失去一些升遷機會。不過，這種壓制往好處想，另一層意義則是：獲得幹到退休，都不會被調動或被辭退的就業保障。

　　第三等是「雞肋價值」，雞肋沒有什麼肉，所以食之無味，棄之又可惜；同樣，有些職員工擁有某一單項專業技術，或技術成份不高，或經管一些事務，因重複性太高而累積一些經驗，又能吃苦耐勞，僅及「雞肋價值」而已。

　　這類人職場上最多，容易被替代是其弱點，遇上第一、二等人才願意屈就，或與顧主有特殊關係的「雞肋」，或企業確實要精減人力時，「雞肋價值」就沒什麼用了。

　　所以，這第三等價值的人，只能暫時保住不被辭退的命運，擔驚受怕隨時可能失業之外，既要不斷地創造個人新「雞肋價值」，還要祈禱你的僱主是位要求不多，滿於現況的人，更要祈求上蒼，不要讓有比「雞肋」更多肉的人，送上門來，低價求售。

　　基本上，這類人不但沒有「不可被取代」的價值，而且存在有時時「被動被撤換、辭退」的危機。

　　第四等是無法取代的價值，也是一種非常價值。

　　例如你是某些發明專利所有人，專利法保障你有無法取代的專利；又如你有別人或極少數人才具有的才藝、超越常人的智慧、創新力，或是你有完成不可能任務的本事；否則，就算是你是獨資企業的老闆，員工也能以另謀他就等方式，將你這個老闆替換掉。

　　不過有這類價值的人要小心，因為絕大多數顧主都會愚昧的認為：「世上絕對沒有某一件事，只有某一個人才能勝任的那回事。」事實也是如此，這類「非常價值」是認定問題。

　　尤其是在台灣這個不尊重專業，有些主管嫉「才」如仇，而又「沒魚，蝦也好」的怪異環境中，部門主管既容不下你這可能震撼他穩坐釣魚台的怪物，甚至老闆都有會被挾持、威脅的莫名恐慌。

　　而且，你如果太無法被取代，也可能留在一個崗位上十年、二十年，你想動也動不了。我認識一個人，在人力減少一大半，事情加重一倍多的情況下，不但創造更好的業績，提升生產力為全企業第一，而且降低成本超過55%；也因此讓「仇者」與「親者」都動不了他，在一個工作崗位上駐守二十年，直到修成正果屆齡退休。

　　擁抱以上四等個人價值之一者，都可能在職場求取一定生存空間，或長或短的避免失業。

　　這四種價值很少比例與生俱來，大部分要靠後天的學習養成與創造。從工作環境、書籍、報章、網路、電子各種管道獲取好的資訊是好法子之一。

　　單純的資訊不可能成為智識，也不可能成為個人存在價值。

　　資訊要經過儲存整理、消化吸收、實踐體驗、思想圓熟，才

成為自己的智慧；再加上記取既有的教訓、經驗交流，以及自己針對個人職場上輕重緩急的需要，然後肯動腦筋的去觸類旁通、舉一反三的融會貫通，才能產生出個人職場存活價值。

所以，隨時隨地，主動積極學習、思想與活用智慧，應是培育個人職場存活與成長價值的不二法門。個人有了這些存活價值，不但不會失業，還能游刃有餘在職場如願成長發展。

當然，最重要的關鍵還是有了這些個人存活價值之後，見賢思齊「知行合一」的踏實執行出這些價值的價值才有用。

13. 逆向思考

許多成功的人都懂得逆來順受之外，還會逆向思考。

阿爾伯特・愛因斯坦（Albert Einstein）曾被人問及，他是如何發現「相對論」的；他的回答是：「我對一個不可辯駁的原理提出質疑」。

大家都認為對的，因為時空環境、人事觀念的變化，也可能變得似是而非，進而變得完全不對。「逆向」與「正向」也是完全相對的；「不可能」三個字中，含有「可能」兩個字，這可是三分之二多數，而你只要將「不可能」中的那一個「不」字去除，不就成了「可能」了嗎！

「失敗為成功之母」就是較典型的逆向思考，不是與人唱反調，也不是完全叛逆性的思考，而是朝另一方向，有條理的思想，尋找答案，解決問題。

逆向思考也就是從另一個角度，45度、68度、90度、180度、360度另一個完成不一樣的角度去思量同一個問題。因為是不同角度，全方位的思考，所以較周延而審慎；幫自己多了許多思想空間，也為別人留下不少轉圜餘地，通常對解決問題都比較有幫助。

這另一角度當然包括，站在對方的立場，設身處地的從自我之外的角度想問題；至少思路比較清晰，得到的結論也較成熟、合理。

例如「龜兔賽跑」的故事，一般被解讀為兔子自以為跑的快，睡一會也沒關係，太驕傲的結果。可是，我們為什麼不認為：是烏龜不放棄希望，不認輸，勤能補拙，努力的結果；試問，兔子是遙遙領先到看不到起跑點時，才安心的呼呼大睡；假如一開始，烏龜就認輸棄權，兔子醒過來再跑，也一樣是贏家。

自古以來，中外有太多根據逆向思考，先輸後贏、轉危為安，甚至置之死地而後生的逆向操作事例。

拿破崙戰敗被流放至一小島，某個風雨交加夜，他看到一隻蜘蛛一而再的修補牠那被風雨摧毀的蜘蛛網，無數次失敗之後，仍然修補著，簡直就像是以微小的生命，向狂風暴雨挑戰；對於一個被流放的敗軍之將而言，絕大多數的反應是：「小蜘蛛太自不量力，根本是不可能的找死！自己處境就如同那小蜘蛛。」

可是拿破崙卻從另一角度解讀，他逆向思考地認為：「連一隻小蜘蛛都敢對抗天地大自然，而且最後成功了，更何況我法國皇帝拿破崙，對抗的不過是一群數量比我多一點的英國軍隊。」他因此，東山再起。

麥克阿瑟將軍被日軍趕下海的時候，美軍在太平洋兵敗如山倒，敗軍之將卻出人意料的說：「我將回來」，後來，他果然從那裡被趕下海，又從那裡涉水回來；他過世時，明明是壽終正寢的死去，他卻留下：「老兵不死，只是凋零」名言。這些都是條理分明，成功的逆向思考問題的事證。

朋友告訴我，世界幾十億人都喜歡的卡通「米老鼠」創造人華特‧狄士尼，創意竟然來自他最失意潦倒，淪落到以一座老鼠橫行的廢棄工廠為工作室時。朋友笑說：「老鼠與他相處久了，常常在他工作桌上來去、逗留、對看，真是狗眼看人低，人善被

167

鼠欺。」

　　骯髒、討人厭、鼠疫傳播者、賊頭賊腦的破壞者，這可能是大多數人對老鼠的印象。可是華特‧狄士尼卻從另一角度觀察、思量同一群老鼠，完全顛覆了過去老鼠的形象，創造了男女老少都喜歡的狄斯耐卡通主角「米老鼠」，也才有今天的迪士尼影片，以及龐大的狄斯耐樂園。

　　世界首富，年輕人極其崇拜的比爾‧蓋茲也常「逆向思考」，棄知名學府麻省理工學院深造，創設「微軟」以及因此創造的個人 866 億美元身價，就是他「逆向思考」的傑作。

　　當然，以上這些都是太有名，太「曲高和寡」遙不可及事證；其實，比爾‧蓋茲、張忠謀、星雲大師等，也曾對許多年輕學生、上班族人，說許多輕而易舉就能學習的「逆向」思考邏輯：

　　‧如果你覺得老闆太嚴苛──那就努力以赴，自己當這種沒有任期保障的老闆時，看看你是否就不要求那麼多。

　　‧如果自己一事無成──那就先別怪社會、老闆與周遭的人，想想自己為什麼會有今天？

　　‧如果你覺得人生坎坷不平──那就先從習慣接受開始努力。

　　‧如果你認為父母親上一代的人管東管西，囉嗦煩人，言語乏味，不懂生活情趣──那就想想這還不是為了你們，你也不妨等到為人父母時再感覺一次。

　　‧如果你沒能一出校門就成為年薪百萬美元的總裁、執行長──那就腳踏實地努力達成吧！

　　※如果你覺得在學校裡就可能很快分出贏家輸家，在人生中

卻還言之過早——那就要掌握學校不斷給你的機會，讓你找到正確答案，在眞實而殘酷的人生試試看。

‧如果認定在速食店、超級市場按時計酬工作，就此生了了——那何不先階段性或作爲固定職業的將這份工作，當作一個機會去珍惜。

‧如果你覺得世態炎涼，不在乎你的自尊，只現實的關注你做出來的成績——那就先做出成績，再表示你在乎自尊的感受。

‧如果你感嘆人生沒有寒暑假，老闆又不讓你在上班時做自己的事——那就好好管理你的時間，用自己的時間做自己的事。

‧如果你有一些看起來笨拙的書呆子或放牛班的同學——那就盡量幫助他們，好好保持連繫，有一天，他們可能是提攜你的人。

‧如果你也接到電話，說你有一封退稅的掛號信已被退回，要你拿提款卡直接用電話轉帳——那就「合理懷疑」一下，對方是否是金光黨。

以上這些例子，如果你也能夠「逆向思考」，結果必然大不相同。

最近這幾年人民財富縮水、脫水，購買力大降，關閉的店比新開張的多得多，而新開張的多數是富創意、有特色的，這也是顛覆傳統思維的結果；就算是如「統一」等超商、「佳麗寶」或「全國電子」等電器連鎖店，也都採取「逆向思考，逆向操作」，才能免除劫難，脫穎而出。

更早的兩次能源危機時，許多睿智的老闆，就「逆向思考」地利用那段大家「閒閒美代子」的空檔，進行全員在職進修充電，因此不但平順渡過能源危機的驚濤駭浪，從此跑的比當時只

會唉聲嘆氣的同業快好幾倍。

　　美國如昇陽電腦等企業，都有很周全的員工在職進修辦法，公司全額出錢、補助費用，或在上班時間、工作負荷等方面提供優惠協助；換句話說，表面上看，企業出錢出力，出時間，獎勵員工利用遠距教學，網路教室或再回到學校選修相關的學識，是賠本生意；但換個角度評估，在今天這種十倍速的「知識經濟」時代，如果員工相關智能與日俱增，只超前，不落後，那可是大賺特賺的好事。

　　「逆向思考」好有一比，當我們用一根手指指責別人時，就有彎曲的四隻手指指向自己；同樣，「正向思考」在360度中，只有一個方向，而359度都屬於廣泛的「逆向思考」方向，那空間就大359倍了。

　　「逆向思考」也是找原因，解決問題，突破困境的思維法則，是比較靈活、彈性、變通的思考方式，但徒「想」沒用，再怎麼樣360度的周延詳盡，再怎麼樣神出鬼沒，還是要配合「逆向操作」；就是想出方法，還要執行、實踐。

　　當兩岸三通直航就是不通，台灣輪船改船籍，懸掛外國旗幟，就能達到實質直航功能；台灣大企業赴大陸大投資案列管，被歸類為「不愛台灣、資匪」，可是以跨國企業外資前進大陸，就沒問題；甚至連阿扁總統都曾在參觀一次藝展時，都有：「巧門一樣可走」的逆向思考比喻。

　　這些都是眼前耳熟能詳的「逆向思考，逆向操作」的實例，但這些只是事證而已，並不是我鼓勵的那類思考模式，對一般人也太遙不可及了。較具普世認同的「逆向思考」是，在正常思路上，這條思路走不通，走另一條，不鑽牛角尖，不走死胡同；也

不是投機取巧，權謀之類的思維。

上班族較常遇到的是，企業內部那個部門重要？那個部門是企業核心價值之所在的爭議。

老闆與各部門主管最容易犯的錯誤是：賣瓜的說瓜甜，太從本位角度思考，生產線說，沒有產品，你們賣西北風呀？業務部門說，不是我們銷售出去，還不是一堆庫存，你們薪水那來的？研發部門說，沒有我們嘔心瀝血的投入成果，你們拿什麼去攻佔市場，財務部門，甚至一個警衛都認為自己重要的不得了。

企業老闆或主管常見的另一個錯誤是：不知道經常掛在嘴邊的核心價值為何物！又將「核心價值」視為某一部門專屬的價值，又在彼此之間畫上等號。

「核心價值」就是關係企業或個人發展存亡競爭力的中心能量，如同細胞價值不僅僅在細胞核，如同一具引擎不算是一輛汽車、一個主體晶片不是一部電腦，核心價值是由各部門共同創造的，只有創造過程中分工合作，是否盡責、貢獻程度的差異而已，是比較問題，而不是「集三千寵愛於一身」歸納問題。

正確地說，只有「核心價值」，沒有「核心單位」，因為每個單位都有其核心價值；正如同，努力並不一定成功，成功必須努力一樣，或有才能的人不盡等於成功的人那樣必然。

我父親曾經講過一個故事，他說，大商號失火，許多人奮不顧身前來救火，搶救貨物，有的還被火燒的焦頭爛額，事後老闆請客，一個學徒被請到上座，許多參與救火的人不滿，也不解，都認為，焦頭爛額者應為上客。

老闆說：「在座的每個人我都非常感謝，可是我從另一個角度去想，去比較之後，我認為這位年輕人，雖然只是個學徒，可

是他幫我將賴以繼續營生的所有進出貨、收支、待收付款帳簿完整的搶救出來，所以請他上座。」街坊鄰居都覺得有理，紛紛上前道賀。這年輕的核心價值就在其，臨危不亂，衡量價值輕重的智慧與執行力。

地球有南北極、有東有西，事情分是非曲直、起起落落，顏色有六色七彩，人際間有尊卑、良莠，甚至公認太陽東升西沉，月出於東山之上，徘徊於斗牛之間，是不容置疑的真理。

可是，如果人們在另一顆或逆向運轉的星球上，看太陽月亮升降，豈不是剛好相反；千萬別認定某一件事，只能用一種思想邏輯想出一種結果。人腦勝於電腦的地方，就是人腦懂得逆向思考；智者之異於常人的是，「1＋1」不是只有一個答案：「2」，失敗者能成功的再站起來，原因很多，最重要的是：從另一方向思考、操作，不重覆轍蹈，用另一些方法再走幾次。

（四）職場實踐篇

1. 立即動腦

　　人的腦袋是越用越靈光的，唯一的問題就是思想像火花，常常一閃即逝，並且不復重現。所以遇到問題，要立即動腦思考，然後具體記載下來，並且馬上動手實踐。

　　人的腦力震盪效能比電腦更富創意，人腦不像電腦要輸入相關指令，才能輸出相關資訊，人腦會觸類旁通、舉一反三、聞一知十，比電腦也具有主動創造性，思想流暢速度與範圍比電腦、比宇宙都大；天馬行空任翱翔，是凡人腦能想出來的，終究必能實現。

　　相對的，現今或未來出現的問題，也都能動腦解決，例如電腦就是人腦創造出來的；關鍵在你是否立即去動腦，動腦產生智慧的火花之後，又是否馬上去行動。

　　人腦與電腦不同的地方很多，諸如，人腦記憶儲存的持久、整合邏輯與再使用等等就不如電腦；但也有共同點，那就是，事先儲存記憶的資訊越多，對你動腦解決問題幫助越大。

　　發明家、文學家、藝術家等都是最能無中生有的一群，可也是對相關事物最關心，觀察最細膩，知識與經驗也最豐富的一群人。

　　例如愛迪生如果對物理電學一無所知，必然連作夢也發明不了電燈泡；大仲馬如果沒有自己慘痛經歷的影子，以及文學基礎，也創作不了名著《基督山恩仇記》；這些基本知能技藝具有

與儲備，都是動腦創作的要素。

　　以我個人親身經歷爲例，從小我看了許多課外讀物，愛觀察與玩許多一般孩子玩不到或不想玩的新鮮東西。

　　因爲遠在五十二年前從小三就開始騎腳踏車，了解自行車前方照明燈光的電源，來自夾在自行車輪上的小發電機，也由此知道，快速切斷磁力線可以發電，電就讓車燈發光；我甚至用手去感覺電是什麼。

　　進入社會之後，因需求而動腦，動腦卻需要相關知識、智慧與實務經驗才能得到答案，而這些答案也較可行，所以，動腦產生的創意是使用需要與相關知識、智慧的總結果。

　　我的經驗是思想至少可分爲：雜亂無章、天馬行空幻想式的，以及有條有理、有邏輯而可行等兩種；但都需要知識、常識的累積，經驗的運用，留意觀察後的聯想，細心體驗，以及立即的反應。

　　創意是動腦的一種結果，經過上述要件，藉由相關觸媒，達到引爆點時，就像閃光雷電般產生靈機一動的動腦精粹——解決問題的方法、觀念或產物。

　　天馬行空式思考方式，對無中生有的憑空創意，比較有幫助，對動腦品質的活鮮創新也比較有作用；但是對既有問題的解決，則以有條有理，分析比較式的動腦方式較有用。

　　程度相近的一般人思想能力都差不多，思索同樣一個問題的解決方法，大的差異在快慢之分；知常識、經驗活用、聯想力，以及思想方式等等不同，則對動腦品質與速度產生差異。

　　動腦的立即性更重要。這是一個講求速度的時代，立即動腦就是爭取速度的方法之一；立即動腦能在問題初期，得到解決辦

法，甚或有未雨綢繆，防患未然的效應，否則，積重難返，大錯已成事實，動腦解決就麻煩多了。

以單純的發明專利來說，面對需要，立即動腦是優先獲得專利的要件之一。更何況，個人、家庭、企業、社會、國家發生問題，需要動腦解決時，立即動腦當然能以相對快的速度爭取到時機，並將損害降到最低。

面對 21 世紀瞬息萬變的知識經濟時代，個人存活發展能力、市場開拓、產品研發、成本降低、行銷創意、企業改造、競爭力提升……等，都顯現動腦的立即性很重要。

國際企業巨人 IBM，都因爭取無限商機，作重大投入，動腦與微軟等爭取速度，更何況你我在短暫人生執行力方面，能不追求速度、品質嗎？

立即動腦指的是，面對問題，主動積極，刻不容緩的爭取時效，動腦思索解決問題。

2. 馬上辦

　　有好點子，好計畫，馬上行動則更重要。

　　不付諸執行的點子，不行動的方案，都是空談，都是幻想；再好的腦力震盪結晶，不實踐，就毫無意義，根本不必動腦，勞民傷財，多此一舉。

　　許多人一生也就因空想不行動，匆匆隨幻想幻滅。行動是成功的必要條件，而且不馬上決行是最致命的錯失，也等於毫無解決問題的績效。

　　古人擊鼓論戰，一鼓作氣，再而衰，三而竭，也是這個意思。

　　日本侵略戰爭失敗後，迅速復甦，成為世界強大經濟體的原因很多，諸如，從中國以及東南亞掠奪的錢財、物資極多，戰爭期間本土工業未遭受到嚴重摧毀，美國托管與美援，沒有龐大的國防開支負擔，成為韓戰軍備供應站等等皆是，而相當關鍵的則是有了以上優勢之後，日本全國上下徹底執行「馬上辦」運動。

　　中華民國台灣自民國卅四、五年起，之能由二次大戰廢墟中站起來，讓台灣由殖民地時代的人人皆貧，創造了台灣政經奇蹟，除了民國卅八、九年國民政府由大陸帶來巨額的黃金作為新貨幣發行儲備，穩定物價，安定人心，大批人才隨政府遷來台，金門大捷穩定情勢，韓戰帶來美援等等之外，廉潔的國家領導人、傑出的財經部會首長，無數政務人才、企業，以及相關全民

凡事的「立即動腦，馬上辦」，更是主因之一。

其中最具代表的是，尹仲容、李國鼎、孫運璿、趙耀東等等皆是。

民國90年5月最後一天上午八時，在國內有「科技教父、財經教父」之稱的李國鼎先生，因腦中風過世，享年九十二歲。

當天聯合晚報四版頭題寫著——「教父走了」，財經官員嘆：「難再有第二個李國鼎」。他培育人才，大量引進外資，創造台灣奇蹟；他，行動力強，車上常備紙筆，隨時下條子，李遠哲稱讚他：「很了不起」。

李國鼎先生是創造台灣經濟奇蹟重要功臣之一，先後出任經濟與財政部長，對國家經濟建設的成功規劃與推動，有關鍵性作用。

早年在庚子賠款獎學金獎助下，李國鼎先生赴英國劍橋大學取得物理碩士學位。政府遷播來台後，先後擔任過台灣造船公司協理、總經理，後來知遇於尹仲容先生；尹仲容先生主持的美援會（經建會前身），培養人才眾多，李國鼎即為其一。

後來尹仲容先生過世，李國鼎接下重任，並相繼擔任財經部會首長，形成財經人才清流，即現今所謂的KT系。

KT系人才知識能力強，任事積極清廉，分布在財經、科技、企業界，對國家經濟建設，科技研發創新、企業界經營投資貢獻至鉅。

可惜的是，與他同輩或共事的均已老去，追隨他的另一代也多老邁，並多已退隱，即使健在，也被閒置。

雖然這是一個「某件事不是非某一個人不可」的時代，但台灣近些年來經濟低迷、政局動盪不安、投資減縮、產業出走、百

業蕭條、財富縮水、失業者日眾等日趨嚴重，絕對又與李國鼎等象徵專業技術、清流廉能、創新突破與知言行合一者的淡出，以及根本無從發揮有關。

李國鼎先生最為人稱道的是他「立即動腦，馬上辦」的行事作風。

當美援即將結束，他立即動腦引進外資，並以擴展出口帶進更多資金。因為他引進美國為主的主要工業國資金與低率貸款，使我國成為第三世界引進外資最多的國家。

為了拓展外貿，民國54年任經濟部長時，又立即規劃創設高雄、楠梓、潭子等加工出口區，這些都是我國經濟發展的命脈與成功關鍵。由民國54年起至57年第四期經建計畫期間，平均經濟成長率9.8%，平均年工業成長率17.7%。

民國58年轉任財政部長時，他又主動積極動腦，馬上行動的推動諸多創新改革，也這樣才創造了台灣經濟奇蹟，奠定了往後經濟發展的基礎。

李國鼎在座車裡準備一支紅筆，一本便條紙，隨時發現問題，想到點子，就記下來，下車立即交屬下轉令相關單位研究辦理，並且追蹤結果。

不過，「立即動腦，馬上辦」，也要有接納、支持的更高領導人，以及足以貫徹執行的人才與環境；否則，也是寸步難行，徒留朝令夕改罵名。

「立即動腦，馬上辦」也要有無私與清廉的本質。所謂：「無欲則剛」、「端坐念真相」、「理直氣壯」、「本立而道生」、「行得穩，走得遠」等等，都是這個道理。

李國鼎一生「立即動腦」為國為民，「馬上辦」圖利他人；

他引薦張忠謀創建台積電，協助宏碁施振榮爭取美國 ITT 代工訂單、現金週轉，爲遠東紡織徐旭東展延向美國 Amoco 購買 PTA 原料款；以及無數的財經政策、經濟建設、工程計畫的實施，都是他「立即動腦，馬上辦」的具體結果，也都具有無私與清廉的品質。

所以他一生兩袖清風，又無權勢，但在他被授予的職權內，卻有很強的實踐力，也才爲人們所禮讚、懷念、師法。

我從民國 57 年到 92 年這三十五年《經濟日報》工作期間，無數次領悟到李國鼎先生「立即動腦，馬上辦」的魅力；即便是參觀一個展覽攤位，或是爲《經濟日報》副刊「企業管理版」寫一篇文章之類小事，也反映出立即深思熟慮，馬上具體行動的事實。

台灣迄今雖遭遇許多變故，仍舊屹立不搖於艱難險峻中，實在是與如李國鼎等一群人數十年如一日的長期貢獻有關。而他所樹立的言行眞清流典範，影響所及更是深遠，所謂「十年樹木，百年樹人」，他對包括我在內的眾人的永恆助益與影響，應是他更偉大的另一貢獻。

我在職場三十五年，接觸過無數成敗者，大體而言，「光想不做」、「光說不練」或只靠一張嘴的人，都沒什麼好結果；凡事能「立即動腦，馬上辦」的，都有一定的成就；我非常信奉王陽明先生的「知行合一」學說，更由李國鼎先生「立即動腦、馬上辦」的身教，體驗出馬上行動更重要，而實踐的「執行力」更更是成敗關鍵之所在。

3. 全心專注

　　美國總統甘迺迪的名言：「不要問國家能給你什麼？ 要問自己能給國家什麼？」這話同樣適用人生在世「群我關係」的處理，尤其顯現於職場上班族人與公司企業之間和諧共存關係上。

　　在中國也有：「反求諸己」、「己所不欲，勿施於人」、「將心比心」、「受人點水之恩，當以湧泉相報」、「寬以待人，嚴以律己」等類似的名言。

　　時代再怎麼蛻變，人心再怎麼樣惟危，這都是我們面對做人處世問題時，心中該有的那一把尺。「全心專注」則是職場上班族人貫徹執行上述「名言」、「座右銘」的核心動力，而且「全與專」之下，必能主動積極又慎重負責。

　　全心專注是努力負責任的具體表現，必有一定的成效；敷衍了事與全心專注同樣是工作八小時，相信絕大多數人為了「心安理得」，也為了「升遷榮譽」，都會選擇全心專注的。

　　從事新聞採訪與副刊主編工作，都讓我見識到無數成功者的共同特質，就是「全心專注」做每一事。「全心專注」也就是用全部心力，專心盡力加上力求盡善盡美的專心一志工作，即俗話說的：盡人事。演出後又怎麼會沒有一點「安慰獎」呢！

　　從小，我像所有人一樣，被教育要「全心專注」地成為一個有榮譽感的：「做人要『仁盡義至』，做事要『積極負責』的人」。這也讓我從民國57年9月起到92年7月，三十五年來一

直朝此目標努力以赴。

相信台灣之能創造「經濟奇蹟」，正是因為有更多人受此教育的影響，在每個角落，全心專注於每個工作崗位上，盡心盡力所致。

記得初進專業的《經濟日報》時，自己除了採訪寫作等相關知能外，唯一的「專業學識」是在校期間修過的經濟學概論與財政學，少的可憐的經濟知識，則來自56年4月20日《經濟日報》創刊起至我服預官役退伍期間，訂閱《經濟日報》的一點膚淺收穫。

嚴格說，當時根本沒有經濟專業記者，只有少數幾位屬於冷門路線，俗稱市場行情記者，那時，「社會新聞」是主流，名記與往後升遷有望的也是這些記者，跑財經部門、銀行、台電等國營事業，政府債券的記者並不吃香，甚至連跑體育、文教、影劇娛樂的記者都不如。

《經濟日報》創刊後，因供需問題，「市場行情」記者「鹹魚大翻身」，為鼓勵這些由大報轉任新創小報，絕大多數來自聯合報跑迪化街油米雞蛋行情的志願軍，除仍支聯合報待遇之外，到《經濟日報》還「見官大三級」的兼任主管。

所以實際全心跑新聞，以及高級主管的財經相關知識也有限；仍以一般新聞處理見長，經濟知識都是「邊做邊學派」的；比常逛市場的家庭主婦強不到那裡去，大家都在學習摸索，幾乎沒有專業前輩可學習。

記得當時一位國際知名的德國經濟學專家，就曾直言：「以台灣的經濟規模，根本養活不了一份經濟專業報紙。」大概意指，沒有那麼多經濟新聞內容（養分），沒有那麼夠熟練的記者

編輯採購烹飪，沒有那麼多讀者（顧客與發行收入），也沒有夠多的廣告收入，怎麼能存活下去呢？

就是在這種大環境裡，我憑藉「天下無難事，只怕有心人」的精神，比在學時期還用功，但凡採訪時可能涉及的知識，我都投入大量心力去準備，圖書館、《自由中國之工業》雜誌、經建會、素昧平生的公會、企業、學者專家成了知識資訊來源，還悄悄地自費參加與採訪路線有關的訓練班、所講習，買好多專業書籍苦讀。

我還建立一個私人疑難雜症諮詢顧問智庫，除財經稅法像財政學者張則堯、管理學者陳定國、大宗期貨教授陳世爵等之外，還有工科院副院長顧光復，工業設計的吳道長、袁國泉、王鍊登，電子電器資訊業陳茂榜、黃茂雄、翁明顯、張人鳳、黃銘、呂勝雄……。

其他，如建設機具車輛類陳大溝、李維武、金超俊，日用化工類天工企業的蘇銘，國聯白蘭洗衣粉的洪老典、曾廣安，食品類有克寧奶粉朱永恩、吳添福，綠藻類陳萬子、顏大村，釀造吳文華，可果美平井豐、朱春男，紡織服飾的吳火獅、鮑耀強等等，當時主要工產業專家都是我請教的活字典，甚至攝影大師郎靜山，導演嚴俊、李翰祥、李行、胡金銓，廣告傳播界先進史習枚、許炳棠、賴東明等都隨時給我協助。

也因為他們的協助，我由一個連問題都不知如何提問的記者，進步到受訪者、讀者、編者都喜歡的專業記者；有許多受訪企業老闆甚至因為我的專業內行，希望我能為其提供關鍵性的意見。

台灣首屆商展、第一屆音響大展、工業設計競賽、金字商標

選拔、企業家及企業經理選拔等等的舉辦，都有我的創意建議在內，然後由《經濟日報》主協辦或贊助開始。那時，外貿協會甚至還未成立，或未將展覽視為重要業務；其他對單一企業或個人的建議協助就太多了，而這些都是我個人對工作「全心專注」的副產品。

也因為我的許多同事像我一樣的全心專注的投入，《經濟日報》經過三十八年的摸索精進，已成為一份台灣模式、內容全球化、兩岸華人最重視的經濟專業報紙。

在職場上，任何有進取心的上班族人，只要你踏上就業這一步，全心專注是最起碼的義務責任與道德良知。否則，什麼都不用談了，運氣好，醉生夢死，庸庸碌碌過一生；弄不好，人生一敗塗地白走一趟，既對不起自己，也對不起親朋好友、企業雇主，以及浪費了大約佔你五分之二人生的職業生涯。

4. 踏實付出，別計較

　　我一向認爲，雇主與受雇者，同事與同事，以及上中下游企業間縱橫關係，都是非常難得的機緣，要珍惜、要相互扶持。

　　中國有句老話：「遠親不如近鄰」，爲什麼？因爲遠親很少往來，以前還有「張家村」、「李家集」之類沾親代故的同宗親戚聚居在一起，現代雖說交通捷便，天涯若比鄰，但「比鄰」的距離拉大，再加上受教育、就業因素，親戚居所更是分散；見面交往機會更少，「見面三分情」，別說一輩子老死不相往來的「印象派」遠親了，近親一年也有見不到一、二面的。

　　比較之下，那有天天、經常見面，甚至於還守望相助的近鄰有往來呢！然而員工與雇主，同事之間，天天總有八、九個小時共處一室，有的還同事十、二十、三十多年……許多好同事之間的秘密，比家人、夫妻之間還多；男女同事間純友誼比夫妻、男女朋友還好，因爲感情與知悉是時間培養出來的。

　　所以千萬要珍惜這份情緣，除了互相扶持之外，先由自己踏實的付出與不斤斤計較做起，能協助提攜、奉獻心力或經驗分享的，就盡量去做。

　　人心是肉做的，要相信人性本善，是會被感動的；就算是碰上鐵石心腸，惡性難改的老闆或同事，假如你踏踏實實的付出，自己努力以赴總有好成績的，爲自己多做些事，也不算吃虧。

　　說到三十多年前辦展覽，主客觀條件都很艱難，眞是一句

「慘澹經營」了得。別說沒專業人力、固定場地，相關法規，甚至連舉辦展覽活動專長者都沒有；唯一有的是：許多廠商認爲這類創新形態的展出效果不錯，以踴躍參展支持。

為配合參展廠商需要，主協辦的《經濟日報》會在報上闢若干版面出版展覽特刊，如大規模展出，報紙限張，就另行出版4開（約全10批規格）版本的展覽專輯，不管是那種形態的展出特刊或專輯，其中大約有半數是廣告；在那個沒有多少人知道《經濟日報》，廣告收入有限的初創年代，主協辦展覽等活動，是一件打 知名度與對發行廣告有助益的事。

那時台北市中心在火車站，現今台北凱撒飯店（原來來大飯店）及後面附近的空地，就成了唯一展覽地的選擇。

為了宣傳《經濟日報》，報社通常在會場也設服務攤位，直至後來的松山機場展覽館、信義區外貿協會新展覽會場，也都沿襲設置。

這些攤位都是由我們自己去裝潢、輪值。土法煉鋼的一些裝飾材料，也由我們自己用三輪小貨車分批運去會場，然後DIY裝飾一番。

我們不會踏三輪小貨車，車子加上裝飾、展出材料，很重很重，就由幾位同事前推後擁的推去會場，有時還要來回推好幾趟。

由台北市峨嵋街康定路口的報社，到林森南路忠孝東路口附近，距離很遠，連冬天都汗流浹背；可是大家簇擁而去，就像家有喜事一樣，也不覺得多累；當有參觀前來我們攤位時，大家也像獻寶似地推薦這份報紙。

對編輯部採訪組採訪記者來說，這些都是八竿子扯不上關係

的份外事,事實上也有記者是置身事外,不聞不問的。但大夥都能抽空參與,高興盡力付出,至於什麼加班費?是否是額外工作?超工時?有關考績?……根本沒想過。

那時經營環境不好,物質艱難,顯然賠錢的《經濟日報》不管再怎麼賠,每年薪水總會調升5%～8%約一、二百元,年終獎金也少不了;最最令人懷念的是那溫馨的年終聚餐。

物美價廉的台北市中華路「真北平」涮羊肉最受歡迎。記得每回都吃得桌面杯盤狼藉,盛肉的小碟子堆積如山。然後大家散去,明天、明年再向前邁進。

回首當年餐聚的老闆、長官、同仁,大多已退休,部分也離我們而去,還有部分不知流落何方,也有的已由當年受邀的歡宴者,成了今日邀宴者;世事就是如此變幻無常,但當年絕大部分不計較得失,埋頭苦幹的同事,下場還不錯。

《經濟日報》迄今已創刊三十八年,由台北市中興橋頭康定路口,遷到忠孝東路四段現址,總編輯從丁文治、劉潔、吳博全、應鎮國……等八位,總經理也歷經六、七位,營運轉虧為盈,並且由唯一經濟專業報紙,進而成為《工商時報》參與競賽的局面。

我個人在職三十五年中,在《經濟日報》編輯部採訪組,以及支援工商服務部編採組計十四年,其中兼民生報讀者服務組一年,調聯合報創設企劃組一年,最後的二十年回《經濟日報》主持副刊組。

這三十五年與報社一路走來,起起落落,總因許多「機緣」,一切還算順利;至少覺得能與報社同甘共苦,盡到了一個受雇用者的責任,還主動積極不計得失的作最大付出,也還清了

創辦人王惕吾先生知遇之恩；有道是：「人情債難還」，無債眞是輕鬆愉快呀！

在職場工作，任何人都要珍惜這份機緣，大家要相互扶持，就算你是一家成功如「微軟」企業的老闆比爾・蓋茲，他866億美元的財富，憑一己之力也不足成其事，更何況云云衆生？

要懂得感謝別人，當你時時心存感激時，你就會眞心誠意的盡心盡力付出，也不會計較有沒有相對的回報了，這種人是屬於受歡迎的人，別人樂意扶持的人。請相信，冥冥中該你的總是你的。三十五年我就是這樣走過來的。

記得應鎮國先生擔任《經濟日報》總經理（當時建制是經理）時，已將業務營運得轉虧爲盈，到民國66年周顯先生接掌後，希望業績能更上一層樓，由數千萬突破一億。

有一天，從華視業務部來的周總，向大家徵求如何突破的建議。

熬了一夜，我將平日的一些想法，以及在編輯部與工商服務部身體力行的經驗，加上一些可行的創新建議，很具體的寫了一本名爲「一億計畫」的企劃書呈給周顯總經理。

周總核閱認爲可行之後，又將該企劃書轉呈創辦人王惕吾先生，時任報系董事長的王創辦人看後，將企畫交給擔經濟日報社絕大部份業績的工服部執行，並發給我一個一萬元的特別貢獻獎，當時，我的月薪僅3220元。

那年報社業績果然大大的突破一億。許多業績衝刺制度、獎懲辦法、全盤與個案計畫擬訂、細部實施方法，也是由那時開始建立、推行。

整個《經濟日報》活動起來了，所有同仁不再蒙著眼睛作

戰，全年的業績年初就知道七分，一切依計畫作業，有目標，有方法，更有扶持；這年我的考績當然非常「特殊貢獻」。

民國 67 年初，聽說中國時報系也要辦一份經濟專業報紙（即 67 年 12 月 1 日創刊的《工商時報》），我又主動擬呈一件雨前計畫，就是未雨綢繆提早擬訂實施一些方案，讓自己跑得更快，使對手不但追不上，且拉大彼此距離。

為此，王創辦人又給我一個 1 萬元特殊貢獻獎，並請我吃了一客非常道地的牛排大餐，與老闆吃飯，雖然十分彆扭，但受肯定與賞識的榮譽，是萬金難買的。這年我月薪才 3540 元。

其實我做事一向深思熟慮，依計行事；這些計畫只是單純的為報知遇之恩的付出，以彼此扶持的立場，作經驗與智慧的分享，提案之初，根本沒想到什麼獎金、牛排、升遷之類的事。

時至今日，這觀念與做法我仍未改變，這份感覺仍然存在著；雖然與現今許多年輕人或企業文化已大異其趣，格格不入的相去真不可以里計。可是我仍建議新時代的新上班族人，試試「踏實付出，不斤斤計較」的滋味，那是意外驚喜，永難忘懷的甜美滋味之外，還會出現利人利己的結局。

5. 始終如一

　　白居易有詩云：「周公恐懼流言日，王莽謙恭下士時；向使當初身便死，一生眞僞復誰知？」這是教人做人處世要：表裡如一，始終如一，持之以恆的警語。

　　現今職場流行 1-3-5 任職期限，即一年觀察了解的「騎驢找馬」期，三年必須跳槽期，五年再不轉換工作就晚矣的「大限」期。

　　在一次我談「永續經營與終身聘任」演講場合，一位年輕上班族人，了解兩者之間重要的因果關聯性之後，他說：「眞羨慕以前的企業與任職員工，但現代企業文化與就業文化都變了。」

　　他說：「今天，你若想要薪職大躍進，就要一再換公司；頻頻的換跑道，才能超越別人，不但新公司器重你，老東家也會加碼要你鳳還巢；在一家企業工作太久，如果超過五年，會讓人認爲你才識有限，只有在原地混日子。」

　　我對他說：「你講的有一點道理，但是你忽略了一個重點，那就是你憑什麼要新企業讓你遂心所願？本事，才識！對不對？如果有，爲什麼不優先考慮在原單位用表現突顯自己，達到你轉換工作才可以達到的目的？如果你沒有那些令新企業言聽計從，滿足你要求的核心價值，就隨著『跳槽等同薪職躍升』起舞，小心成了落選的一群，要知道，企業也有驗證誰是眞金的辦法。」

　　「當然，除你之外，如果大家都認爲你是千里馬，而你在原

企業因公司制度，主管、老闆缺乏識人、容人、用人的智能，你屢經嘗試無效之後，我也贊成你換公司以圖發揮；關鍵在你是否真是『千里馬』，我認為：『工作環境，未來願望是否能實現，比薪水加個一、二萬，職稱好一點，重要也實際多了，終究你進入職場不是 1-3-5 年就結束的。』」

轉換一次工作，也就是浪費了絕大部份轉換點之前的努力、經歷與生命；除非你根本就是心不在焉，志不在此，浪費些生命不要緊，混日子找機會跳槽。那又何必當初，佔了別人就業機會，又虛擲有限的生命；何不利用這段時間充實自己，慎重其事的選個真正適合自己的工作。

說穿了，還不是自私自利。企圖領舊老闆的薪資，學跳槽的本事，周而復始的玩這種不夠光明磊落的自私遊戲。

且不說雇用你的老闆與共事的同事會不會真心待你；你如此心不在焉的「數饅頭等退伍」式的任事心態，除了騙一點薪資之外，根本也學不到什麼東西，更別說有什麼表現了。

西諺：「滾石不生苔」，意指人要有進步，要不停的注入新知識、新觀念，產生新智能。如同中國諺語：「活水不臭，活木不腐」。

可是從另一層面解讀，「苔」本身屬於藻菌類植物，並不是什麼壞東西；「苔」如果是螺旋藻、綠藻，或中藥材，或站在欣賞山水、環保角度，或視「苔蘚」為時空沉積的新生命、職場工作的經驗累積，這「苔」可是好東西。

如果你三不五時的搬動你的工作，每個地方都是新環境，都要重新開始，都像路人一樣是個「過客」，像搭乘渡輪一樣，船過水無痕，又怎麼能累積經驗，產生熟能生巧的智能呢？還談什

麼表現、績效？

我在學校接受新聞教育的開宗明義的一課，就是：「要以新聞事業爲終身志業。」民國57年9月我依事先約定離開民族晚報，回到同是新聞事業的《經濟日報》任職一事，系裡一位不明原由的教授還以此爲例，非常嚴厲的告誡學弟妹們不可如此見異思遷（大概是指跳槽），而我就是用在《經濟日報》工作三十五年來說明一切。

所以，假如你眞有本事，我滿傾向在同一企業內，要求調整你的工作職務。當然，這有一定的難度，有些喜歡搞鬥爭的主管，比較會將對手留在身邊就近修理，所以要想調動很難。

而又有些企業文化是過度受權主管處理人事問題，遇到紛爭，也比較支持主管，至於遇到那種以權謀手段，冷凍對手（部屬），讓對手毫無表現機會，然後借機去除，那確實很冤枉，也很不光榮。

但也並非無解，因爲現今申訴管道很多，你若眞有才華，可列舉事證，逐一說明；當然，事證與強調你很想做事很重要，空口埋怨沒用。對公司有利而又有眞才實學的員工，老闆到最後關頭，還是會留用的。留用後你的表現就可說明一切了。

假如一切努力無效，你已仁盡義至，再離職也不遲，像這樣的老闆，才會有這樣的主管；而且是他們負你，不是你負人，請相信，心安理得，以後無論你到那裡都能勝任愉快的。

其實，我三十五年一萬兩千多個在職生涯日子裡，樂在工作時也曾有過被冷凍惡整的經驗，更有過競爭對手報紙，適時優渥禮遇挖角的痛苦掙扎，最後我以請求報系內部調動方式擺脫鬥爭，又以調動後始終如一的卓越表現證實一切。

因為我由進報社的第一天起，本著感恩圖報的心，全心專注投入、主動積極的踏實付出、不計較名利得失，又有諸多特殊貢獻，所以專任記者只幹了七年，就一路由地方通訊組副主任、編採組副主任、主任、企劃組主任兼副理，到王創辦人指定調聯合報創設企劃組的主任兼副理。

在這十五年中，我覺得我主動發揮潛能，盡到了每一個階段員工該盡的責任；其他如自發性的在報系關係企業間的盡力協同作業，橫向單位的配合支援，以及新舊同事間的經驗分享、相互扶持，是我認為最快樂的成績。

因為我有得到提攜與被壓制的經驗，感覺點滴都在心頭，所以，我在擔任幾屆新人職前訓練班主任時，傾囊相授，細心教導相關的知能技巧之外，還耳提面命遵行職業道德的重要，並由本身做起。如今這些同事大多數已是報系企業或社會相關行業擔任重要工作。

平常與同事相處，也因感念曾受過別人的扶持才有今天，加上珍惜一個「緣」字，我也始終如一的以「助人為快樂之本」；只要能力所及，法理相容，總以感恩回饋的原則，扶持需要協助的人。

民國73年初，當我陷落職業生涯谷底，面臨最大轉折點時，老闆破例的要我接掌他認為是《經濟日報》重要賣點之一，但又需要精進的經濟副刊，主編企業管理版；除了老闆知人用人的睿智，對我的信賴與肯定之外，或許與長久以來種善因，結善緣；周圍的助力比阻力大太多有關。

前文講到內部調動之後，你的始終如一的表現更重要，因為你個人的表現不止是要證實你過去是對的，你自己是個可用之

才；也證明老闆決斷智慧的高明，當然，今後因你也可能爲企業拯救了一些像你一樣遭遇的同事。

聖嚴法師說：「腳踏實地、刻苦耐勞，可消業，且能使更多人因我們的努力而得到幸福，這是行菩薩道，而不是求名利前途。人應有崇高的生活目標，爲眾生解除痛苦，不是個人的未來、榮辱、得失。」

試試看，踏實付出，不計較得失，隨時關懷扶持別人，你會活得很踏實，很自在；雖沒有「行菩薩道」那麼偉大，但有一點菩薩心腸的人，一定快樂似神仙。

6. 具體成效決定個人價值

個人價值不是用嘴說的，是要靠自己以具體成效創造出來，然後由外界認定的。

單以來〈經濟副刊〉這二十年，歷經景氣繁榮與低迷緊縮的經營環境，我卻以以下具體作為，將「副刊」經營成為，讀者閱讀調查結果，名列「讀者最喜歡版面」前茅的版面。

※創造了「管理文學」，二十年來刊出約 5 千萬字；經由事先的審慎選擇作者，計畫溝通，嚴格要求與改稿，管理文稿水準提高了太多，像許多好的「報導文學」、散文小品一樣，已有相當的文學味道。

※將〈經濟副刊〉經營向跨國領域。現代經濟、企業、資訊都國際化、全球化了，導引台灣產經企業與個人經營管理方向，為台灣經營管理者充電啟腦的經濟副刊經營管理版，焉能不率先跨國經營。

除了以第一手國際經營管理資訊為版面重要內容之外，還邀請國際大師級學者專家來台演講、研討會；例如邀美國華頓學院的管理大師華特 勞倫斯來台，與「台灣經營之神」王永慶作「中西管理大師對談經營管理」等等轟動一時，影響深遠的活動皆是。

※與內外稿作者溝通於事前，也就是將內外稿盡量納入計畫作業。這是無私無我，吃力而又容易得罪人的事；這種「編者、

作者、讀者三向交流溝通的『雙行道』、『三行道』方式」，完全與過去作者投稿後的「單行道」不歸路不同。

如此可提高稿件水準，獲得真正需要而又好的稿子，對讀者、作者、編者、印刷出版者、發行運銷者都不致形成浪費，大家都歡迎。二十年來培養了經常為我們寫稿，而又納入計畫作業的作者多達 300 位以上。

※採用師承編輯學教授劉昌平、史習枚的「方塊精緻編輯法」，並因應新條件（例如直排改橫排）、新需要（例如版面不縮版，讀者需求知識資訊殷切），作修改光大。

「方塊拼方塊精編法」的優點很多，例如，不轉文，全是「方塊文章」，整體版面美觀大方，作者因此有受尊重的感覺，而供給最好的稿件；讀者閱讀、剪輯、整理也方便；寸土寸金的珍貴版面，因為沒有無意義空間而不浪費；每天大約可多給讀者 1000 字的文章，一年 36.5 萬字，我主持的二十年間，多供給讀者約 730 萬字（約 1200 個全版）有關經營管理的實用資訊。

而且這種方塊編輯法，也有利於現今電腦線上拼版、美工作業與新印刷術性能的表現；唯一的缺點是，編者要在版面規劃、文字精算、拼版等等方面花更多的心力，所以有些能力有限，又冥頑不靈的守舊編輯，相當排斥這種編排法；而使用電腦拼版後，這一點點缺點也成了優點；所以現今不僅許多副刊、專輯紛紛仿傚，連新聞版面編輯手法，也朝這種趨勢發展。

從服務讀者、作者，節約資源的立場看，這也是很值得耗費心力，創新又鼓勵大家一起走的路。

※創造了「挈題」。「挈題」就是版面上一個欄或一篇文章的小題，有提綱挈領、畫龍點睛、分門別類的作用，讀者一看就

知道這篇文章是那一類，精彩重點又在那裡，有利讀者選擇、閱讀、抓重點。

所以二十年來，連各大報新聞版面，甚至電視台也紛相效應。

※初接副刊時，即了解「企業管理版」，要滿足的是整個經濟社會數以千萬計的讀者需求，以「經副」有限人力智力，根本無法供應這種無限需求的資訊，解決之道是：以整個社會的知識智慧營養，灌漑這塊屬於所有讀者的版面。

因此，我耗費太多精力在開闢新主題、新作者稿源方面。

經營管理類的文稿，不比一般散文小說等文藝創作，除了文筆詞彙修為之外，還需要經營管理專業學養，尤其還要與世界同步接軌；有些為「經副」撰稿的學者專家，或因知名而取得更多研究專案，或應聘為企管顧問，或學而優則仕，那有時間寫稿，偶一為之，也選擇條件最優渥的。這是個因此導致好的稿源不穩定的冷酷事實。

如何以人情穩住這些老而知名的作者，又如何不斷地培養好的新作者，讓「經副」永遠擁有第一線作者，供應第一流作品，就成了非常重要的工作。簡單說，就是：「要將心比心，誠心誠意的用『心』經營」。

千萬別因為你有取捨權，而理所當然的認為你就比他們行，把作者視為被挑選管理的一方。假如這樣，老作者一個留不住，新作者也培養不出來；別忘了，大家不都說：「員工是企業的最大資產」嗎！同理，「作者也是出版公司、主編最大的依持」，沒有好的作者群，出版者、主編還玩得下去嗎？

※與電台、電視台、雜誌、出版社等多媒體合作，同步刊播

出一些專題或文章。這樣能讓更多人閱讀受益，也是媒體間相互合作扶持。

※與正派的社團如中華民國企業經理協進會、管科會，北中南知名大學相關系所院合辦大中小型演講、研討、座談、讀書等會，讓更多人參與，並將記錄在副刊刊出，以利許多無法參與者。二十年來總計舉辦 800 場左右。

※與玉山科技協會、全球華人競爭力基金會、台灣 IBM 公司、麥肯錫企管顧問公司、哈佛商業評論等等諸多學術研究機構合作，互惠的洽得世界級學者專家免費供應第一等稿件，這真是「馬兒好，馬兒又不吃草」的合作供稿創舉。

而且這類稿件所佔比例不低，不但將版面內容再提升，且節省相當的採訪人力與稿費支出。

從民國 89 年前後起，大的經營環境相當緊縮，為能在逆境中成長，企業必須在人力物力各方面精簡，但對讀者提供的版面質量卻增加，副刊人力減少至原來的三分之一，版面工作量反而增加約一倍，又適逢實施周休二日，最高時，平均組每位同仁每個工作周生產力為 2.5 個全版。

在獲得共體時艱的共識下，規出副刊人力「責任制」。不論組員多寡，均能靈活運用，促使各人發揮專長與潛能，並以上述外稿納入計畫作業機制；穩定地、降低成本地解決了長期人力不足的問題。

副刊以有限人力，還曾額外肩負隨《經濟日報》贈送的《經濟雜誌》編採任務，像領先報導王永慶海滄投資計畫、「六四天安門」現場實況，以及其他許多系列報導均屬膾炙人口之作，也為報社帶進好的業務收入與口碑。

　　其他還有許多吃力的額外工作，例如將副刊叫好又叫座的連載或專欄，推薦給關係企業集結出版經營管理類叢書；二十年計約在百本以上，其中有許多是進入暢銷書排行榜的。

　　推薦出版的意義有二：其一是讓好文章的影響力、受益範圍持續擴大，時間無限延長；其二是對好作者的一種扶持。

　　有一年，經濟部舉辦經營管理金書獎競選，由幾百本參選書中選出 11 本頒給「金書獎」，而其中曾在「經副」刊出後出版的書，竟然佔 7 本，得獎率高達 63.6%；也足以證明「經副」規劃內容之精確嚴謹，選用稿件之與時代需求的密合。

　　從我 57 年 9 月進報社的第一天起至 92 年 7 月屆齡退休，這三十五年來如果略微有一點表現，那是因為主動積極、全心專注，盡力付出、不計個人得失；當然，最重要的關鍵在：不是五分鐘衝動，而是三十五年始終如一的去實踐，持之以恆的以具體作為決定個人價值，盡一個職員工的責任。

　　我的資質、能力與運氣並不是很好，成就也沒什麼好羨慕的，只是在我的標準下，尚能悠然自得，覺得不虛此行而已。我能，你當然也能！

7. 幹什麼，是什麼

　　有人說：「幹什麼，像什麼」，我說：「應該是幹什麼，是什麼」。

　　這差別在「像」只是有點「像」，很「像」，維妙維肖太「像」了；可是也只是「像」而已，並不等於「是」。

　　品管頂尖的工業產品、複製生物都不盡然絲毫不差的等於「是」，更何況人的作為；「是」什麼應為第一努力目標，「像」什麼僅是次層次水準。就算你說「幹什麼，像什麼」的時候，你的內心目標還要是「幹什麼『是』什麼」。

　　「像」只是形容、泛泛的比較用語，如果嚴格說，除非是表裡完完全全的「像」，始終如一的「像」，否則，「像」只僅於外在的相似，深一層剖析，頂多算是「似是而非」；說這話，不夠即物窮理，既不科學，也不負責。

　　但人生就既「像」又「是」一場戲，我們都是演員，壽命長的，演得比較久，短命的演短暫一些；大人物、知名人物，戲份重，觀眾多，一般人也有一般的戲路，一定的觀眾。

　　一國元首，當然是這個國家的第一主角，一個企業的老闆、經營者與一家之主的家長，在這個企業、機構、單位或家庭的戲碼裡也重要得不得了。

　　所以在人生舞台上，再怎麼了不起與再怎麼不重要的人，都因戲碼不同，角色不同，而擔綱不同的戲份。

　　例如，真正民主國家的民選元首，在總統府裡，是千萬人首長、是最高統帥；行政時，是人民身家性命的褓母，是最高公務員的公僕；回到家裡，就是為人父母、子女、丈夫、夫婿。相對的，一個拾破爛的，社會地位不高，可是在破舊物處理場，他有他的專長，回到家裡，仍然是兒女的父母，一家之長。

　　因此，人生舞台上，有千萬種角色由千萬人扮演，都有其必要性；重要的是你演什麼，要像什麼，幹什麼，要是什麼！不分貴賤尊卑，不分主配角或跑龍套，你要演好你自己。

　　角色怎麼區分？生產裝配線上，點焊工與插置晶片者，或品管員，誰是主角？誰是配角？如果整座工廠，這條生產線是什麼角色？一家生產貿易公司，是在外招攬訂單的重要，還是研發、生產、運銷，或財務等部門重要？一個企業的資方與勞方誰是主角？一家報社或出版公司，老闆、員工、作者孰重？孰輕？

　　答案是：在分工合作的舞台上，只有角色的不同，沒有重不重要之分，大家都重要；尤其是主其事者，要有這樣的認知。這也是企業家：「員工是企業最大資產」的由來。

　　所以在人生舞台上，每個人的角色有如人的五臟六腑，沒得分重要與否的，重要的是你能否盡職，成功的演出個人擔綱的角色。

　　而且在人生舞台上，有的角色經常都在變化，又有的角色卻終其一生不變的。所以不必說什麼重不重要，要在意的是始終如一的，盡力演好你自己每一階段的自我角色。

　　例如，人出生後，角色是個嬰兒；長大了些，是個少年；唸書了，是個學生；服兵役時是軍人；退役入社會，就是個社會人、上班族；成家了，就成為家人；退休了，你又是個退休的老

人。

這階段變化大致分０～六歲幼少年期、六～三十歲學習成長期、二十～六十就業成家期、六十一歲起退休養老期。如果每個階段演出都很稱職，都很成功，合併起來，你的一生也必然演得不錯。

演得稱職，就是演什麼，是什麼！至少要演什麼，非常像什麼。這是知易行難的事。

以唸書來說，專職從事這「工作、職業」，應該很容易演吧！其實也不盡然。

很多人因為天生資質、環境與努力不夠，就沒辦法將學生的角色演好；有的「智育」獨秀而致五育不能平衡發展，也不算做好了學生這「工作」。

有的人唸書環境條件差，例如，家境清寒，必須半工半讀，提早就業，一時就要兼演兩個角色，演出成績可能兩個都好，一好一壞，兩個普遍，或兩個都不好。

進入社會成為上班族之後，影響演出的原因更多，人、地、事、物、時是最起碼的五大要素；工作、能力、心態、感情（戀愛）與家庭是另五大項目。

尤其是社會新鮮人，初出就跳上這個社會大舞台，有五花八門、七彩繽紛的分心因素，有算不清的理想待實現，運氣不好，更有意想不到的阻礙突然出現；常常讓人有力不從心，時不予我的感慨；確實會演什麼，硬是不像什麼，更別說「是」什麼了。

很慶幸我成長在一個重視子女讀書的家庭，家教為我打下好基礎；在鳳山鎮文山里鄉下唸書，包括我在內，多數人都是真正放牛種田家的孩子；書念的很順利，從來沒補習過，也沒背過沉

重的大書包，甚至到高三聯考前三個多月，也沒什麼升學壓力；沒壓力的演出，就輕鬆愉快，自然傳神多了。

大學四年，除了有時會為賒欠的學費發愁之外，一則因半工半讀感受讀書機會珍貴，再則因在圖書館工讀，坐擁書城的機緣，確實讀了許多書，長了許多智識；學生這角色演得還算有模有樣，大有所獲。

這由南京紫金山下小學先修班，到陽明山華岡上大學畢業，這十七年「職業學生」角色還算成功的演出，對我一生影響深遠。在這個資訊獲得管道順暢，受教育機會極多的今天，許多人忽略了，也棄置了的這些優勢。

正式進入社會就業這三十五年，整體而言，是圍繞著理想，由生澀而成熟，由燦爛而趨於平淡。但每階段的演出卻各有不同表現，確實做到了演什麼，像什麼，幹什麼，是什麼。

回想起來，其實在職生涯的最後主持「經副」這平靜的二十年，扮演的應該是一生之中，最有意義，奉獻最多，對千萬人及企業最有助益的角色。

對我個人來說，「終身學習」是我的職業，也是不變的角色。我學習的教室是：「讀萬卷書」與「行萬里路」，自認還算是個好學生。

民國 32 年出生在「山水甲天下」的桂林，從小就學習在戰火中求生，34 年抗戰勝利，由長江頭而下長江尾的南京，再渡海來台灣，基隆上岸，鳳山定居，然後住遍高屏花蓮、新竹台中，最後在台北安居樂業四十年，這一圈遊學下來，已勝過老共的「25000 長征」了。

就業後的「萬卷書與行萬里路」更是精彩踏實。我覺得，不

但要演什麼，是什麼，還要一直進步，工作學習的經驗要能用在新角色的演出中，如此，你才可能獲得奧斯卡電影藝術「終身貢獻獎」。

坎特伯雷大主教總結他的朋友托馬斯‧沙克維爾時，沒有強調他政治家的優點，也沒推崇他詩人的天才，而是著力讚賞他日常生活中所表現出來的盡心盡責。

《品味的力量》作者說：「對大多數人來說，在自己平凡的生活中盡心盡力的時候，最高尚的品格也就在持久的盡心盡責中表現出來了。他們也許沒有金錢，沒有財產，沒有學問，沒有權勢，只要忠於職守，就是履行被創造出來的義務，也依然擁有高尚的靈魂。」

願以此與讀者共勉之。

8. 讓別人了解你

　　海水深到 1500 英呎，幾乎與光源隔絕，再深到 3000 英呎，就像漆墨一樣黑，可是那裡生存的生物卻又透明的一無所有。

　　爲什麼？爲的是能存活。在深海，生物最好的生存之道是，讓別的生物看不見自己；透明隱形就能達到這個目的，所以「透明」成了幾萬年演化的結果。

　　相對的這些生物最大的本事卻是：「能看到別的生物」，經由這種別人看不到自己，而自己能看到別人的本事，然後將別人吃掉，達到生存的目的。

　　企業經營與個人管理也與透不透明、看不看得見別人有關。有人總認爲：「企業或個人若能達到高深莫測，知彼而被不知己，在競爭時，對自己是有幫助的。」

　　而我的經驗却是企業或個人透明，可以顯現出自己汙點缺失與優點，企業可以及早導正，個人也可以準此修正，同時也可以讓身在企業內的員工，看到企業一定程度的未來計畫，知道朝那個方向努力。

　　而企業或個人如果眞正是攤在陽光下的透明，那表示，光明正大經得起透視；雖然，站在競賽的角度，深海生物與 SARS 病毒已告訴我們讓外界看不到的厲害；其實，知己而不讓外人知己固然有用，而知己知彼應該一樣有用。

　　這也是我們常聽到人民要求政府不要黑箱作業、要公開、要

透明；員工希望企業能在人事、財務等方面透明，在策略、願景等方面明確；交朋友又盼望坦誠交心的原因。

至於「看得到別人」，指得是看到別人的優缺點，他山之石可攻錯，警惕自己，作為自己學習改進的準則。

人嘛！通常比較容易看到別人的優缺點，看到了優點，就要虛懷若谷的像一張一無所有的白紙，儘量地吸收；若是缺點，立即檢視自己有否類似缺點，更要像潔癖沾上汙垢，去之而後快。

明儒楊繼業：「遇事虛懷觀一事，與人和氣察群言」，要人能虛心體察，察納雅言，從群言中吸取智慧，得到益處；與人相處，虛懷容易，最難是知彼，也就是說，當對方是一片空白，一無所知，完全不透明時，很難知道對方想什麼？要作什麼？有什麼優缺點？

相對的，正因為對方透明的像一張 X 光透視片，不論你是要學習、應對，只要對方現形，如果對方又有言行動作，就比較好學習應對了。

對海底生物，讓自己「透明」是一種求生之道，在職場讓自己「透明」也有類似的功能。

最基礎職員工，在正常情況下，若能讓你的主管明白你的學經歷、才華能力、各項專長、聰敏智慧、性格願望，以及你的一些觀念、健康情況，相信對他之後分派工作，交付任務，以致於人事升遷等等，有很大的幫助。

這是彼此「透明交心」利己利人的好事。「透明」的方式很多，一份很詳盡關於自己的「說明書」，非正式的閒聊，公事處理過程中具體表現，有意無意的婉轉說明，適當的借題發揮，同事間透過彼此關懷扶持的真誠流露，團體活動時展現，會議、腦

207

力激盪等等皆是。

只要你走正途，光明磊落，主動的讓別人了解自己並不難；顯示自己專長、理想、企圖心與性向也不丟臉。連出家人也都有「四大皆空」修成正果願望，孔聖人都周遊列國以傳道解惑爲志業；你我凡夫俗子，人各有志也很合理。

在職場與人共事，讓自己「透明」是彼此關懷了解的第一步，也是由自己做起的義務；除非你自認比天還大，不需要與任何人相處。

擔任各階層主管的，要透明的更多。對上要透明自己之外，單位的人事處理工作的計劃與結果也要讓上層透徹了解，對下要透明自己的專長優缺點以服眾，要透明自己單位任務的計劃、目標與執行方法，以利部屬知道「爲何而戰 如何作戰」。

主管也有義務了解部屬，除了個人隱私的那部份，其他與工作有關的，關係部屬成敗前途的都要關心了解。不管你是總裁、總經理、執行長、、部處長、協經理、主副主任，都只是個芝麻綠豆般小「官」，更是個要靠部屬分工合作「眾志成城」的扶持，假如彼此之間不了解、不關心、不協和、不扶持，整個單位又如何能有績效，更別說什麼共事「情緣」了。

企業老闆的計畫策略、目標願景，甚至於更高的國家領導人，是凡與人民有關的施政方針、作業過程，都要主動的透明讓員工、人民知道。這樣才不致不知己，也不知彼的蒙著眼睛打沒有目標的仗。

常聽人說：「知彼難，知己更難」，所以「知己知彼」才能戰無不勝，攻無不克。其實一點也不難，尤其是知己，讓自己站在 X 光下透明一下，只是個人願不願意，爲不爲的事。

在正常情況下，不管是上對下，下對上，或橫向間，坦誠會帶來更多的助力，對自己透明的檢視，也是學習成長的關鍵；企業行號機構只是個人的放大，透明與成敗的因果關係一樣。

至於讓對方透明的「知彼」，現今資訊管道暢通，只要不是刺探「個人隱私或工商業機密」，圖謀不軌，倒也不難；假如彼方也能體會讓自己透明的好處，願意讓彼方「知己」，那也是輕而易舉的事。

9. 經常回首來時路

　　「千金難買回頭望」是中國商場流傳幾百年的通俗名言。這話之可貴，在其隨時隨地，凡事皆可印證又簡單易行；雖不致「放諸四海而為準，百世以俟聖人而不惑」，若能記取活用，倒也受用無窮的。

　　字面上的意思是：當你起身要離開一個地方時，回頭望一望那裡，有什麼東西忘在那裡；如果因此遺失有用的、珍貴的、不可取代的東西，那就是「千金難買回頭望」了。

　　記憶所及，我個人因此從未遺忘過雨傘、書本、眼鏡、筆、衣物等在曾經停留過的地方。

　　這句話也適用於為處世做人準則，包括上班族日常工作、個人的人、地、事、物、時的管理，以及創業經商、、真是與個人事、家事、企業事、國事、天下事，事事有關，都需要「千金難買回頭望」往來時路望望的。

　　望什麼？望過去成敗得失，記取過去經驗教訓。時光不可能倒流，唯有留下往事印象。許多事不都是重複的歷練嗎！

　　也曾聽人說過：「往事不堪回首」、「英雄不提當年勇」、「老年人活在過去」等教人不要留戀過去，要掌握當下，計畫未來的警語。這些話都對，但也不可以偏廢其一。

　　因為「當下」的剎那之後，就已成「過去」，「當下」的前一剎那，不也是「未來」嗎？沒有跨進「未來」，歷經「當下」，

又怎麼會有「過去」？這三者之間千絲萬縷互為因果，難分難捨，根本無法區隔。

警世之語旨在：要把握眼前既有的任何時機、事物、情緣；未來盡屬未知，遙不可及；過去已成事實，悔、憶都沒意義。

正因為「過去」已成改變不了的事實，假如你將過去當成一面鑑鏡，那將是很好的「照妖鏡」、「顯微鏡」；自己的過去自己最清楚，沒法遮遮掩掩，唯一不回顧的理由是：身後的事那看得見，或是時隔已久已不記得。

可是只要你有心，你可以留下記錄，日記、札記、座右銘、照片、錄影、電腦儲存等等太多方法，讓你看得到，也忘不了。所以時時回首來時路，有溫故知新，以及汽車「後照鏡」的功能。

一輛汽車至少有三面後照鏡，卻沒有一面前照鏡，就說明，看清楚已成過去的後面，是非常重要的。

前面通常抬頭就看得一清二楚，後面雖曾經是眼前，卻轉身就忘了；偏偏人對過去都是健忘的，生理上，腦後確實沒長眼睛，心理上，過都過去了，都成了過眼煙雲，還記它幹嘛！

可是，假如能時時回首來時路，能記取過去的經驗、教訓，那更對掌握當下，邁向未來有所助益；終究許多世事都是重複運轉著，許多經驗法則也能一直廣泛適用；前車之鑑就是過去的殷鑑。

中國名言：「人不能忘本，忘本的人終必失敗」，民間俚語：「人不可過河拆橋」。這「本」就有根源的意義，根源都是「過去」；「過河拆橋」就更明白，狹義的是說，承受別人幫助之後，不能忘恩負義的將橋拆了；廣義的是，有橋才能過河，而

這「橋」就是來時路，更是過去經驗、歷練、軌跡的總和。

這些都要我們不論現在或過去是成敗得失，都要時常往來時路看看，別人的來時路，或許事不關己，不曾留意，總是船過水無痕；但是略微有一點成就的人，也都會讀取別人的過去，以「他山之石攻錯」。

例如親眼目睹的觀察，親耳所聞的聽取，或是由記錄別人過去的「傳記」、「報導」認識自己之外的眾人過去，這是最輕而易舉，經濟實用的；遠比自己的過去是自己花時間、心血、金錢等大成本，親身經歷出來的經濟實用；而且，別人的過去可能更有客觀借鏡價值，旁觀者清，受益也最多。

有時人在逆境，百般不順，挫折重重，假如你過去也不如意，就算你不記取過去的經驗教訓，也會給你：「不順利的過去，不也走過來了」的慰藉與信心；如果你過去曾經得意，那也可以想想獲得的原因，再試一次又何妨。

有位作者問我：「有人常將『我過的橋比你走的路還長，我吃的鹽比你吃的米還多』之類的話掛在嘴邊，有沒道理？會不會有點『倚老賣老』不求進步？」

我說：「這要看他怎麼過『橋』？怎麼吃『鹽』？而這『橋與鹽』指的又是什麼？如果『橋與鹽』是指知識、歷練、經驗、智慧，而他又是一位會吸納、能熟化為智能，又轉為己用的人，面對的又是一個自以為是的無知之人，這話應是對過去重視，時時回首來時路，最貼切的註釋。與是否『倚老賣老不求進步』沒太大關係。」

「如果指的是單純的橋、路、鹽、米，除非是一位家住橋頭，每天從橋上往返，對一個足不出戶的人，或是一般人對一個

吃奶的嬰兒說這話，否則是不合理的；當然，如果你在玩『腦筋急轉彎』遊戲，例如一位開國際航線的飛機駕駛就可以說，他一天坐著不用走路，走的距離都比你一輩子更遠。」

　　別忘了人生是長途競賽，奧林匹克長途賽跑領先的選手，還會適時回首看看來時路上的競賽對手，距離自己是否越來越遠，更何況你自己人生的來時路？

　　一種米養百種人，職場人千萬種，但概略的大分類，職場上班族只有，有成就與無成就的兩種人，只要你不是毫無知覺的醉倒在過去，根本忘了你正面對現在，還要邁向未來的那種人；時時回首過去，會讓你成為有一點成就的人。

10. 相互讚賞與扶持

　　朋友聚會，談到老人家閱歷多，觀察入微，又不服老，愛猜測事物，例如：喜歡在上館子買單、逛百貨公司結賬之後，他們總會猜消費金額，以表示自己精明睿智，至少距老人癡呆遠矣！

　　大多數有這種閒情逸趣的老人，因為有經驗又專注，通常猜測結果總是八九不離十，這時，老人家喜歡看到的是別人驚奇佩服的表情，以及諸如「料事如神」、「未卜先知」之類的讚嘆。

　　其實，除了老人家之外，人人皆有此好。小奶娃聽話喝完一瓶奶，你誇讚他乖，他都會喜形於色，手舞腳蹈，更何況知道好壞，有榮辱羞恥心的成人。

　　我朋友夫妻生活清淡，卻鰈鶼情深，從無貧賤夫妻百「事」哀的問題；這固然與朋友粗茶淡飯知足常樂人生觀有關，但更關鍵的是他懂得發自內心的讚美。

　　他常說：「一生一世的夫妻，比甚麼都親密，平日她任勞任怨家事一肩擔是情份，她有所企盼，過得舒坦一些是本分，有低潮，嫌這怨那是權利，而她也有七情六慾，辛勞後想聽幾句讚美，獲得一些肯定，有什麼不對？」

　　情親如夫妻、母子、家人都少不了由衷的讚美，更何況職場的上班族人。

　　我進入職場三十五年，因為工作性質有緣與一些在「修

身、齊家、立業」，甚至「治國」方面有點成就的人接觸過，我發現他們共同的特點是：「懂得發現並欣賞別人的優點，然後立即的、適切的、公開的讚賞。」

「這『懂得』、『立即』、『適切』、『公平』又『公開』的作法，就是一種藝術。」

這其中懂得發現與欣賞最難。「懂得發現與欣賞」要能明是非曲直、分好壞善惡、會關懷、有氣度之外，還要知與行合一。

但人通常較能欣賞自己，而忽視別人；易挑剔別人而美化自己；同時，多少都有一點妒嫉心，所以發現與欣賞就成為一種維妙的讚賞知行藝術。

其實，若能將心比心的用放大鏡發現別人優點與成就，認清「能夠表現對別人的讚賞」就是自己擁有高超智能的事實，也必能在欣賞自己的同時，「己所欲而施於人」了。

放眼職場，能夠依據實際情況，誠心誠意讚賞員工的老闆，都是深得員工擁戴的成功經營者；這不是泛泛的歸納，而是事實。

因為，實際情況存在有值得讚揚欣賞、犒賞的事實，這企業行號怎麼會不好呢！再加上主持者誠心誠意的鼓勵，「善的循環」結果，老闆又怎麼會不成功！

企業或公司行號的各級主管，懂得立即、公平、公開而誠懇的給部屬掌聲則更重要，因為，部門及單位主管與所屬，是真正執行者，既是「進攻」的主力，又是組織架構的基礎；成敗得失的結果，是立竿見影的。

主管直接掌握部屬考績、升遷、調薪、表現機會分配等等權

力，又最接近部屬，也理應更了解部屬，所以部屬相當在意主管對自己的評鑑，尤其是否公平的令人心服口服。

如果是，「善的循環」的結果，你主管的部門會越來越好，否則，你的部門會自動裂解為許多小圈圈，當組織成員分解為圈內圈外人之後，別說團結一致，就連起碼的任務也沒法完成。

記住：「不患無，患不公」，就算是你視為心腹的自己人，也有患得患失之心。

習慣了獨享「集三千寵愛於一身」，如果有一天，你那「三千寵愛」不再為你創造那麼多資源；如果有一天，「自己人」又不滿意只有「三千寵愛」而已時，你這主管豈不是寸步難行了。

只要是共創的「讚賞」資源，人人有份，一個部門或單位不可能一柱撐天，績效獨創，企業老闆給的實質或口頭讚賞，絕大部份是給部門而非個人，針對個人則會個案處理；如果大家努力，一人或極少數人獨享，誰會繼續賣力呢！

所以，懂得鑑賞，公平又適度的授予，真是至關重要的一種讚賞智慧。

職場上相互扶持也很重要。「扶持」是扶助支持的意思。

雖說「扶助」有強對弱，上對下的意味；「支持」又有下對上，少求多的意象，可是我個人職場任事三十五年的認知，「扶持」是不分階級、性別、老少、主從、強弱，上下平行，前後左右，四面八方的相互扶持。

勉強說，只有時空、意願、能力的差別而已，而且不是永遠不變的存在著。

簡單說：「扶持」也就是幫助。

主管或老員工看到部屬或新進同仁，有表現，簽獎提升，有

需要，協助支持；同事間，老鳥帶新鳥，彼此經驗交流，心得分享，甚至別人受挫折，予以安慰鼓勵，分憂解愁，都是扶持。

事實上，連權高位重的總統、閣揆、立法委員等等，至少當選前都「拜託」平民百姓「惠賜支持」，更別說老闆與主管，當然也同樣需要職員工與部屬的相對「扶持」，也許世俗的說法是：「支持配合」而已。

偏偏世間有不少老闆自認是，給員工就業機會，賞員工及員工家小飯吃；也認為，自己手操員工部屬去留大權，天下沒有某件事非某一個人才勝任那回事，尤其「人浮於事」的今天，登報徵人，一個缺額，至少有二、三百人應徵。這真是封建社會錯誤的觀念，假如付諸實施，更是大錯特錯。

要知道，沒有員工與部屬，怎麼能創造出業績，怎麼會有長久的老闆與主管，講得更直接一點，如果說，老闆與主管的飯碗是職員工與部屬給的，也不無道理。

這或許就是有現代經營管理觀念與作法的企業家、各級主管，與過去腐朽的老闆與掌櫃的，大不同的地方。

有的人會認為得到「扶持」，是遇到「貴人」、「千里馬遇上伯樂」，都會非常感激到「士為知己者死」的地步，感恩圖報更不用說了，有「流通業教父」之稱的台灣統一超商創設人徐重仁，繼《無店舖販賣》（「經副」連載，「聯經」出版）之後，新近出版的《改變一生的相逢》，在此方面即有深刻感動。

大世界如此，小職場小單位裡尤其顯見，彼此的鼓勵、扶持更見真情，更溫馨受用；不但讓受者一輩子難忘，授者身心舒坦快樂，你來我往的助力，會使大家樂在工作，成效豐碩。

11. 避免不了，就應對

職場有競爭很正常，有鬥爭更難免；如果避免不了，就要應對。我認識一位三十多年的職場老友，他的遭遇與應對方式足堪上班族人參考。

他在一家關係企業集團的直效業務部任中級主管，因為經驗豐富，主動積極，很受企業老闆器重。有一天，集團總部總經理召見他，告知他任職的部門總經理，將由一位與直效業務毫無資歷的人接任，要他多多幫助這位總經理。

從那天起，他傾全力協助，這位新任總經理每天下班之後，仍要他留下來講解部門的性質、制度、辦法、各單位功能，部門主管學經歷、專長、優缺點，甚至詢問到幾百位基層同仁中部份人的一些問題。對他非常依賴，幾乎無話不談。

有一天，酒醉的總經理由外面應酬回來，大家都下班了，辦公室只剩他在，總經理又與他談部門人事問題；接著就講到總經理他個人的人生規劃，他語帶輕薄地說：「能攀上老闆的女兒，至少可以省下二十年還不一定有的奮鬥成果。」

他說：「我與老闆的女兒已經不只是員工與老闆的關係，我們是男女朋友親密關係，要不，怎麼也輪不到我幹這個總經理，告訴你，我的目標是集團總部總經理，然後是透過企業電腦化，接收企業，因為電腦只認輸入密碼，不認誰是老闆的。」我那人生無大志的朋友說，他嚇出一身冷汗。

之後，他觀察總經理所說與老闆女兒間曖昧關係，並非事實，只是總經理的權謀，老闆女兒愛才用人而已。我那朋友說：「兩情相悅的男歡女愛，無可厚非；可是爲圖謀個人利益，毀掉老闆女兒聲譽，還想奪產，眞不應該，更是缺道德。」

　　也從那時開始，他發現總經理除了遠程奪產計畫之外，透過支出以少報多，收入以多報少，每筆生意都要回扣，以及「五鬼搬運法洗錢」，看三節禮物多寡定考績升遷，甚至連基礎員工進用，送禮到府也有用；平均每月大小通吃貪贓枉法所得逾新台幣300萬。每年就可以在台北市買棟高級住宅。

　　在任十多年中，累積財富新台幣數億，雖然一度因東窗事發，眾叛親離去澳洲當寓公多年，可是後來又在老闆女兒保薦下，更上一層樓的回總部出任他夢寐以求的總裁。最後卻在車禍中活活被燒死。

　　我那朋友當時恐怕事發遭連累，不但與他保持距離，還想盡辦法不參與執行案，不經手財務，不在相關單據、報表上簽字。

　　就因爲知道太多，又如此不配合，我那朋友當然遭遇到被清除的下場。幸運的是他掌握一些證據的同時，也表達了一切到「畫清界線」爲止，只想請調其他單位工作而已的自保意願；再加上他表現的確實很好，交惡期考績還年年最佳，所以當時權傾一時的那位總經理阻攔調動也沒成功。

　　綜合我這朋友在鬥爭中，還能自在存活的原因，除了那家企業集團企業文化與眞正老闆智慧之外，關鍵還是在他本身有一定的能力與表現，而且處理過程確有可圈可點的地方。

　　他處理範圍分：自己與對方兩部份。應對方式則從：有憑有據講法理，不多談感性；因爲有些人根本泯滅人性。

自己這個範圍，他持之以恆的堅持個人品德操守，立於不敗之地。很慶幸長久以來，一直有許多連企業老闆都知道的表現，這是抹殺不掉的功勞，又沒有任何貪贓枉法行為；所以清算鬥爭的可能下場，只是置入冰箱冷凍而已。

因此，他根本無視被架空坐冷板凳這個事實，先將心情調整到最平穩狀態，每天照往常一樣做該做的事；例如二月春節銷售旺季、三月年後淡季、四月台北有相關國際大展、六月要自辦大型展覽、七巧情人節慶、八、九月農曆鬼月銷售小月……擬訂了許多因應、執行與績效追蹤案。

而且設想的更有新意、更周全，以免出錯，落人口實；為了不被丟進垃圾桶，石沉大海，事後仍無績效證據，每件簽呈先橫向會簽相關單位主管，影印後再送總經理、總部總經理。

即使這些簽呈到了他總經理處，就被擱置，橫向會簽的那些影印本，在結算時也可證明他有不斷的盡力奉獻；現今網路線上簽發，更是無法遁形。我那朋友說：「這只是自保，並沒考量過他的總經理扣壓簽呈的責任問題。」

至於，用不用！執不執行？不採用或錯誤決策會造成企業多大的損失？已與他無關，他想有關，也扯不上了。一切只是盡其在己，先立於不敗之地。

他說：「絲毫不受影響的照常工作，而且更力求盡善盡美，主動積極，盡心盡力，對自己是負責任的表現，自保了；讓了解你的企業老闆，更了解你，也有更多支持你的理由。」

在此同時，溫故知新的啟動個人第二、第三專長，他為企業總部提呈多份有關企業改造、應對新經營環境變化的建議案，並在公餘做一些自己過去想做又沒時間的事，用以填補這段時間的

空白浪費，也有調整心情的功能。

他說：「在那種情況下，調整心情談何容易。」據他說，之後被整肅的同事中，就有人在近似的情況下，紛紛出走，甚至有人受刺激而很「巧合」的自殺，以及所謂的怪病發作猝死。

然而，對於要致他於死地的對手，他絕口不談被整肅的事；而且把持「交惡也不出惡言」的原則。如有包括老闆級的任何人，問到他的總經理能力時，他都讚揚有加；問到操守時，他說：「不夠了解」；問到被惡鬥時，則表示：「沒感覺」；問到目前工作情況時，就說：「盡心盡力為企業做事」。

我這位朋友職務調動過幾次，「道不同不相為謀」，那位總經理在那裡，他就調離那裡；雖然那位總經理甚至以辭職不幹，持寵要脅老闆不得調動我那朋友，並沒有阻止成功。

「只要你有能力，又真正為企業奉獻，只要這是家有制度而正常的企業，要相信該企業老闆之為老闆的智慧與能力。」我那朋友有感而發的說。

也許我這朋友比較幸運，他耐力超強，又遇到明智的好老闆；也許你服務的環境與鬥爭對手更惡劣，企業行號更沒法制。且不說老闆的睿智，可是有一點是不變的：「只要對企業有實際利益的人，如果不是操守人品有問題，或不是直接侵犯到老闆，都會被留用的。」

所以，當一再委曲求全，鬥爭都不能避免時，就要勇敢面對；而上述心境與方式是值得借鏡的。

12. 坦然面對失業

上班族人都會面對受聘、辭退、轉業、離職、跳槽等等際遇。其中被辭退最是傷害嚴重；被辭退人不但生存下去成了問題，對當事人能力、尊嚴、信心的否定，也讓一些人活不下去。

可是近些年來，台灣政經局勢不穩、產業被迫外移、高失業率持續的大環境裡，自然匯集出一股失業與重新就業的洪流。其中又以公司行號、企業外商、學校機關等為此股酷寒主流。

政府等公營機構為粉飾太平，公司企業行號為避免驚動投資大眾，表示營運穩定，大多數以「年輕化、e化、提升績效、降低成本、組織再造……」等等冠冕堂皇的理由，透過「誘退」、「逼退」、「辭退」等方式讓你走路；而外商更直截了當一紙通知，殊途同歸的就讓你掉進失業洪流。

「誘退」就是誘之以利，譬如主動退休可以多領若干個月薪資，或是退休後，另以臨時外聘性質做類似的工作，當然，臨時工薪水必然少許多，也沒有年資與福利。

一般兼顧情理法，經營情況尚可，對被誘退人的能力、貢獻仍承認的企業行號，多數採此方式。

「逼退」則以威嚇為手段。另加羞辱、減薪、降調、裁撤工作單位、交付不可能任務、架空、栽贓、流放等等讓你根本幹不下去的方法，逼你提早退休或接受資遣。

遇到這類東家，別以為逆來順受、厚恥強顏或加倍努力就能

倖存，那是不可能的期待，因爲你既已進入逼退名單，就算你抵死不從，結果還是受盡屈辱，死了也要屈從。

我知道有一位三十多年職場老將，幹到一家大企業相當執行長的職位，仍然在鬥爭中敗下陣來，勝者以該部門一位掌管財務的秘書挪用公款，其督察不嚴等爲由，將其降調顧問、留任察看處分。

如此，榮譽的羞辱之外，根據勞基法，退休金是以臨退最後6個月平均數×45點計算，執行長月薪18萬，原可領退休金810萬；顧問月薪5萬，只能領225萬，月薪相差13萬，工作三十幾年45點，退休金就差585萬。

面臨如此榮辱利害，就算是小學生也知道是退，是留了。問題是，有的惡劣企業，爲了節省退休金支出，那就硬是要名利雙失了。

「辭退」倒也乾脆，透過你主管通知，或是出差、休假回來，找不到自己辦公桌，一經打聽，才知道自己已自幾月幾日被辭退了。這雖然有些絕情寡義，但如此「乾淨俐落」的公司行號還眞不少。

「誘退」、「逼退」、「辭退」總不離威嚇利誘等手段，結論都是要你走人，但總比那些老闆「辭職」，丟下員工，偷偷溜掉地好一些。

在這麼惡劣的失頭路驚濤駭浪中，我能學以致用、實踐理想的在一家企業服務三十五年，修成正果屆齡退休，這套適用性很廣的職場圖存之道，就更彌足珍貴了。

在人浮於事，失業率持續攀升的台灣，是職場發薪人市場，又有一批爲老闆撥算盤的人事管理員，訂定出令人嘆爲觀止的減

薪裁員辦法，受薪人根本無招架之力，有時想委曲求全爲五斗米折腰的機會都沒有。

我認識一些企業文化較厚道的企業，盡管經營競爭壓力不斷加大，企業主總是避免走直接裁員的路，誘、逼兼而行之，當然，企業大了，也曾因人而異的一紙：「明天起不要來上班了」通知，就辭掉一位經理級員的個案。

像這樣比較厚道的企業，近幾年進入新世紀以來，隨著大環境變化，也離人性與實用性越來越遠了。或許可以說，被險象環生的環境逼急了，竟然實施一些飲鴆止渴的人事考核裁員制度。

例如新的人事精簡制度就硬性規定：要主管「未卜先知」的訂定各部門每年有 15% 考丙、丁， 15～20% 要考乙，另有 15% 要被預定明年考丙、丁；考丁的當年就要被辭退，考丙的則「留校察看」，如果這一年沒有脫胎換骨的突出表現，或是沒有預定的考丁的人員出現，則年底鐵定考丁，優先辭退。

另有一批人則被預定明年要考丙、丁，這些人提早一年已被認定未來一年無可救藥；就要爲未來一年表現不好，接受約談、明示、及警告，如不能有非常突出的意外，年頭就要有年底失業的心理準備。

人事制度的制定人對老闆簡報時說：

（一）員工是「性本惡」的，過去每個單位都有高比例冗員，浪費無法數計的企業資源，都是一些「不見棺材不流淚」的頑劣之徒，不但今年年初就要確定 15% 的人肯定要走路，還要預告明年那 15% 的人，準備「再見」。

至於那些考乙、丙的後補「丁等」員工，提早預定與通知，也是一種預警與企業裁員決心的表現。這也符合提早告知的仁慈

與合法原則。

（二）人事制度訂定者說：這就是讓約 30% 的員工長期活在「幹不好就走路」的壓力下，有壓力就能壓榨出潛能；換言之，至少能增加 30% 績效，也就能裁員 30% 而不致傷筋動骨。

對外可宣稱是瘦身、減肥，是那些員工工作不力，經不起考績考驗；對企業形象，經營信譽不但無損，且能予社會：「企業制度化」、「企業改造」成功印象。

（三）實質上，確實能為企業立竿見影的省下不止 30% 的人事費用。

為什麼不止 30%？因為那 30% 早晚被都註定要被辭退員工，以後的人事費省了，而且考「丁」等被辭退員工，頂多領一點資遣費，幾年到幾十年退休金也省了；遇上不甘羞辱，拂袖而去的員工，那一點資遣費也免了。

此外，全企業的絕大部分員工，三、四年就幾乎要全部換一批新人，新人起薪低到只有老人幾分之幾，又不會像老人薪資會隨年度考績增加；所以企業人事費用支出，每年約有 15% 回到起點，每三、四年大家就要從原點重新再來。

即使暫時考甲、乙、丙的員工，雖然苟延殘喘保住工作，但也在考績獎金、績效獎金、資深待遇等多方面，受到減半、取消、降等、降級、減薪等處罰；而新人又往往因年資不夠，根本領不到或領到象徵性年終獎金，這不但達到員工減薪，咎由自取的目的，其他如員工減少，相關辦公室軟硬體設備的節省則更多。

像這樣「減薪有理，裁員合法」的冠冕堂皇裁員、名正言順減薪，而實質上又為老闆省下龐大開支的人事制度，任何不深一

層思考，缺乏經營管理智慧的企業主都會接受實施的。

據了解，這些「減薪有理，裁員合法」的人事考核任用辦法，一大部份抄襲自外國企業，只是最重要的：「有責任要追根究柢，職權越高，責任越重，越該負責走人」的精華並未學到，或根本不想學；以致最關鍵的基礎職員工，只有責任，沒有保障，都成了代罪羔羊。

真正合理、法、情的做法是：實際用人任事的各部門主管，要負起當初聘任，而後知人、用人、容人不當的責任；這些職員工在人浮於事，隨時可能被辭退的壓力下，同樣的人、地、事、物、時，有誰會一夜之間就變得不堪任用？所以要追究原因與責任，首先該走路的應該是一、二、三級主管才對。

不過，在這種老闆「花錢買奴才」、「有錢還怕僱不到人」的買方至上市場裡，有一萬種原因讓包括企業老闆在內的人人，都會面臨隨時失業的危機，這是不正常的大勢所趨。

所以，如果你失業了，你要以平常心面對；先虛心檢討原因，責任在己，則真要痛心疾首的改進，責任不在己，更要學習別人不被滅頂的技藝，至少爭取一點「騎驢找馬」另選老闆的時間與主動權。

13. 恨不相逢未嫁時

　　在職場工作久了，有很多原因會遇上換工作的事；如果要一而再的換工作，到最後仍然像飄萍一樣，甚至越換越錯，那才是「歹戲連棚」，註定一事無成，慘呀！

　　這裡說的換工作，是指你的才能、績效，讓你有很多機會而擁有選擇權。但也要面臨如何取捨決擇的問題，涉及因素很多；換工作也就是換老闆，何不先由選個好老闆思量起，這是個好方向。

　　一個員工有很多老闆，有的能任你選，有的就沒有選擇的餘地。譬如，你可以因為欣賞王永慶的經營風格，選台塑集團，因欽佩張忠謀的學養專長而選台積電；可是進去之後，分派部門的老闆（主管）就不是由你選的了。

　　也許有人建議你換工作，要先了解企業體質、企業文化、遠景，還有工作環境、未來發展、個人發揮空間，以及非常實際的待遇、福利等等。

　　這些建議都對，可是，除了薪水、福利之外，其他的如企業體質、文化、發展，工作環境與個人專長發揮等，進入公司前想要深入了解都很難；尤其在台灣這個企業經營成長比較特殊的大環境裡，「事在人為」因素就成了關鍵。還不如從選老闆著手。

　　如果我說：「以有什麼樣家長、立法委員、總統，看有什麼樣的家庭、立法院、國家，就比較容易明白了。」企業老闆也就

是如同一家、一院、一國之長。

當你置身企業外時，從了解的難易來說，對於一個人，尤其是有點知名度的人，應該比他所涉及的事容易了解；請問你對阿扁人與台灣事，那個了解得比較多？企業家個人曝光率高，其做人處事風格、外界褒貶資訊都很容易獲得。

我三十五年來數度遇上「重金禮聘」，屢屢痛苦決擇之後，到今天回首檢討，仍然認為是正確的經驗，提供上班族人參考──

經營理念如何？

經營方法必然有一些理論與觀念為依據，「經營理念」有好有壞，但絕對都是支撐企業成長成敗的關鍵因素，與企業經營者（老闆、領導者）學養觀念關係密切；理念通常不盡具體，很難形容，但卻能具體表現在經營管理的方法上；行之有年之後，就形成該企業文化，這是企業人與外界都能感受到，觀察到的。

所以，你若要換一個可長可久的理想工作，從他的「經營理念」經長期實踐後，形成的「企業文化」如何切入，是很有用的。

眾所周知的 IBM 與蘋果電腦經營理念為例，前者是"Think Big"（宏觀、寬廣），意指視野、思想、胸襟、目標、境界等要大，也反映在企業的規模、產品處理資料在量的方面優點；後者是"Think Different"（新穎，差異），則顯現在思維、觀念、創意、方法等不斷要有創新，也應證在其優異的圖像處理上。

老闆（經營者）的個人魅力？

「個人魅力」像一部新藝綜合體電影的叫好又叫座的「吸引力」，是包括個人學養、能力、氣質、風格、操守、魄力、心靈

境界等等，許多好的條件因素集聚融合後，形諸於外，予人心悅誠服被吸附的一種感應力。

有個人魅力的老闆，通常也能吸引一些有不同魅力職員工夥伴，共同創造出有更大吸引力的事業，這是物以類聚，善的因果循環。假如你能選這樣的老闆共事，在那種工作環境、氣氛下工作，能不身心愉快，績效大增，前景無量嗎？

老闆個人道德觀？

如果要求當老闆的要「忠孝仁愛信義和平──『八德』」、「禮義廉恥──『四維』」都貫徹始終的做到，那豈不成了聖人。這裡講的老闆個人道德觀是指，以「四維八德」為基礎，明辨是非曲直，誠信平實，不貪贓枉法而已，這也是最基本的「商道」。

各種老闆的個人道德觀，極易察覺，紙包不住火的，偽裝只能一時，不但不能一世，甚至連一年半載都混不下去。不常聽人說，「講一句謊言，要用十句謊言圓謊，被騙一次，一生一世也忘不了。」

這些受騙者會免費替說謊者、沒道德的老闆們宣傳的。所以，選一位道德觀正確的老闆並不難。

換工作、選老闆的同時，其實也是在選能夠長久愉快共事，對自己成長有幫助的同事。這些人更容易了解，對你的職業生涯與幾十年生活品質影響也很大。

更重要的是要先掂一掂自己能力，深思熟慮想要換工作的原因。

你要換工作的原因，是有人「重金禮聘」？是不滿現有待遇？專長無從發揮？不堪被劣質企業文化滅頂？深陷惡整旋渦？

周遭共事者水準太差？企業沒有前景？公司即將出走或倒閉……？

此外，你還真要很現實的考慮到犧牲年資、退休金，以及多年創造出來既有的成果，單槍匹馬到另一個充滿未知的新環境，一切從頭開始拼鬥的可能結果，為什麼？為尊嚴？加薪？掌權？理想？理想又是什麼？成功機率多大？

俗話說：「女怕嫁錯郎，男怕選錯行」，當你決心要換工作時，你至少已選錯一次行了；如果有幸能再選一次，那可要慎重其事思量每個可能影響結果的因果關係。

「恨不相逢未嫁時」是唐詩人張籍〈節婦吟〉裡的詩句；也是準此作詞的一首老歌的歌名，顧名思義，一目了然。

〈節婦吟〉詩：「君知妾有夫，贈妾雙明珠。感君纏綿意，繫在紅羅襦。妾家高樓連苑起，良人執戟明光裡。知君用心如日月，事夫誓擬同生死。還君明珠雙淚垂，恨不相逢未嫁時。」望文生義，似指一節婦拒絕了一段「婚外情」。

其實這詩或歌與男歡女愛，一點關係也沒有。作詩詞的也都是個大男人。以作者著名詩人張籍來說，他面對的是，當時權勢炙手可熱的平盧淄青節度使，檢校司空、同中書門下平章事李師道，重金禮聘「挖角」的難卻盛情；所以他以〈寄東平李司空師道——節婦吟〉，委婉地表答他的心情與決定。

我個人更能了解張籍的複雜心情，因為我在深陷惡劣整肅流沙之中時，就曾經有競爭對手報社伸出「知遇」的手；不但薪資加倍，獨當一面主持該報廣告發行兩部業務，甚至連我可能犧牲掉的十五年年資與退休金，都設想到補償辦法。

這已不止是「知遇之恩」的單純「挖角」，更有讓我適時脫

困的那份沉重情義。

　　基於眞正的知己知彼，踏實的實踐經驗與執行力，我有信心完成新老闆的重託；以及我對領老闆薪水，被刻意閒置，每天兢兢業業花很多時間，卻用在應付鬥爭的極度厭惡；當一切仁至義盡之後，我是可以揮手離去，另創一片天地，留給原企業更多思想空間的。

　　當然，我也知道，只要你有異動之心，無論是甚麼原因，企業老闆都不會高興的，有時甚至認爲你是以退爲進，有要脅的意味；所以留你，是因爲怕「成事不足，敗事有餘」爲競爭對手所用；留你也許是不得已的恩惠，你留，也要有：「未來一切也到此爲止」的預知。

　　可是，最後我眞是帶著無盡的感謝、遺憾與歉意，「恨不相逢未嫁時」的婉謝了；爲了表明「不圖名利，不爭權勢」之志，我留下來，卻淡入第二線，主持經濟副刊，而且長達二十年之久。

　　在中國雲南昆明古蹟「大觀樓」正門上，有一幅我非常欣賞的天下第一長聯：

　　五百里滇池，奔來眼底。披襟岸幘，喜茫茫空闊無邊。看：東驤神駿；西翥靈儀；北走蜿蜒；南翔縞素。高人韻士，何妨選勝登臨。趁蟹嶼螺洲，梳裡就風鬟霧鬢。更蘋天葦地，點綴些翠羽丹霞。莫辜負：四圍香稻，萬頃晴沙，九夏芙蓉，三春楊柳。

　　數千年往事，注到心頭。把酒凌虛，嘆滾滾英雄誰在？想：漢習樓船；唐標鐵柱；宋揮玉斧；元跨革囊。偉烈豐功，費盡移山心力。盡珠簾畫棟，卷不及暮雨朝雲。便斷碣殘碑，都付與蒼煙落照。只贏得：幾許疏鐘，半江漁火，兩行鴻雁，一枕清霜。

　　這聯作者孫髯翁，也是個讀書人，他爲了堅持是非公理，一生拒絕科舉，也一生窮困潦倒，最後果眞是如他對聯所說寫，落得的是：「幾許疏鐘，半江漁火，兩行鴻雁，一枕清霜」餓死了。

　　我想，自己也算是個知識份子，講求的就是一種「士爲知己者死」的感恩圖報，餓死都不怕；還會爲名利爭強好勝？於是我先婉謝了有新「知遇」之情「禮聘者」邀約，決定留下來從事平淡、充實而更有意義的知識傳播工作；假如原企業老闆不同意我作內部調動，那就辭職，兩邊都不幹了，也算是對得起人的一種方法，粗茶淡飯的日子也不是過不下去的。

　　當你面臨必須轉換工作時，不妨也想想，讀聖賢書，所爲不就是爲仁義，如果能求到你心目中的「仁義」，平平淡淡豈不是更怡然自得。我的經驗並不是消極的，也不是職場個案，只是追求的意境不同而已，塞翁失馬，爲知非福！

　　「職場進退曇花現，盡在虛無縹緲間」，要知道職場生涯經不起幾次變動，再怎麼說，一定要有把握漸入佳境，才換工作；否則，如果你眞是一個不可多得的人才，何不試試同一企業內部調動，另選一個「小」老闆開始。

14. 深思熟慮選老闆

　　職場上，每個上班族人都有不同的老闆，企業主持者是老闆，部門主管也是老闆，自己更是自己的老闆，也可能有當他人老闆的一天。

　　當不同層次的老闆，也要有不同的老闆樣。但其知人、容人、用人的道理是一樣的。有則成功，沒有則失敗，有一點或缺一點，則平平庸庸，不甚了了。

　　聯合報系創辦人王惕吾先生，是位待人帶心，用人惟才的仁厚老闆，這是報系同仁與社會大眾共同的感覺。所以他不是新聞科班出身，卻能正正派派將聯合報系經營成世界第一大中文報系。

　　關於他禮賢下士的故事很多，譬如他在大家聞「肺結核」色變，避之唯恐不及的五十多年前，夫婦將患「肺結核」的員工接到家裡治療、照顧，直至痊癒，這位患者，就是畢生奉獻給報系的副董事長劉昌平先生。

　　王創辦人喜歡走動式管理，有次來到他最欣賞的三版社會新聞主編王潛石背後，靜靜地觀賞這位主編用毛筆下標題。

　　那時辦公室狹窄，員工少，老闆與大多數同仁都熟；可是老闆來了，自然安靜許多，王潛石猛一回頭，發現老闆貼身站在背後，感覺壓力很大，靈感頓塞，將毛筆一甩，站起來出去透氣去了。

　　王老闆笑呵呵的離去，自那以後，每到編輯部就直奔總編輯中央台，很少再到編輯或記者附近觀賞、聊幾句，顯然他察覺可能會因此打擾同仁工作；換作是別的企業，對老闆那麼不禮貌，大概早炒魷魚了；可是王潛石卻更加受到禮遇。

　　假設晉用一位旗幟鮮明的阿扁的御用顧問，先後主持經濟日報編輯、言論兩部，容忍其以報紙版面，為阿扁有爭議的停建核四等辯護，可謂仁至義盡，有容乃大；最後該員退休為綠營紅人，竟對正派辦報的《聯合報》頗有微辭；可是《聯合報》的老闆卻表現了用人、知人、容人的智慧。

　　在知、容、用這三者之中，我覺得，不分那一階層的老闆，有「容人」之能最難，因為「包容」別人最大的關鍵在自己；而通俗的職場「三大」文化又是：官大學問大，見官大三級，天下我最大。容人除了「學問大」，與老闆個性智慧關係更大。

　　企業老闆都自認是高人一等的管理者，難免有我花錢用你，不是要受你氣的心態；有些短視的部門中高階老闆既認為掌握：部屬考核升遷、任用調薪大權，又擔心部屬超越自己。所以遇到部屬犯下諸如，不聽指揮、形成威脅、目無「尊長」、工作上大小錯誤時，「包容」、「留任」竟成了「老闆」的恩典。

　　另一家大企業的老闆風格又不一樣，完全視需要出價買人力。假如他認為你能為該企業每月賺 1000 萬，他願意月薪百萬禮聘你，有時還出現你搶我奪炒作現象；我一個朋友三進三出擔任該企業的同一單位主管，每次薪資成長 30% 以上，配贈豪宅之外，還照價將朋友的私人工作室收購。

　　當然，後來我這位朋友竟然因為老闆一點點不滿意，淪落到住宅被收回，強制提前退休的悽慘地步。

這家企業老闆也喜歡「走動式管理」，常在下午五、六點巡視辦公室，因為這時日夜班員工都到齊了。有回，他對總經理處理的一件事很不滿意，氣沖沖地指著總經理罵了好幾分鐘，臨轉身走時還說：「再發生一次，你就搬去跟工友坐。」

還有一家企業老闆，更誇張的一切在商言商，人貨都當商品經營，什麼職業道德、社會責任根本不知是何物，更以「消費者必然貪便宜」的因果關係為行銷策略依歸，同行賣 100 元的東西，他上市價 30 元；是真正「割喉」、「血拼」、「跳樓」等戰略戰術的創造者。高薪挖來的員工犯錯，第二天就失「頭路」的被逐出辦公室。

這後面兩家企業老闆，既沒有顆老闆心，面隨心變，也就沒個老闆樣，更不可能知人、容人、用人了。

美國昇陽（SUN）電腦老闆是位仁厚的科技產業經理人，他仁厚的知人、用人、容人之道，具體表現在他對員工的關懷照顧，以及他絕不輕言裁員解聘職員工等方面；所以「好心有好報」，職員工與股市投資人對他與該企業的向心力也極強。

不論是那階層的那一種老闆，都該有個老闆樣，越是基礎「老闆」越要向有模有樣的老闆學樣。這「樣」是由內而外的表徵，是人們感觀的共識。

例如，王永慶的勤勞樸實；溫世仁的守法與人文情懷；張忠謀的知足宏觀；林百里的風雅脫俗；郭台銘的追根究柢；施振榮的任勞任怨；孫大偉的利益分享；王惕吾正派辦報等等都是可學的榜樣。

選他們當老闆就沒錯了，如果有錯，該檢討的一定是你。

15. 如何「斟酌」當部屬

職場上，如何當老闆之前，都要從如何當部屬開始。而其中如何「斟酌」當夥計的分寸，更是部屬必修的課題。

「斟酌」在字典裡至少有二種解釋，其一是將適量的酒注入杯中，其二是引伸爲估量事物的輕重緩急，而予以恰當的處理。

上班族日常幾乎沒有一時三刻不接觸這二個字的。當老闆、上司交辦一件事時，會在簽呈、工作指示單上批註「斟酌」處理之類的字眼；當部屬的也就經常面對如何「斟酌」的考驗。

「斟酌」用在處理事物上，眞是一門藝術。這包括上司要你負責酌情辦理的意思；對你思考力、研判程式、執行力、甚至信賴度等等的考驗與表徵；更有一切後果自理的微妙意義。

這就要看你的主管是個什麼樣的人，也要看你個人的經驗能力了。無論如何，對初入社會的新鮮人，或是職場老鳥，「斟酌」較多的成份只是過程思考的授權，卻也是成敗結果的責任，千萬不能太單純的信以爲眞。

趙天柱在台灣的大學主修管理，出國又拿到常春藤名校企管碩士，回國很容易就進入一家大企業工作，並從基層幹起。

從基層課員幹起，趙天柱並不在意，他相信憑自己的能力與努力，假以時日，總會闖出一片天的；更何況主管在布達式上對他推讚有加，平日也滿放手讓他去表現的。

趙天柱所謂的放手、授權，就是主管每回在工作指示單上，

總是習慣很客氣的批示：「請天柱兄斟酌」、「請天柱酌辦」；從來沒有命令式地批示：「天柱負責處理」或是「要如何如何辦理」等。

對於一個連辦公室方位都沒弄清楚的新鮮人來說，就怕無事可做，沒有表現機會；有事交辦，而且還授權他去斟酌辦理，真是太有發揮餘地了。

精神抖擻的趙天柱信心滿滿，幹勁十足，同事們還以趙天柱的諧音喊他「罩得住」。他想，總算是讀書人，士為知己者死，可不能眼見機會在面前消失，更重要的是不能讓長官失望。扶不起的阿斗，任誰也幫不了忙的。

所以每當他面對要他「斟酌」之類的字眼，他就傾其所學，費盡心思斟酌再三，然後果決執行；遇到中大型案件，他還發揮專長，作市場調查分析、可行性研究、利弊得失比較、效益評估……洋洋灑灑少則數十頁，多則裝訂成冊的將「斟酌」結果呈報上去。

起初，他的主管會很婉轉地表示，不必如此這般「隆重壯觀」而趙天柱卻以為主管體恤他工作繁重，反而更加認真，「斟酌」的成果也相對增多。

有天企業董事長「巡幸」趙天柱的小部門，趙的主管不在，董事長往主管座位上一坐，翻東看西的發現主管桌旁堆積著許多趙天柱「斟酌」的成果；而這些成果，主管既沒批閱，董事長也從未見人呈報過。

那個月的主管會報上，董事長很感慨地說：「企業用你們這些主管，是希望你們替企業發掘人才，為企業用人，最近我到企業某部轉了一轉，我發現一位能力很強，又主動積極的員工，也

發現一個『斟酌』主管。」

　　「讓我很不愉快的是，這主管一切都不負責的讓部屬去『斟酌』辦理；授權是對的，但可以明確交辦的，就不必推給部屬去斟酌，這是人力資源的浪費，也是不負責的行為。」

　　「如果當主管的都覺得需要費心思斟酌的事，你推給部屬是什麼意思？以後出差錯，就可以『因為部屬斟酌不當』，而諉過予部屬？還是以企業作試驗？更令人不解的是，部屬受命努力斟酌出來的報告，竟然擱置一旁，既然沒那麼認真斟酌的必要，何必官樣文章地用那些批示字眼。」

　　會後，那位火冒三丈的主管，馬臉又綠又長，下巴都快碰到地板了。直截了當地說：「趙天柱，我告訴你多少次了，沒必要搞出那麼多斟酌的道理，你硬是要表現自己，告訴你，要有團隊精神、分工合作；好了，現在我是『斟酌』主管，你是英雄，大家都成狗熊；我倒楣，你也沒好日子過。」

　　趙天柱木訥又誠懇地說：「老總是您要我斟酌的，其實我接到指示時，也曾想過，這麼簡單，只有一條路可走的事，既然交代要我斟酌，一定有乍看不出來的斟酌道理，所以才斟酌再三，再三斟酌。」

　　這位社會新鮮人犯了下列明顯的錯誤與初入社會的忌諱。

　　首先，趙天柱太天真的體認這項使命感了。通常上級要你斟酌的第一意義，就是要你動腦之後，向他請示機宜，由你去辦；也就是，他是發號施令者，你是執行者，你還斟酌個什麼，充其量在執行過程中作一些調整，而這些調整還是要先請示獲准之後，才能動作的。

　　其次，趙天柱小題大作，竟然弄出一本本的斟酌報告，四平

八穩的預作分析、利弊得失、責任歸屬，白紙黑字寫得清清楚楚。像這樣厚實的報告，至少會產生下列四項後果：

其一確實是人力浪費，嚴格說，責任也在主管習慣性的批示；其二是絕了主管卸責的後路，又搶了主管鋒頭，很多主管都不會往上呈報的；其三是忽略了藏拙的重要，鋒芒畢露會讓上司相形見拙，是違反人性反應的，有的主管會視你如洪水猛獸般的威脅；其四是太主動積極，盡忠職守，則踰越一些部屬應守的分寸，與現今企業倫理也有點不符合。

很不幸的是，企業董事長在主管會報上訓示是一回事，堅信由主管負責為企業舉才又是另一回事；這家企業人事升遷已制度化，分層負責考核簽報，趙天柱就因此原地踏步20多年。

當初看起來笨手笨腳的同事，都成了不同階層的主管，而他，也由新鮮人變成了「老士官長」級的部屬；更不幸的是，當初也許只欣賞過他幾分鐘的董事長也退休了，連「趙天柱頗有才識」的證人都不存在了，還有什麼企盼可言！

所以當老闆難，當部屬也不容易，就斟酌、斟酌的努力以赴吧！

（五）人生執行篇

1. 知識是有生命的資產

在這個知識經濟年代，產業掌握相關知識資訊，就能成長茁壯，進而在經濟社會脫穎而出；個人若能以知識充實人生，不但職場得意，也會意義非凡的過一生。

雖然人生短短幾十年，與一個世紀，一個世紀的生命繁衍比較，是夠短暫的；若與宇宙星球比較更是渺小到幾乎不存在，但是若注入知識，人生也就能永恆古今了。

中國人有「三不朽──立德、立功、立言」的努力目標；其實世人也都以此目標期許，這三不朽的德、功、言，都是建立在知識的基礎上。

知識是死的，人是活的，所以知識可經由人的活化、運用、傳承而千萬年長生不死，甚或發揚光大；人數十年後總歸是塵土一堆、灰燼一罈，而死的知識卻能一再復活，與世長存，有的人也隨復活的知識，延年益壽千百年。

所以，知識是有生命的資產，知識也可創造人生，延續生命。

生死是人世間大事，知識則關係著人世間大大小小的人、事、地、物、時。過去人生活簡單，需要的知識有限，現今生活環境大不同，相對需要更多更廣泛的知識，但不管是古是今，經濟知識是同樣需要的，尤其是這個知識經濟時代，知識在人類歷史中，無時無刻都成為人類經濟活動中地關鍵因素。

　　人類雖然渺小，但因懂得吸收知識，活用知識，所以人類至少是局部宇宙世紀的主宰，而且知識的重要性，從來沒有像今天這樣居關鍵地位，因為這是個「知識世紀」，是一個知識經濟世代。

　　也正因如此，人類不管扮演什麼角色，都要將相關領域知識累積、成長而促成人類進化，個人當然也要不斷的追求終其一生的知識成長，未來才能有立足空間。

　　更直接說，在知識經濟時代，知識也就成為追求生存、財富、名利、地位、權勢，甚至最高境界心靈清明的利器。

　　而財富、名利、地位、權勢、心靈與生存之間，又都有互為因果關係，它們也都來自知識。

　　從較早的工業革命開始，蒸汽機動力、電力、電燈……到廿世紀與廿一世紀之交，屬於知識的人工智慧產品如：電視、微電子、IC記憶體、電訊、電腦、生物基因科技、新人造材料、機器人等等的運用與彼此結合，創造了全新的新經濟世界。

　　這是第三次工業經濟革命，也把地區經濟轉變為國家、區域經濟，進而轉型為全球經濟；企業跨國經營、國際化；企業併購，天涯若比鄰了之外，知識的需求更深更廣，也全球化，無國界了。

　　不過無論如何演變，既浩瀚又專業的知識仍然是其基本。

　　過去，人類功成名就靠的是有形的土地、黃金、石油、鋼鐵等天然資源。中國也有句話：「有土斯有財」，都是強調有形資產的重要；台灣、美國及世界絕大多數大企業家、富豪致富也建築在此基礎上。

　　不過，深一層剖析，有形的資產，還是要靠無形的相關知識

經營管理，才能美夢成眞。

　　現在不同了，想要一夕之間迅速成功的要素，變成無形的「知識」，中國先知的預言：「萬般皆下品，唯有讀書高」、「書中自有黃金屋，書中自有顏如玉」、「十年寒窗天下知」、「書到用時方恨少」等，千百年後的今天都應驗了。

　　在中國「書」就等同「知識」，「知識」也在「書」中，學習吸收書中的知識，就能增加智慧，變成聰明人，「知識」是成就萬事之本。

　　知識的力量有多大？阿基米德說過：「給我一個支點，我可以撐起整個地球。」這就是知識的力量。

　　眼見爲憑，光纖、雷射、網際網路、電腦、航太科技、基因科技、人造新材料、微電子、通訊科技、奈米……以及太多我們不知道或無法想像的知識正在改變「今天」，創造「未來」，這些都是「知識」連鎖反應的具體事實。

　　比爾·蓋茲沒有土地、黃金、石油、鋼鐵……甚至軍隊，但卻因爲擁有並成功經營科技「知識」，2004 年又以美金 866 億身價成爲全球首富；他不是一個個案，而是有數不完的人可證實，擁有的知識才是眞正的財富。

　　靠「微軟」起家的比爾·蓋茲有多富有？他的資產淨值相當 1 億 1 千多萬美國赤貧人口資產的總和；這項數據，讓更多人感覺出「知識」的力量有多大。

2. 知識是轉折動力

　　因有知識又善於經營知識而致富的人，並非侷限於比爾‧蓋茲等超級巨流，在科技、媒體、國防、航太、生化、基因、通訊、新質材……等領域，都有數不完的例證；甚至包括擁有祖傳土地、產業，挖到金礦的暴發戶，也需要相關「經營知識」，或聘用有專業「知識」者代為經營，才能致富。

　　否則，財富如煙雲，也維持不了多久，富也不過三代；相對的，以知識創造的財富，則可長可久。

　　所以，這是一個自古讀書人被稱為「窮酸」，「文革」期間被稱為「窮老九」的知識份子翻身的時代。問題在你的人生知識是否也與時俱增，而又能「知行合一」的去運用，去實踐。

　　曾經十分清苦的《哈利波特》作者，以 10 億美元資產名列世界富豪之列，眼見隨著《魔戒》書與影片奧斯卡金獎 11 項大滿貫的大賣，相關人等也必因「知識」名利雙收，或許明年其中有人將成為世界新富豪。這就是標準的「書中自有黃金屋，書中自有顏如玉」世界版。

　　過去我們習慣將文人稱為「知識份子」，那是過去，現代「知識份子」指的是包括文化人在內的所有擁有知識者，這「知識」也涵蓋科技、人文與經營管理領域的一切資訊、智慧與執行法則。

　　也就是說，既然這是一個知識經濟時代，凡是擁有這時空裡

所需要，個人生存領域所涉及的「知識」者，都算是新「知識份子」。

　　如前文所說，「知識」是死的，徒有「知識」不足以翻身，要懂得經營管理「知識」；你可以將相關的基本「知識」，加上包括別人的經驗法則、心得教訓等「知識」，透過吸收學習、思想熟化，而經營管理成爲自己運用自如的「智識」，這種「智識」才有用，才等同財富，也才能讓「窮老九」的「知識份子」翻身。

　　中共「改革開放導師」鄧小平說過：「管牠是黑貓白貓，會捉老鼠的就是好貓。」，同樣，「管它是什麼『知識』，實用的就是好『知識』，也唯有實用的知識，才能在你『知識人生』中爲你與眾人創造財富。」

　　「會捉老鼠的貓」就是「實用的知識」。簡單的說，「實用」的要件就是與你的工作、生活或生存最有關連的「知識」；不能不切實際，好高騖遠；也不能貪多又食古不化；更不能不眞實或全盤挪用，新時代還有智慧財產權的問題要注意。

　　相對的，要分輕重緩急、效用價值，配合你的環境條件，作適當的取捨與運用，這種「知識」才有用。

　　我在主持《經濟日報》副刊二十年間，我有一項工作最吃力，那就是對許多準備要用的稿子作查核連繫工作，目的很多：主要就在去蕪存菁，篩選有用知識；分辨傳播的「知識」是否眞實、有用、迅速，不管作者是誰，對讀者幫助越大的，越是好「知識」、好「智識」。

　　假如作者是新人，但稿件內容特別好，我要了解投稿人背景、學經歷、專長，他所擁有的「智識」，能否寫出這種水準的

稿子？

了解專長的另一作用是：納入「『經副』依專長約稿計畫作業名單」，將來如果讀者需要某方面「知識」，就請名單中有這方面專長作者供應這類知識。

也就是說，讀者想吃什麼菜，或正在流行什麼菜，我們就採購相關材料，在大廚名單中，挑選最專業的掌廚供應。二十年來，有近千位「知識份子」新作者就是從這裡翻身的。

有些稿子所涉「知識」，是翻譯？改寫？抄襲？挪用？如果是，所佔比率多少？出處？及要求提供原資訊，還是確實經消化吸引後產生的；有些文中所談主題時效性，是否掌握時代脈動，讀者需要多大？有無提前刊出的必要？舉例是否屬實，或有否置入性行銷廣告嫌疑，或影響被舉例者商譽？等都在慎審之列。

知識之於人，就如同營養之於人的成長存活，我在「經副」二十年中，另一項有意義的重要工作是，擔任如同營養師的工作；看看每篇稿的「知識營養」夠不夠，均衡否？需要加減些什麼？

例如一篇單純談美國「恩龍會計師事務所與企業作假案」的分析稿，假如作者真正是行家，我會要求作者添加一些台灣現況相容的、需求的「知識營養」，以更符合台灣讀者需要。

又如「六個標準差」的文章，早從三四年前「經副」就率先供應這方面的知識，可是開始刊出與後來持續刊出內容要求就不一樣。

初期，台灣讀者根本不知道「六標準差」是什麼東西，當然要以話說「『六標準差』淵源、功能，諸如能降低成本、提升品質、效率，增加生產力、增強競爭力等等」的「知識」開始，然

後就是美國及重要工業國實施案例，台灣企產業如何引進與運用等實務性知識內容爲主，再來是臺灣企產業運用成效檢討改進，是否有台灣模式或兩岸模式的「六標準差」的內容爲主。

這都是「知識營養師」的工作，也致使台灣企產業藉由此類「知識營養」補充，相關的「知識份子」得到學習成長的體能，才可以乘風破浪前進。許多被視爲「老生常談」的知識有了新營養，更多知識份子也因此成長轉折。

知識經濟時代，知識份子靠知識大轉折成功的例子，眞是多如恆河沙數，過江之鯽；大中小企業行號，上中下游產業，普羅眾生上班族人，都以團體或個人擁有的「知識」存活、發展著，也不停的轉折前進。

差別在你擁有的「知識」價值，在整個大環境中是否居核心地位，你與別人所擁有的「知識」價值，孰重孰輕？誰的最有用？有多大差距？與你走的人生路又是否契合？譬如你人生走的是山路，你徒有揚帆潛水的知能，助益就不大。

這就與你自我儲備的「知識」多寡、實用、獨特性，以及是否能學以致用有關。通常，越是獨特專長，越是新鮮實用的越能助你躍進；越多的「知識」越有利於建立第二第三專長，越能藉基礎知識，觸類旁通，舉一反三，靈活運用的，則較有助於換跑道，當然對轉折也有用，在競爭浪潮中，也較不會滅頂。

自古以來，以知識致富並不可恥，也不會不快樂，這當然要看你的財富是怎麼來的。如果是由知識轉換而來的成就，那是人生一大快事；古今中外，不管是那個世紀，知識都能與財富製造同樣崇高的地位與榮耀。尤其是知識就等於財富的新世紀 e 時代。

　　人生最大樂趣之一，就是可以爲所欲爲，財富能，知識也能，當知識創造財富，知識加上財富更能；不但能掌握周遭的人地事物時，沒知識又沒財富的人生只有受制於人；而且可以將知識加財富的影響力，轉變成個人影響力，「影響力」與對別人的掌控就是「權勢」，也會使許多原該公平的事，變成不公平。

　　開明法治如美國的參政「遊戲」，不也是如此互爲因果玩下去的；像富士比老闆、德州富商斐洛、較早的甘迺迪家族，阿諾史瓦辛格參選加州州長，以及不少共和黨人選總統，玩的不就是「大富翁」遊戲；有一項統計顯示：美國半數以上參議員名下的財富，屬於全美最有錢人的1％。

　　這種因果關係，越是教育程度低，知識水準差，民智不開的國家或地區，貧富差距越大，知識與財富互爲因果的影響越突顯。

　　所以，在人生歷程中，你要作那類人，建構那一種人生，與你擁有的知識質量有關，假如你過的是「知識人生」，總能維持一定的水平，活出一定的自在。

3. 知識構築的人生最美

「知識人生」是要靠「知識」建構，知識是長久累積儲存，學習漸增的。知識是公共財，有「前人種樹，後人納涼」因果關係，所以學習、享受知識之餘，也要懂得種樹，以供後人乘涼。

吸收學習知識的管道很多，而且知識無所不在。

人生知識至少可分三個階段進補，這三階段是：出生到二十五、六歲的學生正式教育時期，二十六、七歲進入社會就業階段的社會教育期，以及六十～六十五歲退休後持續學習階段。這三階段就形成一個完整的終身學習的「知識人生」。

從幼稚園、小學、初高中、大學，以至國內外繼續研究深造，這大約二十年間，學校是灌輸基礎知識的第一管道，而且大二以前，仍然以正統基礎知識為主，之後與專科院校，才能獲得一些專業知識。這階段若能多學習一些課外知識，更有助於個人未來人生道上的競賽。

學生時期的工作、職業與任務，就是求知，就是學習；體力記憶力好，分心的雜務少，所以這二十多年間，發育中的孩子，會像海綿般吸收知識營養，迅速成長；投入小，收穫大。

不過，有人統計，學校學習這二十多年，如果僅以教科書為知識來源，大約只有 800 本，確實十分有限；事實上，許多不愛唸書的學生可能還不到此數，所獲知識實在少得可憐。

當然，新世紀 e 時代獲得知識的途徑比過去多好幾倍，「知

識」又無處不在，可是，面對這些氾濫成災的「知識」、「常識」、「資訊」，又會面臨有沒有智慧、時間選擇的困擾；然而，確實又有許多人，根本視這些垂手可得的知識如糞土，既不接觸這些管道，也就談不上選擇與自我學習成長的問題了。

這也是人們常嘆息，現代人知識程度越來越低落；甚至於連基本常識都很缺乏的原因。

別以為這是他們家的事，與己無關，不必在意。要記得，「知識」是公共財，是該由大家創造，大家分享的，「知識」與「知識人生」，都是「你中有我，我中有你」的，以個人之力，絕不成就一個充實的「知識人生」，「知識人生」之路，更不可能天涯我獨行的。

所以，「知識人生」養成過程與結果，學習環境污染是關鍵的問題。

進入社會就業之後，學習的管道更多，但主動性、自發性就要更強了。

「三人行必有我師」、「活到老，學到老」、「終身學習」等等，並不是你進入社會之後才有的名言；職前訓練、在職教育、經驗薪火相傳等培訓知能的辦法也行之百千年；以職場為師「博學多聞」，自修培養第二第三專長，知識可以讓你名利雙收等等，也不是什麼新提示。

為什麼「一樣米養百種人」？同樣的道理與方法卻有那麼多不同結果？關鍵就在每個人對知識的認知不同，面對知識時的心態不同，真正去學習吸收，而後運用的執行力有很大的落差，就產生了結果完全不同的個人的「知識人生」。

每個「知識人生」終身學習雖大致分三階段，每個人的際遇與

所獲又皆不相同，但是，學習吸收與運用的經驗，是可以參考借鏡的。我個人這幾十年來三階段學習經驗，似乎有點參考價值。

我很幸運生在一個「看書有理，塗鴉無罪」的家庭，全家都愛看書，從小三起我就進步到看文字圖說很多的連環圖畫，小四起，已是每天去圖書館的父親的小跟班，一直到初三高一，這六七年間，我看完圖書館裡所有章回小說類的中國古典名著，以及看得懂又想看的書報雜誌，其中有一部分是科學圖書。

小學我先唸曹公國小（即鳳山示範國小），因公然抗拒以剃刀剃光頭的規定，激怒校長曾桂生先生，小三下被勸導轉學到鄉下的文山國小。

在這所國小，有三位老師對我的「知識人生」影響極大，一位是教我種菜等農事知能的陳德馨導師，一位是貴為將軍夫人，讓我警覺「知識」最可貴的算術老師，還有一位是同班同學徐克俊的母親，教我作文知能的國文老師。

小時候，記憶力強，國文課本裡的課文，用心唸三五遍就能背誦，喜歡的詩詞歌賦總能背上個兩三百首，《西遊記》、《水滸》、《三國演義》、《鏡花緣》、《聊齋》、《紅樓夢》、《七俠五義》……等等，看過兩次就可以不看本子說書。

記得當時必看的有新生報、高雄新聞報等副刊，藝文雜誌還有《野風》、《拾穗》等，那時沒有影印機，更不能剪集，遇有喜歡的短文，我只有抄錄或背存在腦海裡，我愛好寫作可能與此有關；看到科學叢書裡的一些有趣「新知」，我也會「現買現賣」的回家或到學校「現」一下，這些或許就是一種實驗行為。

近五十年前，我已有直昇機、磁力能量無窮、拍立得相機、電動腳踏車、隕石燃燒是因為急速切斷星際磁力線等等想法；在

南部幾縣市科學展上獲獎的作品,以及我的一些創意專利,有些都是由當時的粗淺想法,發展出來的;後來選擇聯考甲組(理工科),也可能與看了不少鳳山圖書館書架上的科學圖書,進補了許多相關知識有關。

或許正因為書看多了,得到的知識遠超過學校考試的需要,所以我在那個升學壓力不大,課外知識程度普遍不高的情況下,學業一帆風順,德智體群均衡發展,頗能從小就能感受知識的價值,也讓我數十年如一日的熱衷於知識的追求。

高一下由鳳山高中轉台中一中,旋即因家住南投中興新村,往返通學太費時費事,又轉學中興新村的中興中學。中興新村省府圖書館比鄉下的鳳山鎮圖書館藏書可豐富多了。

因為高中物理、化學、生物、三角幾何課程早在初中已熟讀,所以課業成績都在年級排名前三名;也就游刃有餘有時間看更多課外書籍,諸如翻譯的世界名著,中外史地確實看了不少,還有當時暢銷書如《靜靜的頓河》等。

我因看過《徐霞客遊記》、《馬可波羅遊記》,竟然瘋狂的癡迷上旅遊類的書籍,看書之外,還花很多時間身體力行,中部地區由西到東的風景名勝,幾乎都玩遍了;也就是那段日子讓我體會到以天地大自然為師,學得最多,「讀萬卷書,兼行萬里路」人生職志就是那時下的決心。

很要命的是,我竟怠忽了即將參加聯考的職責,聯考前三個月回頭重拾課本時,才發現「臨時抱佛腳」都不管用了;於是我自作主張的改考靠「死背」有點用的文科乙組,聯考地理雖考97分,卻也咎由自取的考進了私立文化學院法文系,也就這樣確定了我十九歲以後「知識人生」的大方向。

4. 知識可永恆受用

　　以我當時理科成績，專注到考完聯考，進國立大學是沒問題的；所以我確實有些悔不當初，有一陣日子，我以胡適先生名言：「要怎麼收獲，先要怎麼栽」教訓自己，直到有幸得到中國文化學院創辦人張其昀夫子教誨，才算醒悟過來。

　　進不了國立大學，怪不得別人，家人師長也都沒說什麼，可是在那個全民皆窮的年代，私校學費至少比國立要多三、四倍，卻是個很嚴重的現實問題。

　　於是，我連台北是個什麼樣子都不知道的情況下，帶著父母給的第一學期入學費用，拎著簡單的行李，以及一大箱心愛的書，很衝動的撂下一句：「從下學期起學雜費、生活費我自己解決」的承諾，就上陽明山華岡文化學院唸書去了。

　　民國52年報到註冊當天，美如詩畫的陽明山朦朧煙雨，對於我這個明天還不知道在那裡的中南部學生，簡直就如同淒風苦雨中，進了寒冷冰窖，徹骨寒氣從心裡竄出。

　　那夜，我就給張創辦人寫了一封信，突發奇想地希望從下學期起，學雜費能分期付款，並由工讀費按月扣還。當時文化學院初創，事務繁忙，張創辦人又兼總統蔣公開創的陽明山革命實踐研究院主任，真是「日理萬機」倍受重視的大忙人。

　　可是，意外的三天之後，有了回音，曉風先生要我當週的星期天，去他台北宿舍面談。以曉風先生在國內外學術界的崇高地

五、人生執行篇

位，以及當時的首長級身份，居然犧牲個人假日，接見我這個意圖賒欠學費的窮學生，實在讓人感佩不已。

曉風先生宿舍在一條小街陋巷裡，日式平房，設備簡樸，面積很小。但對晚生平易近人，虛懷若谷的懇切言行，卻讓我如沐春風，感覺像是在黃山光明頂上，面對蒼松雲海般浩瀚寬敞；談話時間也由原定一個小時，延長到近三小時。

臨走前，曉風先生將我那份申請「學費分期付款」報告拿出來，並簽字批准交給我，這時，我才發現，曉風先生星期假日在家也要處理公事，眞是夠辛勞的。

最讓我畢生難忘的是，玄關門口的那一席話：「學生的責任就是讀書，多讀書，開卷有益，權勢財富都是過眼煙雲，都可能失去，唯獨你學得的知識，永遠是你的，即使人死了，傳承下去的知識，也就能讓你永遠活著。薪火相傳就也是知識份子的責任之一。」

大約四十年後的今天，當陽明山文化學院改制大學，校舍由當初大成館、鼎銘堂等三幾棟，繁衍至整遍華岡；當應屆畢業生已近四十屆，幾十萬華岡學子分布在世界各角落，爲人類作知識服務時；當我們翻閱 62 年 10 月初版，中國文化大學印行出版的成套巨著《中文大辭典》時，人們就會體會什麼是「立德、立功、立言」三不朽了，當然，也看到了曉風先生的「知識人生」有多麼宏偉燦爛。

就因爲曉風先生的體恤成全，我的「知識人生」才能絕處逢生走下去，也走上今天這條不枉此生的知識奉獻傳承的人生路，並能以一點點成效感念曉風先生等教誨提攜我的師長。

大學四年我工讀了三年半，多半在新成立的圖書館工作，月

薪三幾百元，僅夠生活費；暑假則由學校推荐出外參加挖砂石修路、糖廠採收甘蔗、林區協助伐木等等苦力工作，因屬按工作量計酬，只要肯幹，收入很不錯，足夠還學費的。

這四年，最大的收獲是，工讀讓我更珍惜每一刻求知學習的機會，除了在學校教室裡的正規課程，工讀中額外學到的知識才更豐碩。

當時學校圖書館與學校都是新創，曉風先生募集與投資購置的書，真是汗牛充棟，堆積如山，這些書都要翻閱後才能整理分類，翻閱時既不能一目十行，就要瀏覽個大概，看後雖不是過目不忘，但也能挑出密密麻麻逾百頁自己一定要細看的書目。而且在這裡看書是工作，是責任，又知道書在那裡，就垂手可得，隨心所欲的看個夠。

這段日子看的書種類既多，涉獵又廣，而且十分專精，鳳山鄉下或中興新村圖書館根本沒得比。但還是以我喜歡而認為對我「知識人生」有用的文史哲、財經、藝術類為主。

選擇有用的知識吸收，是從小受那句：「書到用時方恨少」名言影響，記得小時後看過一幅很傳神的漫畫，畫得是一個矮個子小孩，伸手搆不著樹上蘋果，就用書當墊腳石，可是偏偏少了幾本書，還是沒採到蘋果。「書」就是「知識」，一直到今天，我都深刻體會，知識確實是：到用時方恨少的。

大學期間讓我認知實用知識重要的有五位師長，他們是，我法文系 B 組導師蘇秀法；是大二轉新聞系的導師鄭貞銘、編輯學教授劉昌平、史習枚；另一位則是研究所研究生李俤。

蘇秀法老師應曉風先生聘任時，為我國駐聯合國比利時文教處官員，有豐富的歐洲歷史文化藝術知識，國際觀更是宏遠，著

實助我拉近了與神話歐洲的距離；又因為蘇老師是一位「行萬里路勝讀萬卷書」的身體力行者，也影響我求知重實用原則的確立。大四那年暑假，我利用入伍前空檔，騎50西西機車環島旅遊，就是一次受益頗多的實踐。

鄭老師影響我的是，他常常提示我們的三句話：唸大學與高中不同的是，「可以有較多的自主」、「多讀一些實用的好書」與「多認識幾位良師益友」。當時，像我這樣為求學忙碌的學生，並不算是他貼心的好學生，可是，我相信，我是聽進那三「多」話，經實踐受益最多者之一。

編輯學教授劉昌平、史習枚二師，真正是我「傳道、授業、解惑」的老師，對我深遠的影響，在前些章篇已說過。

李儌影響我的是他治學精神與處世哲學。他是研究部研究生，年齡、思想觀念差距不大，所以接觸較多。記得他的研究論文與台灣北部中藥草有關，這是一個過去很少有人碰觸，但卻非常有用的艱巨主題，所以進行的十分緩慢。

那時，研究部一些研究生是選一些資料垂手可得的主題，收集現有資料整理成草稿後，花點工讀費請大學部同學謄寫，刻鋼版，再以四十年前那種手推式滾筒油印機，一張張油印、裝訂成冊，就算大功告成。投入的時間、精力與費用少而輕鬆愉快，至少領兩年研究生費，一年多就能取得碩士學位，剩餘的時間與研究費就過著令人羨慕的悠遊生活。

可是李儌卻完全不一樣，山上山下跑圖書館，迪化街中藥店、中醫師、中研院植物生化研究所等地，收集資料與經驗之外，還買一屋子書研讀；並且學神農氏嚐藥草，自熬自嚐，假日帶著鋤頭工具跑遍大屯山系，桃竹苗山區。

他常常對我說：我求知不是為一篇論文，不是為一個碩士學位，求知作學問是一輩子的志業，人生有限，要挑撿有用的，對國計民生實用的，那才值得。

　　他說過：有時，求知治學，多少又有點為別人；求知治學要負責，「負責」是指對自己，也對學術界，更對整個社會國家負責，這是知識份子最起碼的良知。

5. 知識職場遍地皆是

　　進入職場之後，因為許多現實因素，經過一段時間歷練，人總比較能練成適應環境的存活本領；這十八般武藝都是建築在知識的基礎上。

　　職場知識不比學生時代那麼單純，知識範圍既廣又深，至少包括：相關的本業知識與技藝、個人與他人經驗心得與技能，關聯產業相關知能；以及你個人及產業未來中長程發展所需知識與技能，還有你需要儲備的第二第三專長。

　　千千萬萬上班族人能憑本領平順如意，存活下去，可見職場是一個知識寶庫，只要你明白因果關係，在意名利得失，要活下去，你想學，就可以發現有你要的知識。

　　當然，知識雖然是公共財，但卻不會往你身上「黏巴達」，知識像「窈窕淑女」，一定要你去追求，你也不會一夜之間突然變成博學之士，知識要你學習記取，消化吸收而後據為己有，知識包羅萬象，如果你不去妥善運用，也是枉然。

　　入寶山是否空手而歸，關鍵完全在個人。這也是同時踏入職場的一群新鮮人，在正常情況下，為什麼最後際遇結果差異那麼不同的原因。

　　其實，進職場如同新生入學一樣，到最後總會分出優劣；學校那麼單純的學習環境都如此，更何況複雜的職場社會。比較嚴肅的問題是，學校是基礎教育，又如同中長途賽跑的起跑階段，

跑慢了，可以在後半段加速趕上，就算跑輸了，下次可以再參與競賽。

可是，進入職場之後，現實問題就不允許你落後，那已不是你一個人的事了。因為你，你的同事、單位、生產線、企業……等等都受影響，如果有了家室，你的責任更重，周邊相關的人事都不允許你落後或跑輸了。而且你的職務越高，周邊受影響的人事越多，你不由自主的責任壓力也越重。

唯一能讓你職場不落後的方法就是「知識」永續的進補。職場相關知識能讓你對事理看得更清明，智慧更聰敏，技巧更精進，做人更成熟；就算你遇到的是不識貨的老闆，你也有換跑道的本事。

職場成敗得失，完全看你有沒那顆積極求知的心，覺悟得越早，存活、補救或超越的機率越大。

我在專業的《經濟日報》工作三十五年，接觸過數以萬計企業人、上班族人，歸納觀察的結果：只分成敗兩大類，而成也在知識，敗也知識。

我發現，由最基礎的員工，到最高階的董事長、總經理、總裁、執行長等主管，無論原來知識水準多低，凡是懂得知識重要，積極持續求知，而又「知行合一」學以致用的，都有程度不同的成就。

像王永慶小學程度、嚴長壽從小弟幹起，都因為後來持續不斷的學習，而成為人人稱羨的學習典範；像他們這樣靠原有或後來進補知識成功的人，社會各階層，職場每個角落，太多太多了。

反觀那些視「知識」為無物，或滿足於既有知識、成就；從

不看「書」的人，多數沒什麼好結果；即使有家傳金銀財寶、產業土地，也會被敗光的。

就算你只求溫飽，或只是要過心靈舒適重於物欲享受生活的人，你也要有保有那份能讓你但求飽暖，不被淘汰的工作機會，經濟來源；而心靈生活也不是無「本」生意，那「本」就是使境界可能更高的「知識」。

假如將七十五歲的知識人生，每二十五年分成三階段——即純學生期用第一個二十五年時間像海棉一樣吸收，這期間屬於純投入的儲存能量期，像植物吸引陽光、空氣、水（營養）般，年輕人經由專職學習儲存的是腦力、知識與體力。

第二個二十五年在職階段，不但繼續吸收儲存，而且釋放第一階段儲蓄的能量，並運用在工作上，又從工作中學習成長；通常職場知識經驗無論橫闊縱深，都比學校教室豐沛多元，所以只要肯學，所獲既多，受益更大，直接影響在職成效，以及第三階段消耗能量多於儲蓄的退休期間身心生活品質維護期。

第二階段也可以說是用一二階段投入的時間（生命）、金錢與精力，賺取二三階段更多的生存所需。這是千古不變的因果循環關係，也是知識人生最重要的承先啓後階段，是你一定要經過的尋寶之路，好歹都要走一回，那就認真的拾些實用的知識財富吧！

而且「認真」走一回，絕對是「善的循環」，種好因，結好果的。

我個人職場三十五年學習經驗是豐碩的。因為作為一個專業報紙的記者、主編、主管，假如你要有好「果」，你就必須被迫學習更多實用知識，也必須讓自己更聰慧些，否則，身在職場不

但不快樂，而且寸步難行，更別說表現了。

從記者到兼任編業務行政主管，到後二十年負責經濟副刊組相關版面編務，我覺得三十五年從報章雜誌、電視網路所獲資訊不算，其他細看過的財經管理書籍，概略統計在五千冊以上，寫看過的書評書介稿超過八百篇，仔細核閱過的專業稿件在八千萬字以上，參與過五、六百場演講、座談與研討會，結識三百位以上象徵「活知識庫」的學者專家作者；處理過約二萬塊專業版面；自己更對擁有成敗經驗的真人真事，有過無法計數，由訪談中學習的機會。

這是我三十五年間得天獨厚半自動的學習成果，相信遠非他人可比擬的；誠如「知識人生」這個小系列第一篇文章所說：「知識是有生命的資產」，我覺得我很富有，生命活力無限；我所有的知識壽命也很長，因為我為了經驗知能薪火相傳，也動手寫過約二百多萬字文稿，出版了逾百萬字的作品，這些出版品中，有些在某些領域確實是空前的，值得典藏的；或許對更多人懂得分享者有用。

這也是我最覺得心安理得的，我一直在職場前人知識樹下乘涼，可也自己盡到知識份子感恩種樹，讓舒適的知識清爽蔭涼，傳承下去的責任，更多後人能過與我一樣的知識人生。

6. 立德‧立功‧立言

「立德‧立功‧立言」三不朽，共同點是：「長久不朽」，是人生至善至終的努力目標，修得確實不易。如果解讀廣義一點，依個人心境將層次降低一點，只要盡心盡力，還是有許多人可以如願以償的。

既然要花費同樣的心力時間過一生，何不選擇可久可長，意義不同的「三不朽」為人生努力目標呢！

這真正「德功言三不朽」，指的是，為後世留下永垂不朽，卻又影響深遠，受人敬仰學習的言行典範與道德標準；是歷經時空淘汰篩選而不消逝，絕大多數人公認難能可貴的功德；是需要恆心、毅力、智慧、品格、時間、犧牲與機緣，努力焠煉而成的。

從這標準評鑑「立德」，則是樹立德行典範，雖千百年而不朽，是聖人級的成就。例如佛、儒、道、回、天主基督教的宗師，甚至中國的二十四孝等忠孝節義顯著實踐者，外國的聖女貞德、林肯倡議種族平等，廢除黑奴制、印度甘地等等皆是。

說難還真難，但也不是某些人某些事的專利。假如將這立「德」的「大德」，也涵括「小德」，甚至包括助人「立德」、「放下屠刀立地成佛」等等在內，說容易也容易。

「立功」指的是功績偉業，是大格局的功業。例如中國的堯舜文武周公、秦始皇統一中國、漢武帝、唐太宗、成吉思汗的經

略，鄭和七下南洋、康熙盛世、雍正王朝、乾隆長治；外國的羅馬帝國、凱撒、拿破崙、華盛頓等皆是，以及近代的蔣介石統一中國、領導抗戰勝利、光復台灣、廢除不平等條約，艾森豪統率聯軍擊敗納粹，結束二次大戰、毛澤東等建立中共政權、蔣經國領導創造臺灣經濟奇蹟、鄧小平開放中國、戈巴契夫結束冷戰，進而致蘇聯解體等等，都算得上是與世界億萬人有關的大功業。

「立功」也包括有中小「功」，這就比較容易些了。例如，企業中能入史籍，有有指標意義的功業，像麥哲倫發現地球是圓的、蒸汽機動力、電能源之發現與運用、發明電燈的愛迪生創建的奇異王國、IBM、微軟之於電腦時代、貝爾實驗室之與通訊科技、核子工程、航太、雷射、雷達、醫藥、微電子、生化、磁浮科技研發成果與運用等。

中國的指北針、造紙、印刷術、火藥、曆法、養蠶治繭繰絲紡織、麴菌釀造、分餾法、觀天儀、陶瓷燒製、中藥等的發明運用等等，都是了不起的功業。

「立言」指的是足堪傳世之作，如恆久長存的思想、主義、理論、學說、論述、著作，以及在某一領域經得起時空考驗的權威研究報告，甚至小到至理名言、座右銘；重點在恆古長存的對人類有益。

例如，佛儒道思想、《老子》（道德經）、孔孟學說《大學、中庸、論語、孟子——四書》、《易、書、詩、禮、春秋——五經》、《呂氏春秋》、司馬遷《史記》、班固《漢書》、《四庫全書》……理學家朱熹的「窮理以致其知，反躬以踐其實」學說、王陽明的「知行合一」學說、近世的孫文學說等等；外國有關天文物理的科學理論更多，如「相對論」、「物質不滅定律」、「自由落

體定律」、「波以耳定律」等等太多太多。

「三不朽」貴在對人類有益的影響，從廣義的解讀，範圍層次就大多了，如果加以參與協助「共襄盛舉」創造的「三不朽」，就數以億萬計了。

如同「雁過留聲」，人們感懷的是杜甫詩中那「孤雁不飲啄，飛鳴聲念群。誰憐一片影，相失萬重雲？望盡似猶見，哀多如更聞……。」的鴻雁哀鳴，至於是那一隻大雁的叫聲並不重要；更像佛經「恆河沙數」用來形容浩瀚數多，有誰注意過那些沙粒！

而「三不朽」德、功、言之間，也有互為因果，表裡輝映、印證的關係；層次標準也因人而異，甚或可以廣義的、漸進的朝目標努力。

所以人生若能以「三不朽」為志業，應可將重點放在對社會有貢獻，對別人有幫助這個關鍵點上；如果不能主其事，扮演重要角色，也不必妄自菲薄，能參與奉獻就很有意義，也算踏出第一步了。

7. 身體力行與助人實踐

　　人生總該有努力的目標，可是很早我就體會出，高境界的「三不朽」的立德、立功、立言，真是要靠無盡的恆心毅力、知識智慧、品格操守、時間、努力與機緣匯集，才能略有成就。從那時起，我就立下盡量接近可長可久的原則，以次層次廣義的「三不朽」功能──以奉獻個人能力智慧，作對他人有益的事，為不虛此生的努力目標。

　　由於興趣、學識與職業關係，我從高中起就經常投稿，大學時，稿費還算是重要生活費用來源之一；進入新聞界職場之後，採訪寫作成為職業，擔任記者期間，主要寫了逾 300 萬字的財經產業資訊新聞，以及相關的系列專題深度報導，出一本介紹世界拉鍊大王，日本 YKK 創業者吉田忠雄傳記的《一條拉鏈拉出來的故事》小書，這些，只算是做好一個專業記者本份工作而已。

　　充其量，其中我成功的率先又持續的鼓吹、推薦「工業設計」「創意研發」是產業命脈，報導二百多個企業成敗實例，以及去歐洲一個月，將歐洲各國六十多個觀光景點成功開發經營經驗，借報端連載推薦給台灣產業與地方觀光業者參考，有一點意義。

　　在三十五年在職生涯的後二十年，主持「經副」期間，我抽空寫了近二百萬字，有關經營管理與我喜歡的文稿，出版了《美國名廠產銷管理實例》、《航在古運河上》、《酒鄉行──細說美酒・佳餚・名勝》、《吃魚・觀蟹・山水情》與《擁抱香格里拉》

等五本書，其中第二、三本是耗費心力最多、是該領域迄今獨一無二、足堪長久留存的書籍。

《航在古運河上》寫的是開鑿至今二千四百九十多年的「大運河」、流經寬廣的中國文化最集中、具體、精美而豐富的河南、河北、山東、江蘇到浙江流域；根本就是象徵五千年中國歷史長河。

運河與長城是由月球看地球，極少數可見到的人工建築物之一。可是東西橫亙的長城對歷史文明交流功能，遠遠不及南北貫穿的運河；而貢獻如此之大的運河，淌流了近二千五百年，至今竟然沒有一本細述她歷史典故的專書，正是我選寫她的原因。

爲了寫出一本對歷史、讀者、運河與自己負責的書，我化整爲零的花費了約一年的時間，單單專程的南來北往就走了兩趟運河；幾乎踏遍流域土地，進入時光隧道，探訪每一風土文物、名勝古蹟、人情軼事……。

期間，走過千萬人大城市，也訪過只有一、二戶人家的村落，由歷史長河中回航到令人心靈滴血的「六四」、「華東大水災」現場；書也由古寫到今天，更寫出許多感傷情懷。

書成之後，我很慶幸符合原先計畫——寫出中國人內心深處最眞切的心情，不是單純的遊記；成爲一本：《老殘遊記》、《河殤》、《徐霞客遊記》等趣味、感動、知識、資訊與智慧的綜合書。

看這本書，我相信讀者會如同身歷其境的遊覽秀麗河山、名勝古蹟；親近千古風流人物；面對一座殘缺古城；聆聽一首哀怨國樂；一闋悲壯詩詞，讓人自自然然由心底歡愉、感傷，充滿了知識與感覺豐收的喜悅。

見過書稿之後，代表大運河流域省份的陳立夫先生賜《航在古運河上》書名墨寶，考試院長孔德成先生題字，吳延環先生為文以光篇幅之外，從來不為員工出書寫序的聯合報系創辦人王惕吾先生，也破例為此書寫了一篇長序。

　　《航在古運河上》是一本由 35 萬字、八千張圖片，濃縮為 27 萬字、近千張圖片，大菊 8 開，重約 1.5 公斤，全彩精裝本的書籍；既是國人旅遊、閱讀運河流域唯一的書籍，也是圖書館可以借閱到的書籍之一。簡體字版也經由聯經公司進行中。

　　另一本我覺得滿有意義的書，是《酒鄉行——細說中國美酒佳餚・名勝》。

　　中國人喝了幾千年的酒，是世界上最早發現並運用麴菌釀酒的民族，大約千年前已懂得以分餾法製造蒸餾的大麴類白酒；與酒有關的餐飲文化更是源遠流長，多采多姿，豐富的不得了。

　　可是，中國唯一的一本酒書《酒經》，也只是相當有限的敘錄一點唐宋以前製酒方法；自那以後，就再沒有一本中國酒與酒文化相關的專著；然而，中國酒，尤其是酒文化，卻是自唐宋金以後更為輝煌燦爛。

　　之所以迄至我的《酒鄉行》出版以前，沒有這類酒書，主要是因為，國人將酒與酒文化都喝到肚子裡了；而中國酒文化源遠流長，幾千年演變繁複，幅員遼闊，分佈又極廣散，雖耗盡心力，也往往不能竟其功。

　　我喜歡茶酒，尤其品酒。因為酒與詩詞歌賦、飲食文化、民情習俗，甚至與人性情感都有關係，適度的飲酒，健身之外，與茶一樣能修心養性。所以當三十多年前，博學機靈的導演胡金銓建議：「中國酒及酒文化很值得投入心血寫本書」時，我不但被

吸引，而且立即開始執行這個「神聖」計畫。

沒想到可獲得的資訊如鳳毛麟角般珍稀，一切眞是寸步難行。三十多年前，大陸沒開放，原以爲開放後能手到擒來；可是，開放第一年我去了幾趟之後，就發現完成不是那麼一回事，垂手可得的資訊也是少得可憐。

而且每家酒廠的負責人都是國家委任，對其主流品牌酒的歷史文化根本了解不多，既不重視，也沒保存；更別說一個酒系列的發展與相關的酒文化史了，就算知道一些，都是傳說中的「斷代史」。

所以唯一的方法，就是一步一腳印的腳踏實地去每個名酒酒鄉，從許多地方一點一滴的挖掘故事；然後將這些小山城裡的陳年舊事，與過去三十多年來收集到的相關資訊，經印證、體驗、融會貫通，才完成這本《酒鄉行》。

這眞是一本「酒鄉」苦行之作，一點巧都無法取。

偏偏大陸無處不產名酒，而酒鄉又多數在窮鄉僻壤的險山惡水之間；從開放起七、八年間，我進出大陸好幾十次，跑遍兩岸數百處具代表性，又略有知名度的酒鄉；貫徹始終的完成這本由77萬字，萬餘張照片，濃縮爲35萬字，約千張圖片，大菊8開400多頁，全彩精裝，重約1.8公斤的《酒鄉行——細說中國美酒‧佳餚‧名勝》酒書。

爲我寫序的世界最大白蘭地酒商法國軒尼詩企業總裁吉爾軒尼詩說：「一個白蘭地酒鄉干邑（COGNAC）的故事，就要由一大群寫作班子，在財團支持下去完成，分散在廣大幅員內的幾百個中國酒鄉傳奇，你卻耗費那麼多年的歲月、精力與費用，憑一己之力完成，實在是神奇。」

我告訴他：「在中國歷史上，還有窮畢生歲月，用生命寫一部史籍的。」

另一位寫序的是台灣酒仙林洋港先生，他在序中說：「這好比愚公移山、精衛填海，以一己之力，花三十年時間，精雕細琢的完成這本書，眞是難得的大工程。中國人喝了幾千年的酒，需要《酒鄉行》這本書。」

基於需要，這本書不但是中外圖書館可借閱到的書，大陸及國外出版公司都在洽談簡體中文與英文版《酒鄉行》；也證明此書的出版意義，勝過千辛萬苦的一切付出。

我之能寫出這些從存在意義觀點看，評論與銷路還「差強人意」的書，其實都是受「前人種樹，我乘涼」之惠，也是受別人智慧傳承的結果。

過去我閱讀書刊報章、收視網路、聽取演說座談，獲得資訊新知時，都是心存感激，意圖回報，讓更多人像我一樣受我「種樹成蔭」之惠。

所以在此書出版之前，我已同時進行其他書籍的寫作計畫與實際動作。

諸如爲了流浪動物籌措基金，我寫《寵愛一生》，已完成30%；爲呼籲人類珍愛地球，重視環保，寫《戀戀楓情》，也已完成35%；爲能給人們帶來多一點心靈啓示，導引社會安定祥和，寫《畫說禪詩》；爲了年輕上班族多接近大自然，從事健康休閒旅遊活動，我寫《紅谷遊俠》、《世界眞好玩》；爲讓企業界閱讀企業集團經營管理實務經驗，我以小說體寫企業興衰的故事：《王朝》。而這些書又都有不同程度的進度

我也利用退休歲月，以我數十年來對中外酒與酒文化的了

解、淵源及人脈關係，在中國大陸擇地籌建「世界酒文化博物館」；即使餘年只夠自己身體力行起一個頭，但也有助別人持續實踐這具有千秋萬世意義的事業。

這些都算是立下了自我期許的微型的「功、業、言」吧！

此外，我覺得，幫助別人完成不同層次的「立德‧立功‧立言」，也是功德修為，比自己達成更有意義，更快樂。

在我主持「經副」這二十年裡，因為我的許多創新做法，為宗教界闡佛光山星雲大師「星雲禪語」、慈濟證嚴法師「禪說人生」、法鼓山聖嚴法師「禪證」等專欄，幫助許多人作心靈管理；為中外學術界彼得‧杜拉克、戴明、許士軍、陳定國等管理學者，以及企業界專家在內的數以千計作者，將他們的思想觀念、經驗心得，經由版面刊登約五千餘萬言，或以演講、座談、研討會及出版書籍等方式，傳遞給數以億萬計的華人，讓他們無論是經營管理企業行號或個人，都受益非淺，也對台灣整體經濟起飛，人力素質提升均有所助益。

這比我個人出版幾本書，寫一些文章，更有立德、立功、立言的實質意義。自己做不到的層次，許多大師級「傳道人」更容易達成；只要對人群社會有所貢獻，由誰直接或付出多一點，又有什麼關係呢！

8. 從「知己」修身出發

　　經營任何事物都可以假手他人，有時別人經營的可能更專業、更成功；唯獨經營自己，不論被經營或經營者，自己都是主角，更是成敗的關鍵。

　　我在職場識得無數專業經理人，他們經理別人企業或人地事物時，總是頭頭是道，經營自己時，卻頭昏眼花一無是處，相反的，卻也有少數人非常善於經營自己。

　　其關鍵在於「知己」難於「知彼」；印象中，觀棋者總比棋局中人要會下棋，因為事不關己，則不易亂了心思，一旁觀棋者，通常會事不關己的看兩邊棋局，算得上是冷靜客觀「知己知彼」，很容易洞悉局中人落子的企圖，所以棋局中人最厭惡觀棋者在一旁指指點點，棋盤楚河漢界上也總是有「觀棋不語眞君子起手無回大丈夫」的明示。

　　同理，醫生不爲自己親人作大手術，古人易子而教；職場上也才有了企管顧問以專業經理人或企管顧問公司形態出現。

　　我在職場三十五年，看過有關經營管理稿件逾億萬字，書籍五千本以上，聽過或參與的管理講座也超過八百場，接觸過的成敗經理人成千上萬，卻很少有人能侃侃而談「經營自己」的。

　　這可能與經營自己確實很難有關。

　　在我認識的數百位管理文章作者中，有很多是專業經理人，他們飽讀經書，實戰經驗豐富，能言善道，有關管理主題的演講

排到一年之後；又善於推銷自己，三句話不離「自己如何如
何」；但是當我向他約稿談談「如何經營自己」時，他們總是立
即拒絕，連商量的餘地都沒有。

有的說：「當局者迷」，無從經營自己；有的謙虛說：「連
台灣『管理之神』王永慶、微軟的比爾‧蓋茲都不多談如何經營
自己。」更何況他們！

我個人多年來的體會是：

真正企業經營有成的企業家，或因全心全力奉獻，自我存在
意義與空間已十分有限，所以「經營自己」已融入為經營企業的
一部分，企業經營成功就表示經營自己也不差；

或因覺得大成就者不拘小節，格局要大，個人成敗無足輕
重，不必那麼重視「經營自己」；

或認為「經營自己」重要，但也只是人生某一階段的事，而
且階段性任務間也要分輕重緩急，比較之下，他們認為，「經營
自己」應在學生學習期及初入社會那階段較需要。

還有是根本不知道「自己」也需要「經營」，或不知如何經
營自己，或視狹義的膨脹自己，就是會經營自己。

在這麼多因素下，平步青雲的成功人不談「經營自己」，乏
善可陳的人也談不出如何「經營自己」，失敗的人更不會談如何
將自己「經營」的如此失敗，就變成大家都閉口不談「經營自
己」；而談如何「經營自己」也更彌足珍貴了。

其實，「經營自己」是經營一切的基本。古云：「修身、齊
家、治國、平天下」，修身就是經營自己，假如連自己都經營管
理不好，還能談經營管理別人；所以要由「修身」做起，「修身」
也排列第一；而且不管是「齊家、治國、平天下」的整個過程

中，也都有個人因素存在，也都是「事在人爲」。

因爲工作關係，與世界品管圈譽爲「品管之神」的品管大師戴明博士熟識，他就是一位先做好「修身」功課，再推展到產業產品品管的「知行合一」者。

日本人因他首先前來日本，輔導產業重視品管、實踐品管，使日本擺脫仿冒期「似是而非」（外形相似，品質卻大不如）形象，日本稱他爲「日本品管之父」。

日本是一個排外性極強的民族，尤其在賴以創造「日本第一」的品管方面，絕少服人的。而品管除了儀器機具、理論程式之外，尤其事在人爲。而戴明就是先從個人「修身」做起，讓日本人因欽佩他而信服他。

日本人凡事講究「道」，「茶道」、「花道」、「書道」、「武士道」……「道」即是對事物的一種規範，一種標準，對人的一種精神，都是一種終極道理，一種品質管理的具體表徵。「修身」就是修得自己做人處世的「人道」、「仁道」。

有一回戴明博士來台巡迴演講，協助台灣產業提升品質；〈經濟副刊〉是協辦執行單位，所以能近距離深入了解戴明博士，也才發現他待人接物，凡事都有計畫，有標準程序與品質要求。

以演講會來說，他在全省八場演講演出中，除了發問時間因人因題有異而不同之外，其他都已制式化，標準化了；即使講的內容不斷「因材施教」的修訂補充，盡管行程急迫或最後一場最後一分鐘，他都維持「戴明式」的高品質演出。

其實，以他這樣經驗豐富的世界級品管大師，對台灣產業界品管圈執行人演講，原本是件輕而易舉的小事，可是我實際接觸

後才知道，他事前至少作了三個月的功課，以掌握聽講者真正現況與需要，提供最有幫助的最新知能資訊；他的制式化、標準化是指演講時間分配、程序、動作、精彩度與品質要求等等。

為了滿足發問者，最後一場發問時間竟然被迫增加一倍，也因此非常匆忙趕赴中正機場；通關時，關員請戴明博士打開他那隻附有兩條皮帶扣環的皮箱檢查，戴明博士有條理的依一定程序打開，檢查後，他將被翻動的衣物恢復原狀，又反程序有條理的將皮箱鎖好釦緊。

真是連開、鎖一個皮箱都身體力行表現出：按標準程序操作，不偷工取巧的品管精神，更何況平日「修身」「治學」與輔導產業提升品質了。

像戴明博士這樣一切由個人「修身」做起的學者專家師長很多，對我的影響也很大。讓我深切體認「經營自己」的重要；這也是我主持〈經濟副刊〉企業管理版二十年，最珍貴的機緣收穫之一，對我個人及讀者、親朋好友都有極佳的助益。

「經營自己」就是「管理自己」。經營管理的道理是一樣的；雖有企業與個人，自己或別人的人、地、事、物、時之分，但經營管理的觀念、方法與道理是通用的，也可以觸類旁通的。

因此，我的自我經營，也是在進入職場十五年之後，接掌〈經濟副刊〉企管版二十年間，吸收學習、接觸體驗那麼多管理相關知識的條件下，才開始將「經營自己」納入有計畫管理的，在那之前，只是觀察學習，自我摸索土法煉鋼而已。

9. 持續進貨，永續經營

「經營自己」的第一步是要先知己，而後確定目標。說「目標」未免有點沉重；就是先決定你的階段任務，以及終其一生的願望。所謂：「小人恒立志，君子立恒志」即是。

許多人小時候就會立大志，有的人願望是當大官、做大事、發大財，略經事物；有的人願望沒那麼大了，只想當個老師、公務員或快樂的上班族人；有些人歷經磨難之後，覺得過過飄逸自在的生活也不錯。

當然，也有人天生越磨越亮，越挫越勇，那是屬於聖人說的：「天將降大任於斯人，必先勞其筋骨……」之類的偉人，但多數人是歷經挫折，悟透世態炎涼，才將自己人生朝向平淡經營的。

不過不管那種「自己」，都要靠自己經營，持之以恒的執行才能如願以償。

我從小眞的從沒作過當大官發大財夢，也許受國父孫中山先生那句：「不要做大官，要做大事」的影響，小學初中作文「我的志願」，最常寫的是：

當老師，最基層工作，卻能「百年樹人」；喜歡看書，又能免費看許多新書，也想過當圖書館館長；因爲居住在鳳山熱帶園藝實驗所宿舍，也曾想成爲一位對植物很有研究的老圃。這些志願都讓老師覺得我是「小時了了，大未必佳」類的學生。

個人最大的志願是：因為鳳山是陸軍官校所在地，岳飛、文天祥、孫立人將軍又是我崇拜的偶像，所以想成為一位儒將，或能成為寫出像《滿江紅》、《正氣歌》那樣文章的作者。後來因為種種因緣際會走上作者路。

我的人生階段任務是：讀書的「學生期」要讀好多書；當上班族時，要敬業樂群好好工作，寫好些文章，累積足以過退休生活的能力；退休後，不要成為別人的負擔，當一個「讀萬卷書，兼行萬里路」的快樂退休人。

小時候，父母親知道我人生願望之後，曾對我說：「不管你將來當老師、園丁、儒將或作者，你都不能是個白丁；你要時時刻刻，隨時隨地充實自己，就像你如果開家雜貨店，要先進貨一樣；貨足實了，才有東西賣；貨不斷的補充，才能不斷的有新貨賣。」這是「永續經營」的精髓，話說已五十多年了。

所以從小我看包括課外讀物在內的書報雜誌是有理的，是被鼓勵的。

初中以前看完所有章回小說，從小三到高一這八年，放學與父親在圖書館會合後回家，周六日及假日，又是父親去圖書館的小跟班，就這樣「用功」，看完了鳳山圖書館裡我想看的書。

那段日子，周遭也感覺不到升學壓力；我書包裡不是沉重的參考書，而是等量的課外讀物；我在學校還是課餘的「說書者」，午休或課外活動時，總有不少同學聽我講《水滸》、《聊齋》、《七俠五義》、《鏡花緣》、《儒林外史》、《三國演義》、《紅樓夢》、《薛仁貴征東》……甚至連老師也旁聽。

學校有什麼作文、書法、朗誦、壁報比賽，我是當然的參加者，也好像是「保障名額」的得獎者。甚至在四十七年前，我已

提出「磁力能量」、「隕石燃燒發光是因為快速切斷星際間磁力線所致」、「飛機可以垂直升降」等假想，那年南部幾縣市科學工藝競賽上，我又以「音控玩具汽車」得大獎；雖不太務正業，本身功課成績也還好，算是將那個階段的自己經營的滿不錯的。

高一下起轉學台中，我自己這家「唸書店」遷到台中經營，開始看四書五經等古書，翻譯的世界名著，例如《飄》、《基度山恩仇記》、《三劍客》、《傲慢與偏見》、《茶花女》等等，以及當時像《靜靜的頓河》之類較知名著作。

就是這段日子，看了《徐霞客遊記》、《馬可波羅遊記》，讓我瘋狂地愛上與地理風物有關的一切；許下「讀萬卷書」之外，要像徐霞客那樣「行萬里路」；我這家「經營自己」小店的經營方針，至少由聯考「甲組」遽變為「乙組」，進貨也由物理化學改為人文史地。

初入大學唸的是法文系，後轉入與寫作更有關的新聞系，因為在圖書館工讀，接觸的書更多更廣，坐擁書城，獲益良多；尤其能從珍貴的館藏中外史地書中，價廉物美的了卻一些紙上談兵「行萬里路」的心願。

也就是那段日子，我瘋狂地完成騎50cc機車環島，以及利用寒暑假工讀機會作寶島「精美遊」。不過，書上旅遊讓我整個視野胸襟無限擴展，並將自己「小店」進貨對象擴大為天地萬物，學習教室也伸展到五洲四海、三洋二極。

確實，有進貨才有東西賣，有獨特新鮮的貨，就有識貨人搶著要。

從高中起，我已走上作者路，雖然有楊念慈等知名作家指導，只是我這「寫作坊雜貨店」無論學識歷練、心靈體驗的進貨

都極有限，一路摸索下來，寫作技能相當幼稚，所以投稿十退七、八已十分驚喜。

就是經過可貴的大學四年進貨，又有胡品清、琦君等等作家師長的個別教導、新聞界名筆的傳授，中央副刊等主編孫如陵先生等的費心修改與採用的鼓勵作用，以及工讀歷練與隨年齡漸長後的心智較成熟，才使我這家「寫作坊雜貨店」有了許多顧客，店也持續經營到現在。

民國57年（1968）9月進入專業報紙《經濟日報》之後，經營自己的內容與方向再度改變；為了做一個經濟專業記者，開始進有關財經類的稅法、證券、期貨，電子、機械、五金、織染、工業設計、企劃作業、企業管理等等的貨。

這些貨不但讓我生意興隆，業績優異，無形中也經營出個人第二、第三專長，增加個人競爭力、職場存活力之外，讓整個「經營自己」的「在職階段」任務，完成的更趨圓滿；也使「退休階段」更富揮灑餘地。

10. 第二、三專長不可缺

　　凡事依計行事，是從小看章回小說得到的心得。

　　但自己研擬一套計畫，並完整的成為一本可行的企劃書，則是我跑外商行銷公司、廣告公司時順便學得的，當然，我那位在新聞界素有才子之譽的編輯學教授史習枚先師，除了傳授給我他創新的「方塊拼方塊精緻編輯法」之外，企劃作業的觀念與技能教導我最多。

　　史老師說：「以這項專長將企劃文字化並不難，相關的市場調查、落實執行、績效追蹤也不難；珍貴在有用的企劃創意的產生。」「有用的創意產生要靠智慧，就與個人相關知能、是否主動積極、能否專心投入，以及你的知能（店裡的貨）能否透過吸收學習過程，以思想、經驗與實踐去熟化成為智慧有關了。」

　　民國 60 年，新聞界鬼才編輯部副總編輯吳博全，創立與業務關係密切的《經濟日報》工商服務部，這是一個編業兩部協同作戰的新組合。

　　我雖然在初進報社時，與吳副總約定絕不接觸業務，只希望當一個正統新聞記者；可是也許新聞跑得好，還是在緊要關頭，被調去擔任新部門編採組記者作相關編務支援。

　　我們習慣如此尊稱吳副總為「博老」，博老出身正統採訪系統，曾任《徵信新聞》採訪組主任，也是知名專欄作家；能編能寫，更會動腦筋策劃，對於我這個坐井觀天反對「利用編務，協

助業務」的學院派部屬，不但以理服人，而且傾囊相授；他也可以說是我「在職生涯階段」初期所進「暢銷貨」的主要「貨源」。

後來又來了一位日本早稻田大學行銷博士劉興武先生，成立「開發執行部」，也是一個運用編務的服務，協助報紙發行業務拓展的新部門；我被指名調往支援，那段日子也著實學到許多行銷學理與實務，對我之後的「經營自己」也很有幫助。

從民國65年元月到72年2月這七年間，工商服務部已由吳博老、應鎮國而三異爲周顥總經理。周總是位將軍，曾爲我國駐越南顧問團副司令、軍友社主持人、華視業務部經理，後來爲聯合報系王創辦人惕吾先生禮聘爲工服部總經理。

因爲周總經營風格的完全不同，待部屬如子弟，有責自己擔，有功又不據爲己有，帶一點軍事管理的嚴格，卻有更多「帶人帶心」的情義。他應算是我「經營自己」這小店所遇到的許多貴人之一，更是我處事作人趨於成熟的關鍵影響人。

至此，我的企劃專長影響所及已不再只是個人採訪作業而已，而是擴大到整個部門及報社。

我爲報社研擬了：「一億計畫」、「雨前計畫」、「突限計畫」，以及各式各樣「總覽出版計畫」、「展覽活動業務計畫」、「編業務獎懲辦法」等數十套計畫案；其中，前兩計畫因確實達到業績重大突破，以及未雨綢繆等預定目標，而二度獲報系創辦人「特殊貢獻獎」晉三級。

另外，站在服務工商界立場，我義務研擬訂：德國黛安芬內衣「台灣設廠行銷宣導計劃」、台灣第一座「美國民聯電動屠宰蘆洲屠宰場設廠計畫」、遠東紡織「全家一起穿BVD內衣的『全

家福』品牌產銷企劃案」、「華視『行行出狀元』節目製作演出企劃」、「聯合報創刊 30 周年慶企劃」等等轟動一時的大型企畫案。

自己的在職生涯經營的也因此滿順利的。不過這段「經營自己」生意經結算起來，頂多是「收之桑榆，失之東隅」；因為，為公事投入的實在比個人所得多太多。

只是投入奉獻過程中，也進到些極其珍貴進貨，讓「經營自己」這小店更穩健、更多元；且能藉開辦五班次「新進人員職前及在職培訓班」，將一些「經營自己」的經驗傳承下去，「傳承」的現代名稱就是開了許多連鎖店，也算是了了當年立志當老師的心願。

民國 69 至 70 這兩年多，「經營自己」這家店，或許是因為個人道德觀與現實世界脫節，或許是不懂得隱約，或許是對人情世故看得透徹，我選擇平淡而自認為較有意義的工作：調接經濟副刊，直到屆齡退休。

表面上，接「經副」這二十年我由高峰趨於平淡，可是卻也是我「在職生涯階段」最豐收的二十年，比較之下，「經營自己」的三階段中，有「倒吃甘蔗」的滋味。

這或許是「不經冰雪刺骨寒，那能賞得臘梅香」，因為調接副刊二十年來，大的經營環境變化很大；創造經濟奇蹟的台灣，經濟衰退到今天這種地步；「錢淹腳目」到今天「債海滅頂」的台灣；安和樂利變成今天動盪不安，生活在恐懼中；投資樂土竟因產業外移，似乎成了廢墟。

個人生存環境也變得非常差，絕大多數人像我一樣。企業改造、精簡組織、裁減人力、緊縮支出、降低成本、結束營業等

等，都帶來失業、減薪、工作加倍、人力減半的直接傷害，這些都是「刺骨的冰雪寒」。

在這種「水深火熱，冰雪風寒」環境中，與別人一樣或比別人好一點都不管用，眞是要有特異功能；才能存活；我或許比較幸運，或許就是靠第二第三技能，或是平時被視爲「雕蟲小技」的專長，將最後階段「職場生涯」任務圓滿完成，修得正果屆齡退休。

我所指「臘梅香」，不盡然是我這二十年看了幾千萬字管理文稿，幾千本管理專書，聽了幾百場專題演講，學習到多少管理知識，遊覽數十個國家，寫幾百萬字文章，出了多少本書；而是，我在非常艱難的條件下，主動積極，兢兢業業的用累積的智慧經驗做好我的工作，將無盡的可貴知識經驗薦介給千千萬萬讀者。

我已將這家「經營自己」的小店，經營成千萬人受益的華人世界連鎖店，這才是那股綿延的寒梅清香。

比較之下，學生時代的那家「雜貨店」，進的只是自己需要的貨，是爲自己經營的：初入社會那十五年，開的是社區「雜貨店」，只對包括顧主等在內的個別企業、街坊鄰居有幫助，而近二十年，已能將自己經營得有些兼善天下。

在過去六十年中，我將自己每一階段都經營的有模有樣。是一個終身學習的學生；是一個主動動腦，積極任事的上班族；是一個盡心力有特色的作者；是一個使山川萬物增姿的旅行者；是一個受人尊敬的記者；是一個好的子女、父親、丈夫、朋友與退休人，更是一個將自己人生經營得不虛此行的經營者。

人生是場長程競賽，最大的對手就是自己，「經營自己」成

敗大部分操之在己，確實要困難的多；尤其是外在因素特多的三十五年在職生涯，我雖經營得不是如何精彩，但也不是一段貧血的人生。

大仲馬曾說：「上天只給我這樣才華，我也只有認命苦幹了。」古聖先賢不也說：「天生我才必有用」，就看你如何經營自己了。

其實，你絕對可以將自己經營的比我更好，可是別光說不練，實踐、執行才是成敗關鍵。

11. 創意生涯不是夢

創意是什麼，是創造的，創新的主意，是有正面價值的；它雖也是一種意念，一種思想，但絕對不同於天馬行空的幻想。

創意是什麼？是一個「果」，而不是一個過程，也不是一種「因」；創意是新東西，創意產生卻也是懂得思想者，知識加舊事物實踐執行後經驗的結果。

多數人都認為「創意」是突發性靈機一動的結果。不對，至少不完全對。

靈機是會一動的，人的腦力運動比閃電還快，所以只要願意動，別說是一動了，千動萬動也行，只是動的結果有沒價值、有沒有意義，所以不算是一種創意。

有價值的思想就是創意。而這「價值」的產生，又是人類智慧的結晶。

人們讀很多書、看很多事，累積許多經驗與心得，記取許多教訓、見多識廣，不斷的學習成長，就有了許多常識、知識，這些都存入人腦的記憶體，然後圓熟成為智慧，透過思想，才能產生有用的創意，像舉一反三、一些相關的聯想，都是智慧的反射動作、創意則是具體結果之一。

常識、知識、記憶、智慧……都像是天上兩片雲裡所帶的正負電，當它們在天際間遇上，就產生閃電，創意就是那閃電，就是那光亮。

也可以說，人類不斷學習、充實自己，就像水庫蓄水一樣，有了足夠的水，這融合的水就是智慧；通過發電機，才能產生電，這有用的電，就是創意。

　　有了智慧，才有靈活的思想力，而且是源源不斷的思潮。新世紀、新經濟的一切都有賴電源，也就是「智慧」。

　　小時候聽大人講神怪故事，就疑神疑鬼；識字之後看《西遊記》、《封神榜》、《鏡花錄》、《薛仁貴征東》與武俠小說之類的書，就想像凡人修練可成仙成俠，人就可以騰雲駕霧，在天空飛行，這些都是幻想。

　　像我們這群「三年級生」，童年的生活環境都很苦，大人們正常日子都不好過，那有餘裕的錢幫孩子買玩具；一般未上學或假期的孩子，並沒有固定的零用錢，收破爛，叫喊收買「酒矸啦！破銅爛鐵」者，是許多孩童的金主或零食交換者；所有的童玩也都是以價廉、耐用、自製、廢棄物利用爲主。

　　例如玻璃彈珠、酒瓶蓋、橡皮圈、尪仔標（圓形的人物薄卡片）、彈弓、風箏、竹蜻蜓、陀螺、空氣壓迫射擊的橘子皮槍、以及橡皮筋研發衍生的竹筷子槍、彈射紙片、橡皮筋紙彈槍、橡皮筋爲動力的紙片飛機、礦石收音機、甚至居家後院的鞦韆、爬竿、爬索、舉重用具等等皆是自製。

　　所以小時候會動腦經營創製新玩具的孩子，或是有幾件家傳玩具，如模型飛機、船隻、木偶，大多數會成爲受歡迎的孩子王。

　　偶而獲一報廢小馬達，就如獲至寶的可以拆下一大綑漆包銅線與幾塊磁鐵，銅線可以跟收破爛的換得幾毛零用錢或麥芽糖，磁鐵則可以衍製許多玩具，非常炫耀的玩好幾年，也因此產生許

多聯想。

大約五十年前我還是一個小孩，就因為我用竹片製造竹蜻蜓，以雙手掌搓旋竹蜻蜓飛上天時，就想到：「我們頭上天空飛的飛機的螺旋葉片，如果由飛機前端移到飛機上面，這飛機豈不可以原地起飛降落了。」這就是現代直升機的創意。五十多年前還沒有直升機；至少我不知道有直升機。

我有這種想法，因為我自製竹蜻蜓很有經驗，也知道竹蜻蜓的葉片快速旋轉就能升空，而竹蜻蜓的竹葉片與飛機的螺旋槳葉片是同樣功能的東西；我對飛機知道一些，是因為從小我有架約二十公分長的純銅鑄造的飛機模型玩具，以及那時家住在高雄鳳山鄉下，屏東機場的軍機天天在頭上飛來飛去，都是水行飛行的。

我更小的時候，曾在大陸徐州九里山上、在南京雨花台看兩個機場的飛機起飛，也都需要很長的跑道，當時我就覺得這十分不方便。

像這種經驗的累積，就成為思想的智慧，產生了有用的創意。

唸初中時，我學到磁力線、磁場的相關知識，知道急速切斷磁力線，會生電；當時自行車的照明電源，就是靠車輪上那個小發電機的旋轉，急速切斷磁力線生電而照明的；水力發電機也是這個原理。

當時我就聯想到，一般認為：「流星是因為進入地球大氣層，與空氣磨擦，發熱燃燒、發光而隕滅」的說法有問題。

我認為，宇宙是個大磁場，每個星球都是由磁力線構成的磁石，藉由這磁力作用，星球才能浮游在宇宙中運轉。而磁力線構

織的磁場比星球的大氣層不知要大多少萬倍，所以流星或隕石出軌後，因急速切斷磁力線而生電、生熱、燃燒，進入大氣層後，只是繼續燃燒或殘餘灰燼而已。

對於那些沒有大氣層的星球來說。我這想法也說得通。

後來我的二哥將我這想法送去給成功大學天文物理教授，這位教授還親筆寫了一封回信，他除了否定了我的這種想法之外，還寫了許多鼓勵的話。

這個「創意」雖然沒用，但是那位教授處理這個小孩奇想的諄諄教誨方式，卻一直影響我這勇於思想，創意諸多的一生。

還有一個與磁力線有關的想法，那就是我發現當兩塊磁鐵接觸時，同極排斥力極強，我就想到：「如果這種排斥力能被用成一種動力，一定是一種非常神奇而巨大的動力，這種動力甚至能將星球億萬年運轉自如；傳說中的飛碟之所以那麼來無影去無蹤，也可能是運用磁動力，磁動力至少不會像火車、汽車會冒黑煙，也不用燃料……」這可能就是現今最先進的磁浮車的原理，但也是我這個小中學生五十年前的創意。

四、五十年前，我有限的零用錢，很大部份是花費在一種「太陽光照射後會顯現影像」的小孩玩具上。相信像我這麼大年紀的人，有些人就有這印象。

那是一種大約 8 公分×8 公分正方形的厚紙片，放在太陽下面曬一定時間，撕掉上面那層半透明的薄紙，底下的硬紙片上就出現影像，而且每片曬出來的影像都不一樣，這也是最有趣，而讓我不停的花錢買，曬了就收集起來的原因。

這就讓我有了許多創意聯想，例如現今的曬藍圖（其影像效果比曬藍圖好得多）、拍立得相機、以及影印機的原理。

　　還有，小時候每天要騎四、五十分鐘腳踏車上學，而且那時學校不多，距家都很遠，沒有學童專用腳踏車，是小孩騎大車；一直是由初中騎到高中，所以「身體力行」的苦頭吃了不少，就聯想到電動腳踏車的點子。

　　記得我提出這個想法時，我母親還語帶鼓勵的說，這是懶人的好點子。可是五十年後，我三哥就據此創意，研發出太陽能動力腳踏車，並申請到台灣、日本、美國與中國大陸等地區專利，也逐步開始產銷。

　　我這種將常識、知識，經由記憶的儲存，腦力的組織、激盪、醞釀而產生的智慧，對我半世紀來的前二十年受教育的領悟力有幫助；但對於在這種教育模式下的升學成績並沒有多大助益，有時甚至有害。

　　不過對於我個人，譬如看一本書的吸收，對一些見聞的領悟，寫一些文章的豐富內容，靈感泉湧，作一件企劃案的周詳，以及創新與可行性，學習一些事物的簡捷，人生感受、樂在工作等等，都有太大幫助了。

　　也就是：創意再怎麼樣好，不運用與實踐也沒用。

　　進入社會之後，我始終只有一個工作，那就是學以致用的新聞工作。我很早就懂得計劃採訪，每天的採訪工作我都預作準備，例如人、事的背景了解，問題的設定，要配合什麼樣的照片？讀者需要什麼？如果是一場記者會，我還要將自己的「產品」（採訪稿）設計規劃的比同業其他人更突出，如果是一個很難掌握重點的題目，那花得心思就更要多了。

　　也許就因為有這點用智慧工作的能力，我從在學時投稿起，就因為作品有特色，有別人感覺不到、觀察不到、聯想不到的地

方，寫作方式新穎之外；還考慮到：「寫文章是寫給別人看的供需問題，也就是需讓讀者看得順暢，受歡迎而又產生心有戚戚焉的感覺為原則。」所以我可以將一條流浪狗、一本書、一根草、一點露以及別人認為沒什麼好寫的主題，寫成一篇讀者看得過癮的文章。

也因此，學生時代我投稿被採用率不低，甚至有的主編還以為我是很有經驗的作者，而向我約稿，大家書信往來交流意見。

我與聯合報系創辦人王惕吾先生毫無淵源可言，那年我大學剛畢業，等待入伍服兵役，我給「經濟日報大都會版」寫了一篇〈張美倫在義大利的演唱故事〉稿，惕老很欣賞，就約見我，並允我當完兵到《經濟日報》工作。

到《經濟日報》後，我在「點子王」吳博全副總編輯手下任採訪組記者，吳博老曾任《徵信新聞》（中國時報前身）採訪主任，在新聞界是有名的「點子王」，他動腦筋的計劃採訪銳不可擋，《經濟日報》成立後，惕老重金禮聘他來《經濟日報》主持需要積極動腦、主動出擊的編採與業務工作；新聞界的奇特組織「工商服務部」就是他的點子。

他每天下班前都有一個簡單的任務分配會議，第二天檢討追蹤績效，是馬上想、立即辦、緊接著就追蹤進度與績效。他就常常將別人採訪不到東西，也寫不出文稿的計劃採訪轉交給我去執行，而又常常將我見報的文章剪下來交相關同仁傳閱、借鏡。

這確實讓我很難作人，而又使我「定型」為一個能採能寫的人，一個會動腦的執行者，一個經營自己強於經營別人（團隊）的人。

其實一個成功的團隊經營者最需要的也是會動腦、用心、用

智慧去用人來執行工作，而不是事必躬親。

　　我在《經濟日報》編輯部採訪組如此，在工商服務部負責編採組，也能使編採品質根本改造，負責企劃組，能使全部門隨企劃起舞，《經濟日報》業績倍增；回到編輯部負責副刊組，更能使副刊數以百計的作者隨我的計劃供給讀者喜歡的稿，使副刊在專業報紙《經濟日報》數十個版中，成為讀者最喜歡排名名列前茅的版面……。

　　這些都是我記取經驗，不斷學習，用智慧產生創意去工作的成功地方；但是在演出之後，讓上司只愛不妒，讓老闆印象深刻，而又時時想到你這方面的專長，我的智慧不夠，也是個失敗者。這也是我寫這篇文章，供讀者參考的目的。

12. 創意是智慧的火花

　　不過我始終認為，智慧之於人，就像地球上的空氣、陽光與清水一樣，由智慧而綻放的創意，就像草原上要有茂密的青草，花園裡要有美麗的花朵一樣的必要；沒有創意的人生是灰暗而毫不突出的。創意在人生旅途上，常常會產生峰迴路轉，柳暗花明又一村的效果。

　　小時候，我們家人口多，收入有限，祖產又搬不來台灣，定居鳳山不久，帶來的「資財」又被小偷洗竊一空；而整個大環境也苦，所以大家生計十分艱難，但父母兄長的許多生活創意，讓我們不但生活下來，也快樂的繁衍成長。

　　進入社會，成家之後，創意不但讓我樂在工作，也因此累積了一些財富；至少豐衣足食，過一定品味的生活而無慮。

　　說到智慧型創意，不但能帶來收入，也能帶來無止盡的快樂，例如 1967 年我幫周姓旅美華僑企業家規劃創建「民聯電動屠宰場」，將最先進的電動屠宰場急速冷凍技術引進台灣，讓台灣人能吃到最高品質的肉品。

　　這個計劃，包括市場調查、設廠計劃、零組件進口，傳統及私宰業反彈預估與排除；對消費者、甚至政府部門的宣導、溝通等等，真是一步一腳印完成的，酸、甜、苦、辣五味皆有，是一個頗富創意，由無到有的案例，現在每看到高品質肉品，就覺的自己也曾盡過一分心力。

1970 年代，女性內衣還在母親爲女兒縫製的年代，德國名牌黛安芬有意來台設廠，生產技術不是問題，最大的障礙是對市場的了解，以及如何說服女性消費者到公開陳列的專賣店、百貨公司購買，單單讓百貨公司是否願意成立專櫃就是一大難關。

台灣黛安芬公司總經理鮑耀強先生由香港來台，透過曾姓友人找我作市場調查與台灣消費者觀念改造工作。三十多年前，這都是非常新鮮的事；也需要創意的事。

市場了解之後，我發現那時內衣公開陳列銷售比三十多年後今天的「性趣味商店」還稀有而羞於見人。甚至百貨公司都認爲在某一樓層的角落設專櫃是一個笑話。

沒有銷售管道的「新產品」，怎麼能存活呢？所以我想，要他們接受、甚至請求我們去設專櫃銷售內衣、胸罩之類見不得光的產品，唯一的力量就是顧客的要求。

也就是從改變消費者觀念著手。經由各種宣導，讓消費者知道女性內衣褲、胸罩是衣著的一種，歐美各國已是很普通的商品，而且是一種高尙的穿的藝術，沒有什麼值得大驚小怪，用有色眼光去看待的。

透過報紙的副刊、電視「放眼世界」之類的節目，以不同方式從內衣的故事開始說起，黛安芬是德國公司的世界級品牌，我讓台灣的消費者知道這件日用的商品像德國萊卡相機、賓士、BMW 汽車一樣有學問，像維也納女神那件藝術品一樣純潔高尙，像母乳之於子女一樣神聖而又平常。

我想，不都說外過月亮特別圓嗎？外國人體畫就是藝術；連法國麗都夜總會上空秀都是表演藝術，而我們的就是色情的脫衣秀，這差別就在觀念與表現品質。

於是我建議，在台灣消費者因為平面與電子媒體的教育，已知道女性內衣是什麼之後，再來一次非常高級，由外國模特兒演出的大型內衣秀。

　　別說是三十多年前了，前幾年相關單位還不允許真人穿內衣作廣告，就知道那時要實踐這創意有多困難了；這真是一個嚇人的創意。

　　結果，真是排除萬難，在當時最高級的國賓飯店國際廳舞台上，二、三十位亮麗的歐洲模特兒，非常含蓄隱約的身著內衣，在電影「虎豹小霸王」主題音樂下，穿越最新型的直片銀幕而出，八台多媒體機從 180 度不同方向提供舞台上如幻如夢的影音效果，令現場來賓與電視機前看轉播的觀眾驚嘆不已。

　　我所說的非常含蓄，就是模特兒都身著蕾絲紗外衣，內衣僅僅隱約可見而已，比游泳池畔的比基尼身影還保守許多。但是，這就是行銷創意的精髓。

　　三十年前那個保守的時代裡，我們能讓身著內衣的女郎在那種聲光舞台上，在那麼多來賓、觀眾、讀者面前又蹦又跳，贏得大眾對「內衣也是穿著藝術」的認同，那麼在百貨公司、在街頭巷尾公開銷售有什麼不可以？！

　　至於表演的模特兒有那麼多的外物遮掩，隱隱約約、朦朦朧朧也看不到多少內衣，這也正是我們要告訴消費者的，內衣本來就是要穿在外衣裡面的，也是為自己穿的，為丈夫穿的，為情人穿的，所以女人要為自己買內衣，男人要為女人買內衣。

　　黛安芬德國總裁事後非常滿意，還特別請時任國華廣告公司副理的賴東明先生轉送我一支 1955 年生產，編號 84 的德國 MONTBLANC-MEITERSTUCK 的墨水金筆，要我繼續寫出金

創意。

另外，我的張姓友人負責遠東紡織美好挺男用襯衫及 BVD 男用內衣的行銷工作，他對我說，因為業績一直無法突破，老闆給他很大的壓力。請我幫忙出點子，看看能不能有重大突破。

受托之後，我到 BVD 內衣與美好挺襯衫專櫃觀察了許多次，也很用心思考突破的方法。

我發現這兩種品牌無法突破現狀，是因為自己將自己限制、區隔死了。是誰規定只有成年的男人才能穿 BVD、美好挺；女人、孩子為什麼就不能穿。

於是我建議產銷「全家福 BVD」，用同樣的材料可以生產不同對象使用的 BVD 內衣，逛一次 BVD 專櫃，解決了全家人的內衣問題，而且可以穿出親情來。美好挺襯衫也同樣可生產孩童的、學生的、青年的、成人的、男女的美好挺襯衫，廣告不但用男人示範，也要用女人、孩童、全家人當模特兒。

如此業績果然突破，還加倍成長。這完全決定於一個創意。

我個人的幾項專利，也是常識加知識、加記憶，經腦力激盪，思想醞釀而成的智慧的火花——創意的具體化。

例如二十八年前，我看到我內人每天為了洗衣，在洗衣機旁花許多時間，而洗出來的衣服還有很重的皂味，於是我有了能省 60% 時間、水與電，又洗得很乾淨的新功能洗衣裝置的創意，也因此申請到專利。

我因長期使用相機，發現相機的遙控裝置很必要，且創意產生在德、日等相機王國研發之前，所以得到多國專利，日本大財團還派專人來買此專利。

因為個人習慣，非常不喜歡剪指甲時，指甲屑亂飛，所以我

就發明了一種防止指刀屑彈出的新型指甲刀。這是我個人的另一件專利。

又因爲兩個兒子小時候，我常幫他們穿鞋，又十分不好穿的痛苦經驗，我就有了以拉鍊裝置，由鞋幫的邊緣往下拉，將鞋底也一分爲二，鞋子像菱角一掰爲二，小孩腳放進去，再將鞋後跟部份掰回來，拉上拉鍊，鞋就穿好了。這就是兒童易穿易脫鞋的創意。

如果你留意，街上常有遺落的嬰兒鞋，那是因爲小小孩腳後跟不突出，所以鞋子易滑落，也因此，小孩鞋最好是半高筒的，既可免脫落，又能保護小孩軟弱的腳踝，但這種鞋更難穿，就要我這種創意發明才一切 OK。

其他如知道菸害，所以有香菸濾嘴的發明創意，因爲轉動的輪軸能發電，而有溜冰鞋溜動時輪子會亮的奇想，騎腳踏車很累，機車會污染空氣，而有太陽能、磁力機動腳踏車的創意產生。

經濟副刊開版迄今三十五年，期間前十五年歷經史習枚、耿發揚、賴明佶、徐培明，張力耕等五位主編，平均每人任期三年，且有兩位已過世，兩位退休，顯見「經濟副刊」主持者折舊率很高、汰舊換新很快，沒有「能、耐」是幹不久的。而我主持副刊二十年直到屆齡退休。

這二十年來也是台灣經濟發展，經營管理變化最大的二十年，我用心思讓經濟副刊／企管版日新月異，時時刻刻動腦筋讓讀者喜歡她，甚至讀者心中的意向，我也超前替他們想到。

「用無限的社會人力物力，滿足這塊屬於社會大眾的版面」、「建立、讀者、編者三角形雙向溝通管道」、「以讀者需求爲版面規劃第一考量」、「與時代脈動齊頭並進」、「將數以百計的外稿

作者納入計劃作業」等等史無前例的創新創意與作法，將經濟副刊企管版經營成一家很成功的經營管理新知「百貨公司」。

二十年來，將經濟副刊由一塊可有可無的邊緣版，經營成一個核心版面，我一切動腦全為讀者，我認定了這個版不是給自己「孤芳自賞」的，不是做給老闆看的，而是給讀者的；是凡讀者有需要，我就有新創意滿足他們。

二千年聯合報民意調查中心調查讀者最喜歡的版面，報尾巴第44版的副刊／企管版，排名第4。過去幾次類似的調查，副刊／企管版也都名列前茅。讀者才是真正的檢驗者；長時間要讓讀者喜歡，源源不斷的好創意是必要的。

這六十年來，經由學習而產生的智慧，讓我凡事事半功倍而游刃有餘。智慧的火花——創意更讓我快快樂樂；即便是遇到再大的困難與挫折，也能勇於面對，盡力克服。

從小我父母就要我們多學多看多思想；遇事總要我們自己想辦法解決，直到山窮水盡，他們才會接手。父母兄長還說：「凡是世上發生的事，人都能想出解決的方法；什麼都有用完的時候，就是腦袋越用越靈光，思想是無盡的寶藏泉源……」現在回想，確實如此，我這一生就是用自己智慧、創意造就的。

雖然聰明並不全等於智慧，而智者往往是孤獨的，遭妒嫉的受挫者，但最終即使失敗，也可能最接近成功。

所以我建議讀者以更高的智慧，適度控制你的創意。否則也可能成為另類的「聰明反被聰明誤」，裝憨藏拙是好的方法之一，大智若愚往往讓你避免許多阻力而得到助力。我在這方面，有時真有「不盡聰明也被聰明誤」的慘痛經驗。

13. 與健康有約之生理篇

　　追求健康是人生是重要的目標。沒有知識，又不力行，哪能智慧型知行合一，沒有健康體魄，哪有執行力，更別說立任何形態的德、功、言「三不朽」了。沒有健康，其他的一切都沒有意義。

　　從小我成長在鄉下；我生在「山水甲天下」的桂林，又時值民國32年抗日戰爭期間，算是生於憂患；成長於高雄鳳山鄉下，也是民國38年、40年間艱苦年代，也算生於苦難，所以磨練得身體從小健康，還曾被選定參選過多次高雄縣級「健康兒童」比賽。

　　在那個年代，粗茶淡飯是大家普通的生活形態，鄉下小孩每天像放山雞一樣遊戲於山林之間。

　　雖然我曾經於戲耍時，由傘兵塔上摔下，將下巴與牙齦完全摔裂，曾經因水塘泥坡上滑水，腳底板被玻璃嚴重創傷、曾經在幫忙種菜時，腳趾頭被圓鍬切斷，曾經因飯後運動，小學五年級就割掉盲腸……等等很多「曾經」；但這些都是外傷，也是活動力強的另一種象徵。根本不知道健康的重要。

　　一直到大姐因「二二八」因素的耽誤，硬是無人聞問，甚至可以說被惡意耽誤死於白喉，我在太平間陪伴著等待斷氣的大姐時，才體會出病痛會要人命的可怕；人生，健康是多麼的重要。

　　高中、大學在外住宿唸書，自己照顧自己，很少生病，但也

體驗出身心健康的重要；進入社會，當記者，跑過一段時間的醫院新聞，急診室令人深深體會生老病死與人的關係，「健康有多好」又是這段時期省思的結論。

進入《經濟日報》，接觸許多什麼都有，獨缺健康的工商企業界人士，不勝唏噓之際，自己也由不生病的青、中年，邁向血壓高、痛風纏身的中、老年，也深深體會健健康康的重要。

接《經濟日報》副刊之後，我曾經舉辦過一次「健康管理」徵文，反應空前熱烈，後來我有計劃的又添加長庚醫院醫生群的邀稿，由聯經出版公司出版了一本「健康最重要」的健康書；這書印了無數刷，迄今還是暢銷書。由此可見健康有多麼重要。

健康可分身心兩方面來談。

現代人比較容易得到的病很多，像癌症、肝膽腸、胃病、痛風、骨骼鈣化、老化、心血管、攝護線肥大、便秘、泌尿道感染、結石、糖尿病、婦科病、心臟病、憂鬱症、眼疾病、口腔病等等皆是。

這些疾病除了先天的、遺傳的，其他應該都與個人生活作息、習慣喜好有關，換句話說，都可以由人為控制管理的。

以癌來說，大部份人體內都有癌細胞，只是在人體健康時，或是相關因素沒有存在時，是隱而不現的；因此，少吃有添加物的食品，多而適當的接觸陽光、空氣、清水，多運動，是可以預防癌細胞顯現的。

肝病更與作息、飲食、環境清潔衛生有關。過份勞累會使肝功能異常，飲食不當、環境不潔，會傳染肝病，過量飲酒也會傷肝，脂肪肝。

痛風是因為攝取了含「普林」過高的內臟、肉汁、果核、豆

類等精緻食物，缺少運動、作息不正常、飲酒等也會增加痛風發作次數。

多喝水、多運動、喝鹼性電解水、作息正常、吃粗糙食物、少喝釀造類酒等都能預防痛風，甚至痛風可以不藥而癒。

腸胃病除了發炎感染，多數與生活壓力、作息飲食不正常等等因素有關；注意飲食衛生、定食定量、粗茶淡飯八分飽、不吃過分刺激物、情緒放輕鬆等等都有益腸胃健康。

骨骼鈣化、疏鬆、老化，就更與缺少運動、不曬太陽、鈣攝取偏低、骨骼鈣化、荷爾蒙過低、酒精過量、抽煙等等有關。反之，則對骨骼健康有益。

據台灣大學公衛流行病所教授季瑋珠民國 90 年 6 月報告指出，台灣地區骨質疏鬆症盛行率已直逼歐美各國，六十五歲以上人口，每九人就有一人發生，女性更高達四個人中就有一人、每年導致骨折病例達四千人。

心血管循環系統疾病，則與飲食、作息、心情、運動有關。高膽固醇、血糖、血脂等會導致血管硬化、血壓高、糖尿病、腎病變、心肌梗塞等病痛。若能注意飲食，少吃鹽、甜、脂肪，生活正常、多而持久運動、情緒平穩、則有益心血管疾病的預防與診治。

網路資訊說：「四、五十歲以上的男人，半數會有程度不同的攝護腺肥大。」攝護線肥大是老年現象，但卻會引發泌尿道感染、攝護線癌等病變，適當的生活作息、經常的運動，少糖、少油脂飲食等都減緩肥大或病變。有人說：吃南瓜子等果核類食物也有幫助。

我的父親八十九歲過世前，就曾為攝護線肥大頻尿、憋不住

尿所苦，醫生說這是長壽病。我五十八歲也開始肥大，我認為與遺傳有點關係，這遺傳指的還包括飲食、作息習慣，例如我們父子均愛吃甜食，嫌嗑瓜子麻煩，也較缺少運動。

雖然我是接受醫生近似恐嚇又哄騙的建議，以內視鏡方式「刨」去肥大部分，癒後效果也不錯；但是我仍建議：「能不開刀就不開刀」，因為挨刀子總有危險的，要不，手術前也不必簽切結書了，就算平安，失血、皮肉之苦是免不了的。

糖尿病是血中血糖高、尿中有糖，體內無法吸收糖分。這與先天的遺傳、後天的飲食、運動、心理情緒、生活作息、肥胖等有關，嚴格說，除了先天遺傳，後天的糖尿病是可以控制預防的。

我五十八歲體驗，因飯前空腹血糖 261，而被宣判得了糖尿病。我的病齡不長，但我有朋友得糖尿病二、三十年的，根據醫生、友人與相關資訊，以及個人體驗，糖尿病是可以適當控制的。

例如多吃粗食、番茄、不吃甜食甜點、忌吃動物油、豬皮、雞皮、鴉皮或油炸物，少吃澱粉高的食物，如米麵、粉絲、薯類、馬鈴薯、芋頭、玉米、菱角、栗子、毛豆等，少吃卵類膽固醇多的食物，不吃果核類食物如花生、瓜子、腰果、松子、核桃與加糖罐頭。尤其是多吃蕃茄，效果更佳。

多運動、瘦身、多喝水，有效控制血糖、血脂、血壓，均有助於糖尿病控制。有資訊指出，ACEI（血管收縮素轉換·抑制劑）及 AIIA（血管收縮素接受器抗劑），在控制高血壓之外，還有益防止病變。

我現在飯前空腹血糖 100，飯後血糖也在 120 左右高，並已

聽從醫生囑咐停藥。

　　由以上這些病痛的發生與預防治療之道可知，除了就醫吃藥之外，最重要的是適當的運動、正常的生活作息、節制的飲食、環境清潔衛生的維持，以及基本常知識的充足也很重要。

　　均衡營養、正常作息、適當運動、充足陽光、新鮮空氣、飲食八分飽、清潔飲水與愉快心情是健康八要素；它甚至有改變體質促進健康的功效，缺一不可。這也是山林中人比城市人健康的主要原因。

10. 與健康有約之心理篇

至於心理方面的病，大部分是來自內外在的壓力。

現代人比過去人，物質文明條件好多了，但相對的抗壓能力弱，壓力也來自四面八方；而且沉重許多。而壓力正是健康的無形殺手。

壓力分內外在的：工作上與生活上的壓力是外在的，內在的則是思想上與精神上的壓力。

工作的壓力：凡事一肩擔，大總管式的工作態度，會使你承受的壓力相對增加；非自己不可的大包大攬行為，對別人工作能力總是心存懷疑的人，不但對別人是一種壓力，自己壓力一定比別人大好幾倍。

要紓解工作壓力，首先要能學以致用、樂在工作。勝任愉快則必樂在工作，壓力自然減低；肯定別人的能力，能信任別人，充分分工授權，則能分散工作量及責任的壓力，甚至無為而治，都能在工作上紓解壓力。

雖然工作的目的，絕大部分是討生活，但是為賺錢而工作，為生存而工作就不是那麼快樂了，若能為志趣而工作，為理想而工作；生活與生存的要求又不那麼高不可及，當然壓力也就相對的減少了。

生活的壓力：生活的方式很多，要能樂在其中；重要的是要量力而為，有怎樣的經濟能力，過怎樣的生活。

其實，若能知足感恩，衣食住行育樂就能過得舒適健康、快快樂樂，也就不會為追求物資生活而自增生活壓力。

物資生活與經濟能力絕對有某種因果關係，若不能量力而為，如果總是要與別人比較，常常思想起別人能，自己為什麼不能！那日子就會過得很苦了；所要承受的壓力會輕嗎？

我覺得人生在世，追求精神生活應該甚於物資生活；基本上，精神生活是人與人之間較平等的，而且過好的精神生活與經濟能力、與花費之間關係並非那麼絕對；每個人都能自定水準，只要你不界定的太高（通常重視精神生活的人，也不會貪得無厭）也可以自由自在的達成。

精神生活確實可以輕輕鬆鬆，過得愉愉快快，不但根本沒有什麼壓力，而是還能舒解物資生活可能帶來的壓力。

思想的壓力：不要鑽牛角尖，不要極端，不要動不動就思想到與別人、地、事、物、心境比較。俗話說：「人比人氣死人」，可見壓力有多大，要凡事想到：「前人騎馬，我騎驢，往後看看，還有一群人走路——比上不足，比下有餘嘛！」

這並不是消極、阿Q，而是緩一緩而已，人生長途賽跑，沒有一路領先的常勝軍，要知足常樂，更要懂得「緩一緩，海闊天空，才能後來居上」；有時想想，每落後一名，後面追的人就少一人，壓力就少一分；而且跑第二，不但追得只是前面那一人，而後面卻有一票人追你，同樣能督促你跑得更快。

所以，凡事往好的方面想，要讓自己樂觀開朗，就不會造成思想上的壓力。

要知道，思想的壓力雖然無形，但對人的健康傷害最大，實該盡量避免往牛角尖裡鑽；不要杞人憂天，自尋煩惱。

工作上、生活上與思想上的壓力都會形成心情上的不安、也會讓人情緒化，尤其凡事不順暢，難免悲觀、憂慮，這些都會影響正常內分泌、排泄與免疫力，都對健康不利，例如糖尿病、高血壓、憂慮症、胃潰瘍、心臟病等等太多病痛皆因壓力造成。

所以要能與健康有約，紓壓很重要，凡事往好的方面看，遇事能隨遇而安，心平氣和，都是不形成壓力，或紓解壓力的好方法；經常深呼吸，有吐納調息功能，也對減壓有用。

人人都有權力與健康有約，但也要看你是否盡了維護健康的義務，盡義務才能享有權力。人生在世，自己先有健康，才能歡度一生，其他都是假的；要主動積極與健康約會，而且越早起步越好。

11. 與健康有約之實例篇

這些並不是說說而已，是我自己經驗，我進入職場三十五年，先是由聯合報系《經濟日報》編輯部調去支援業務單位的「開發執行部」、「工商服務部」十四年，《民生報》創刊初期兼任讀者服務組一年，後來調往《聯合報》籌設企劃組一年，既然是業務團隊，就有業績壓力。

雖然這十五年的前七年，我的工作是以新聞編採支援其他業務同仁，本身沒有責任業績額，後八年則因擔任通訊組、編採組、企劃組主管，不像第一線業務單位承受那麼重的業績壓力；但是，身為團隊的一份子（更何況是主管），同在一個屋簷下的部門業績壓力與成敗責任壓力，非但絲毫未減，反而更重。

尤其是《經濟日報》工商服務部編採主任兼《民生報》讀者服務組主任那段日子，每天早九晚五上民生報日班，然後下午五時至午夜一時許上《經濟日報》夜班，日以繼夜每天上 16 小時班最苦，以及接掌經濟副刊組，人少事多，不可能任務不斷的那二十年最累，對主事者的折舊率也最高。

《經濟日報》初創的時候，沒知名度、沒一定的發行量，讀者因不知道如何讀《經濟日報》，而不知如何受益於《經濟日報》，當然不覺得有訂閱需求；甚至有外國學者專家認為：以台灣當時經濟規模，根本養不活一份經濟專業報紙。

那段日子，同仁業務推展寸步難行，《經濟日報》持續虧損

七、八年，《聯合報》卻蒸蒸日上，相形比較之下，《經濟日報》同仁內外壓力沉重，別說業務人員要推銷對象掏錢訂報、登廣告艱難，就算是為他們宣傳報導的記者，也要先花些時間自我介紹一下，有時還得與《聯合報》記者同行，否則採訪工作也不順暢。

我是經報創刊第二年的 57 年 9 月 27 日到職，個人知能與工作態度，即從健全體質、培養專業素養；主動積極，先耕耘，以具體表現先讓別人注意、尊重著手，將最傳統的「新聞採訪」，以及「報份推銷」、「廣告爭取」業務拓展工作，以最科學、最異類的方式管理執行。

我不但自己凡事先學習、先準備再上路，步步皆有數據根據，事事也都深思熟慮釐訂計劃，然後依計劃行事；我也設法幫助別人及部門步上有規有矩，有計劃的往前走，人人有了成績，報社轉虧為盈，編業務壓力自然降低。

後二十年主持「經濟副刊」，每天要細看一萬五千多字與管理有關的稿件，每週平均要看二、三本書，一般的報章雜誌固定閱讀時間也多，附帶還要參與許多管理相關的演講、研習、研討與讀書會等活動，二十年來核刊了逾五千多萬字稿子，閱讀了數千本財經管理書籍，舉辦了數百場活動。

在人事精簡政策、讀者喜歡副刊版面等因果循環下，副刊組人力越來越精簡，負責的版面卻越來越多；為求百尺竿頭更進一步，又將二三百位外稿作者也納入計劃作業；即讀者需要什麼，就要該領域的學者專家的作者，像組內記者一樣供應這方面的稿子，對副刊主持者而言，工作量與壓力都增加幾十倍。

再加上職場無所不在的鬥爭，泰山壓頂般的壓力幾乎能讓人

心力交疲、百病叢生，甚或過勞死。

可是我懂得排解壓力、四兩撥千斤，心理上，我視每天要看那麼多稿子與專業書刊，爲一種強迫學習；免費學習而又有薪水可領，豈不快樂？辛勞的工作代價是讓那麼多讀者受益，自助助人豈不快樂？做自己有興趣的事，實現自己的理想，豈不快樂？一切均在自己運籌帷幄之中，豈不快樂？在一個經濟專業報紙的44個版面中，將自己規劃、執行的版面，經營爲讀者最喜歡版面排各第四，又豈不快樂？

我多次提及讀者最喜歡度調查名列前茅，是因爲我以奉獻廣大讀者爲目標，以助讀者受益爲樂，以讀者喜好爲尊，以讀者肯定爲準，讀者是一切的中心，讀者的滿意，是編者紓壓與身心健康最大支柱。

技巧上，我信任值得信賴的人，大原則與品質標準我訂，執行方法我教，然後分工合作；這些信賴對象包括：學者專家、企業家、經營者、專業經理人，以及中華民國管科會、中華民國企業經理協進會、大專院校、中衛中心、生產力中心、大企業管理研究部門與玉山科技協會等等。

這些學者專家與機構的專業智能、腦力智慧、人力物力都比我個人強千萬倍，他們更珍惜「作品」的信譽，非常值得信賴；也唯有以廣大社會資源灌漑這塊屬於社會大眾的版面，才能滿足社會大眾的需要。

這是我「四兩撥千斤」紓壓方法，不過，365日天天要編導上演這齣有二、三百演員主演的戲，面臨要叫好又叫座，否則就會下檔的壓力，「四兩」也夠沉重如千斤擔的；加上內容規劃、核看稿與品質要求沒有偷工減料的簡易法，以及報社定期「讀者

喜歡度調查」結果形成的「好還要更好」的善性循環壓力，副刊組主任確實是折舊率極高的職務。

沉重地常常夢到深海潛水時斷氣，常常睡夢中莫名的停止呼吸，痛苦地掙扎醒來；而我解鈴還是繫鈴人的找到壓力根源，就是靠上述身心紓壓法，身心健康的天天工作、天天樂。

我相信，人生生老病死一路走來都脫離不了壓力，職場受僱這二、三十年，就算你胸無大志，混日子等退休，也有被解僱的危機；自己當老闆，連員工生存壓力都上了身。所以要能悟透內外在壓力的存在，找出壓源，先內後外的紓壓。

誠如運動、登山、健行……勞累、流汗，許多人視爲勞力的苦差事，費心企劃執行，也可以說是勞心傷神的工作，可是我卻認爲：勞心是腦力震盪，越用越靈光；勞力是是有益身心的健康運動，所以我樂在工作，敬業樂群，就不覺得是在做苦工，也不會心力交疲。

再說，活在大氣壓力下的人類，有時還眞需要一點壓力。

有道是：「一樣米養百種人」，現今社會米糧何止百樣，我們面對千萬種人，怎麼會沒有競爭？對於職場無所不在的競爭（惡性的則是鬥爭），建議你也將它視爲十項全能或馬拉松競賽，既然競賽無法避免，既然參加了這場競賽，都花了時間、心力，最後爲什麼不當一位勝出者呢？！

當然，世事也常有不公平競爭的可能，此時，你要記取：「柔弱勝剛強」的明訓，你也不妨想想，許多競賽失敗者常說的那句話：「參與勝於結果」，能參與已經不錯，更何況往後競賽的機會多得很，再說：「得、失」之間也看你怎麼想了。

結語

聖人孔子一再告誡世人要做：「納於言而敏於行」的君子，不要當巧言令色的小人。

「納於言」就是戒狂言，慎亂語，少說空話；「敏於行」則是敏捷勤奮的行動，言行一致，說到做到，言及履及；光說不練是沒成效的：「言必信，信必果」，華而不實，鼓唇搖舌是不足以成大器的。

寫這本小書，旨在強調：人生實踐、執行最重要。是臨退休這幾年在許多朋友的慫恿下決定的。其中管理界較了解我的友人的說詞最讓心有戚戚焉；他們說我一生閱歷，其實就是一套滿平凡實用的自我經營的例子。

回首已過去的六十二年，平平凡凡的我，確實創造了許多令人稱羨的彩姿過往；未來，也因此怡然自得。而這點點滴滴，都適合佔社會 90% 以上，但條件卻比我好的人套用。

因為我覺得思想觀念、良知心意影響一個人的人生觀，而人生觀又似處世作人的羅盤，經過踏實的實踐執行，正確的，必然有好的結果，否則也必不盡理想，甚至於如果你執迷不悟，也不知即時改正，那連否極泰來的機會都沒有。

所以，我將〈心境心靈篇〉放在《人生執行力》的第一部，並且建議你真的一切從「心」做起；更要從小開始，為人父母師長者，也該對子女晚輩以身作則從「心」教起。

接下來是〈成敗得失篇〉、〈學習成長篇〉，都算是從內在與外在經驗、心得與知識，作身心冶煉，增添智識與技能，以圓熟茁壯人生。

人要活到老學到老，所謂「終身學習」；天地萬物既可學習借鏡，行行也都有狀元俊傑，三人行必有我師，所以除〈代序〉與〈結語〉外，這兩部份約佔全書主文五個篇章的 39％。

本書所指「職場」，是廣義的人開始工作的那三～五十年所處的環境，除了所有上班族，還包括家庭主婦、志義工與更多的社會人。當然仍以「職場」為主，可是這三～五十年，或更長的工作期間，有時卻往往是很多人的大半輩子，少數人的一生一世。所以「職場實踐篇」也佔滿重要的篇幅。

主文的五個篇章的最後一個是〈人生執行篇〉，重點在知識人生、創意人生與健康人生中，如何腳踏實地的獲取知識、智慧、技能與健康，以達到廣義的，適合於大多數人作為人生努力目標的立德、功、業──「三不朽」。

若沒知識、智慧，又不力行，哪能知行合一；沒由健康身心，更不可能有執行力，也說不上甚麼「三不朽」了；正如〈結語〉開宗明義孔聖人說的警世名言一樣。這〈人生執行篇〉有綜合歸納點入書名的意義；也是一個結尾。

確實，無論是：執行力、實踐力、知行力，實實在在的去做才最重要，最切合實際；民間慣以：「天橋的把式，光說不練」，諷刺有些人只有一張嘴，終究會一事無成的。

教人「做」比「說」管用，「練」就是實踐，就是「執行」；陽明先生的「知行合一」、朱子的「格物窮理」等學說，中國的五大發明，西方的物理、化學、科學，麥哲倫環球航行證

明地球是圓的，富蘭克林以風箏測試雷電……都是重實踐實驗的結果。

作為一個「人」，最基本的存活之道就是：「知行合一，付諸行動。」每個人日常生活中，都會累積不少的經驗。

民間有個故事說：「一位照顧孩子無微不至的母親，要出遠門幾天，她擔心平日懶得動手動腳的孩子餓著了，就烙了一塊中間有個圓圈的大圓餅，套在孩子的脖子上，並在伸手可及的桌面放置一大壺水；然後一再叮嚀孩子：『餓了就吃餅，渴了就喝水。』結果她回來時，因為孩子只吃他嘴前的餅，吃完了懶得轉動頸項上的餅，需要伸手才搆得著的水，就更懶得拿來喝了，所以孩子仍然餓死、渴死了。」

這雖然只是一個長輩教訓晚輩不能好吃懶作的鄉間寓言故事，但卻入木三分的說明：不行動，任你是諸葛亮、愛迪生、比爾·蓋茲、王永慶都沒用。

我很幸運從小成長在那個一切需要自己動手做的「克難」時代，深刻體會坐而思，遠不如起而行的實際；唸書時，連古聖先賢都要我們「學而時習之」，這「習」就是實踐、練習、執行，受到的影響至深至遠。

在學就業期間，數不完的師長、親朋好友，都以其個人為範例，教導我：「實踐、執行、知行之重要，已毫無置喙的餘地」；有些壯志未酬身先去的親長友人，甚至讓我常有：「每天都可能是最後一天，並且擔心沒有時間，因不理想而再來一次，而必須即時做、馬上做、第一次就做好。」的急迫壓力感。

所以，我要提醒更多的年輕讀者朋友，在短促的人生路上，不分男女老少，時時都需要執行力去貫徹實踐你的美麗人生，而

且越早體會越能讓你妳的人生更充實；雖說世上沒有什麼為時已晚的事，但卻有很多悔不當初的事。

在此，我要感謝這些讓我學習的「實踐典範」；沒有他們的示範啟發，沒有尋著他們的腳印，我走不到今天這個境界，當然也不會有這本《人生執行力》的出版。

當然也要謝謝生育我的父母兄長，教誨我的師長，扶持我的同事同學，以及那些無法數計，素昧平生種樹成蔭，讓我受益的前人，讓這本小書有更充實可讀的內容；還有受我尊敬的石滋宜、高希均、許士軍、陳定國與曾仕強等著名學者先進為我寫推薦序文，以及五十六年金字招牌的臺灣商務印書館，將此書納入「經理人」叢書之一的出版發行，都是我要感謝的。

聯合推薦：

朱教授援引了許多經濟學家與華爾街經理人的箴言，其中有深刻、嚴肅、詼諧、戲謔不同的風貌。本書加入了作者個人的評論，用輕鬆的觀點來闡明金融市場的運行法則，如果您是初學的投資人，推薦您把這本書讀一遍。如果您想成為終身的投資人，一年之後，再唸一遍。

台灣金融研訓院院長 薛琦

朱教授的這本執行長雋語錄，提供了數十位專業經理人在企業管理上深刻的體驗，內容生動，發人省思。作者的評論簡潔，但訊息含量高，堪稱擲地有聲。對於時間寶貴，無暇深究大部頭管理理論的經理人，這是一本短時間可讀完，卻又獲益良多的小冊子。

戴爾電腦總經理 石國揚

管理講求的是形而上的原則。無為而治、分工授權或集權管理，不論何種模式，全是原則的運用。專業則是實行的細節。對有相當經驗的經理人而言，這本書具有原則再提示的作用。

王品集團董事長 戴勝益

臺灣商務印書館「經理人系列」精選推薦書——

經理人04

《協合力

——中衛體系提升企業經營綜效》

作者/中衛發展中心總經理 蘇錦夥

定價/NT$300

（團體訂購，另有優惠）

由1980年代的產業危機，到21世紀的意氣風發，中衛體系是您認識臺灣產業發展、建立企業互信、發揮綜效的典範。從書中所舉個案，讓您瞭解臺灣企業成長的點滴，體會共存共榮的卓越價值！

聯合推薦：

前經濟部長 趙耀東　　　　　　　　福特六和總裁 沈英銓

經濟部次長 尹啓銘　　　　　　　　金豐機器董事長 紀金標

國家品質獎評審小組召集人　林英峰　新光鋼鐵董事長 粟明德

政治大學商學院院長 吳思華　　　　燦坤實業關係長 張　鈞

統一企業集團董事長 高清愿　　　　力山工業董事長 陳瑞榮

國瑞汽車董事長 蘇燕輝　　　　　　台灣區機器工業同業公會理事長 黃博治

英業達集團總裁 李詩欽　　　　　　中山大學企管系教授 盧淵源

工業局局長 陳昭義　　　　　　　　……及數十位國內企業名人強力推薦

華康科技董事長 李振瀛

臺灣商務印書館「經理人系列」精選推薦書——

經理人05

《管理見真心》

作者/洪秀鑾

定價/NT$200

（團體訂購，另有優惠）

如果您想拒絕「過勞死」，拋棄「小
圈圈」；如果您的職場關係需要突
破，展開「破冰之旅」。讓企管顧問
洪秀鑾啟發您的職場EQ，創造出最
優質的工作領域。

聯合推薦

洪總經理博學好問，觀察入微，文筆流暢，擅以簡單的道理或例子闡論企業管
理之精髓，協助讀者以輕鬆之心情獲得新知。

中華航空公司總經理魏幸雄

做為一個企業經營者，能善用「真心」管理，才能使企業發揮最大綜效，邁向
巔峰。

中華郵政公司董事長許仁壽

在本書中有許多作者親自觀察到的例子，以及親身的體驗，內容深入淺出，相
信會對大家很有幫助。

博士倫公司總經理葉 宜

人生執行力 / 徐桂生著. -- 初版 . -- 臺北市：

臺灣商務, 2004[民93]

面； 公分 . --（經理人系列；6）

ISBN 957-05-1917-7（精裝）

1. 修身　2. 成功法　3. 職場成功法

192.1　　　　　　　　　　　93016340

經理人系列 6　**人生執行力**

作　　者　徐桂生

責任編輯　余友梅 曾秉常

校　　對　徐桂生 余友梅 曾秉常

封面設計　吳郁婷

書系識別設計　何麗兒

印　　務　林美足

排　　版　辰皓國際出版製作有限公司

發 行 人　王學哲

出 版 者　臺灣商務印書館股份有限公司

地　　址　臺北市10036重慶南路1段37號

電　　話　(02)2311-6118 · 2311-5538

傳　　真　(02)2371-0274 · 2370-1091

讀者服務專線　0800056196

郵政劃撥　0000165-1

E - m a i l　cptw@ms12.hinet.net

網　　址　http://www.commercialpress.com.tw

出版事業登記證　局版北市業字第993號

初版一刷　2004年10月

定　　價：新臺幣 300 元

ISBN　957-05-1917-7